北京大學圖書館特藏文獻叢刊

北京大學圖書館藏學術名家手稿 四

•王力《漢語語音史》

陳建龍　主　編
鄒新明　執行主編

北京大學出版社
PEKING UNIVERSITY PRESS

目　録

王力

漢語語音史

293a

A19

(309)

第七章 元代音系（1279-1368）

本章讲元代音系，主要是根據周德清《中原音韵》和卓從之《中州音韵》。這兩部書的語音系统完全相同，所以我们可以同时应用這兩部書的材料。

周德清的《中原音韵》書成於1324年，（刊行在1333年以後。）卓從之的《中州音韵》成書年月未詳，但是1351年，四川楊朝英《朝野新声太平樂府》前面提到"燕山卓氏《北腔韵類》"，這《北腔韵類》就是《中州樂府音韵類編》，也就是《中州音韵》。從前有人说卓氏的《中州音韵》是根據周德清《中原音韵》修改的，此说不可靠①。

周德清《中原音韵》应该代表大都（今北京）的語音系统。周氏雖是江西高安人，但是他在

① 参看陸志韋《释中原音韵》（《燕京学報》31期）。

大都居住久，而且是搞戏剧的，他的《中原音韵》必然是根据大都音的。元曲用韵与《中原音韵》完全一致，足以證明《中原音韵》是大都音。

~~[illegible]~~《中州音韵》（乐府）類編》没有反切，并且分陰字、陽字、陰陽字三類；《中州音韵》有反切，並且平声不分陰陽。我们認為：《中州音韵》的反切就未必是卓從之所作，既然它和《中原音韵》的语音系统相符合，即可以利用它来證明元代的大都音。本章的反切例證，用的就是《中州音韵》的反切。

~~读[illegible]的字很少，只有下列的这些字。~~

~~大母[illegible]（[illegible]~~

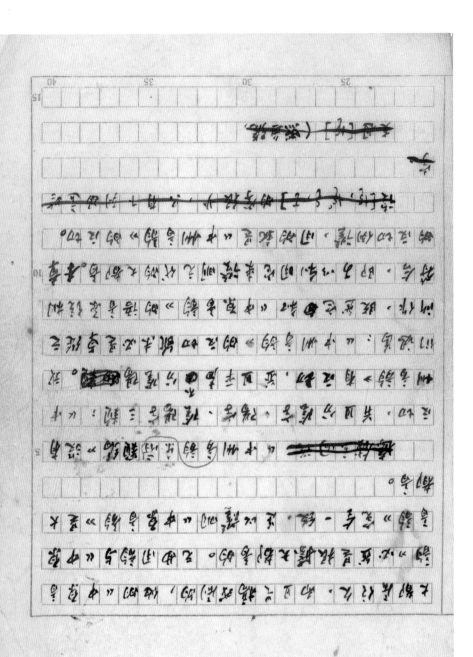

2938

(310)

(一)元代的声母

元代共有二十五个声母，如下表：

發音方法＼發音部位		双唇	唇齿	舌尖前	舌尖中	舌尖後	舌面前	舌根
塞音	不送氣	p 帮			t 端			k 見
	送氣	pʻ 滂			tʻ 透			kʻ 溪
鼻音		m 明			n 泥			
边音					l 来			
闪音						ɽ 耳	ɪ 日	
塞擦音	不送氣			ts 精		ʈʂ 紙	tɕ 照	
	送氣			tsʻ 清		ʈʂʻ 齿	tɕʻ 穿	
擦音	清		f 非	s 心		ʂ 史	ɕ 審	x 曉
	濁		v 微					
半元音		w 吴					j 喻	

說明

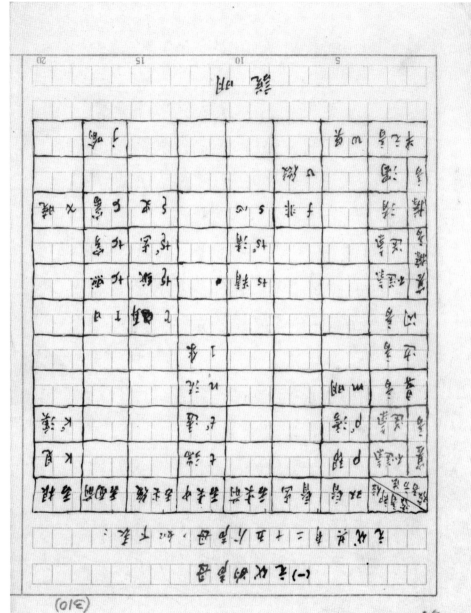

羅常培先生考證《中原音韵》声母二十，太少；今依陸志韋先生的考證，參照我的意見，定爲二十五个声母。和羅氏所考二十声母相比，多了五个声母。其实只是多了四个声母，因爲羅氏把[ʋ][j]合爲一母（喻母），而我把[ʋ][j]分爲兩母。实際上所多出的是[tʂ、tʂʻ、ʂ、ʐ]四母。

[tʂ、tʂʻ、ʂ、ʐ]是新興的声母。[tʂ、tʂʻ、ʂ]主要來自莊系和知系二等；差不多所有的莊系字都由[tʃ，tʃʻ，ʃ]變爲[tʂ、tʂʻ、ʂ]①，知系二等則全部由[tɕ，tɕʻ，ɕ]變爲[tʂ，tʂʻ，ʂ]。例如：

江陽韵

双艭霜孀鸘驦—師莊切[ʂuaŋ]②；不同於商傷殤觴湯—尸張切[ɕiaŋ]。

莊粧裝樁③—之霜切[tʂuaŋ]；不同於章漳

① 例外："崇"[tʂʻ-]，"淄"[ts-]。

②"双"等字在元代已讀合口呼，見《切韵指南》。

③"樁"是知系二等字。

40×15=600　北京市……印刷厂出品 76.12

294a

(311)

獐樟璋彰麞張[tɕiaŋ]。

窗牕—初霜切[tʂʻuaŋ]；不同於昌猖娼菖閶—痴傷切[tɕʻiaŋ]。

幢撞①床—鋤霜切[tʂʻuaŋ]；不同於長萇腸場常裳嘗償—池傷切[tɕʻiaŋ]。

爽漺—霜上声[ʂuaŋ]；不同於賞晌—声賞切[ɕiaŋ]。

狀壯撞—壯去声[tʂuaŋ]；不同於帳脹漲丈仗杖障嶂瘴—知上切[tɕiaŋ]。

創刱—窗去声[tʂʻuaŋ]；不同於唱倡暢悵鬯—癡尚切[tɕʻiaŋ]。

支思韵

①"幢撞"，澄母二等字。

差（參差）—楚支切[tʂʻʅ]；不同於齊微韻笞痴郗蚩媸嗤鴟絺—昌知切[tɕʻi]。

師獅—生之切[ʂʅ]。~~不同於齊微韻~~

史駛使—詩止切[ʂʅ]。

魚模韻

疏梳蔬疎—傷初切[ʂu]；不同於書舒輸紓殊—商朱切[ɕiu]。

初（芻）—窗蹤切[tʂʻu]；不同於樞姝攄樗—昌書切[tɕʻiu]。

鋤雛—慈蹤切[tʂʻu]；不同於除躇滁篨廚幮躕儲—遲如切[tɕʻiu]。

阻俎—之所切[tʂu]；不同於主煮拄渚麈—張汝切[tɕiu]。

楚礎憷—初上声[tʂʻu]；不同於杵處楮褚杼—昌汝切[tɕʻiu]。

數所—疎上声[ʂu]；不同於鼠黍暑[illegible]—傷主切[ɕiu]。

數疏—疎去声[ʂu]；不同於恕庶樹戍豎署曙—傷注切[ɕiu]。

助—鋤去声[tʂu]；不同於注澍住著柱註鑄炷駐紵苧貯竚佇—張恕切[tɕiu]。

皆來韵

釵差—初柴切[tʂai]。

衰—篩歪切[ʂai]。

齋—莊皆切[tʂai]。

柴豺儕紫—池齋切[tʂʻai]。

篩—疎齋切[ʂai]。

揣—抽埋切[tʂʻuai]。

宅澤擇—池齋切[tʂai]。

窄責幘摘謫側仄昃簀[illegible]—齋上声[tʂai]。

策册栅测—钗上声[tʂʻai]。

色穑啬—筛上声[ʂai]。

债寨豸虿瘵—斋去声[tʂai]。

曬灑煞鎩—傻债切[ʂai]。

帅率—衰去声[ʂuai]。

真文韵

榛蓁臻溱—之詵切[tʂən]；不同於真珍振甄—遮人切[tɕiən]。

莘詵—尸臻切[ʂən]；不同於申绅伸身—升真切[ɕiən]。

寒山韵

山删潸—师间切[ʂan]。

跧—之湾切[tʂuan]。

孱—锄佺切[tʂʻan]。

盏琖—庄产切[tʂan]。

295a

(313)

①產鏟剗—瘡簡切[tʂʻan]。

潺𡿨—鋤訕切[tʂan]。

訕疝汕—山去声[ʂan]。

篡—初患切[tʂʻuan]。

譔撰饌②—之慣切[tʂuan]

蕭豪韵

梢捎弰筲旓髾䈾䫂—尸嘲切[ʂau]，不同於燒—尸昭切[ɕiau]。

嘲啁③抓—之梢切[tʂau]，不同於昭招朝—知饒切[tɕiau]。

抄譟鈔—瘡巢切[tʂʻau]，不同於超④—瘡饒切[tɕʻiau]。

---

③"嘲啁"，知系二等字。

④"超"，知系二等。

①"產"，山母字，錯入初母。

②"譔撰饌"本属仙韵上声，由於是莊系字讀[tʂ-]，与韵头[i]有矛盾，錯入寒山。

巢漅—鉏嘲切[tʂʻau]；不同於潮朝鼂—持饒切[tɕʻiau]。

濁濯鐲擢—鉏桷切[tʂau]；不同於着—池燒切[tɕʻiau]。

爪—嘲上声[tʂau]；不同於沼—知遶切[tɕiau]。

炒—抄上声[tʂʻau]。

梢—双爪切[ʂau]；不同於少—尚沼切[ɕiau]。

捉卓琢①—之卯切[tʂau]；不同於酌斫灼缴—音沼[tɕiau]。

朔槊—声卯切[ʂau]。

罩棹②—潮去声[tʂau]；不同於照詔—張邵切[tɕiau]。

---

①"卓琢"系二等字。

②"罩"，知二等，"棹"，澄二等。

295b

(314)

鈔—抄去声 [tʂʻau]。

哨—双罩切 [ʂau]；不同於少绍部

　烧—傷照切 [ɕiau]。

家麻韵

查樝皻吒①—之沙切 [tʂa]。

撾檛髽—莊瓜切 [tʂua]。

叉杈靫差艖餷—初麻切 [tʂʻa]。

茶槎②搽查—鋤加切 [tʂʻa]。

沙砂紗鯊裟—師查切 [ʂa]。

鮓—之雅切 [tʂa]。

~~姹詫③—丑下切 [tʂʻa]。~~

灑傻—商鮓切 [ʂa]。

耍—霜馬切 [ʂua]。

---

①"吒"，知系二等字。

②"茶槎"，知系二等字。

~~③"姹詫"，知系二等字。~~

扎札劄① — 莊洒切 [tʂa]。

察插鍤 — 抽殺切 [tʂʻa]。

殺霎 — 双鮓切 [ʂa]。

詐乍榨褯 — 莊嫁切 [tʂa]。

汊鑱姹詫② — 瘡詐切 [tʂʻa]。

庚青韵

箏爭 — 之生切 [tʂəŋ]；不同於征正貞禎蒸烝徵 — 知声切 [tɕiəŋ]。

鎗錚琤猙瞠撐⑤ — 樘生切 [tʂʻəŋ]；不同於稱秤赬檉蟶 — 痴升切 [tɕʻiəŋ]。

生甥笙甥 — 尸争切 [ʂəŋ]；不同於声升勝昇陞 — 施征切 [ɕiəŋ]。

橙棖瞠④ — 逞生切 [tʂʻəŋ]；不同於澄呈

④"橙棖瞠"，知系二等字。

①"劄"，知系二等字。

②"姹詫"，知系二等字。

⑤"瞠撐"，知系二等字。

程酲成城誠宬鋮盛承丞乘塍懲[四]一池繩切[tʂʻiəŋ]。

省眚一生上声[ʃəŋ]。

諍掙一爭去声[tʃəŋ]；不同於正政鄭證一征去声[tɕiəŋ]。

尤侯韵

鄒騶陬緅一之搜切[tʃəu]；不同於周輈賙啁週州洲舟一張柔切[tɕiəu]。

搜廋蒐颼一鄒切[ʃəu]；不同於收一賒周切[ɕiəu]。

愁一鋤搜切[tʃʻəu]；不同於紬稠綢儔醻酬籌儔躊疇惆[四]一長柔切[tɕʻiəu]。

皺驟一莊瘦切[tʃəu]；不同於晝咒胄紂宙籀咮一周去声[tɕiəu]。

又不同於奏一菸后切[tsəu]。

瘦一搜去声[ʂəu]；不同於獸狩受授綬

壽售一收去声[ɕiəu]。

侵尋韵

簪一之參切[tʂəm]；不同於針斟箴

砧椹鱵鍼一知深切[tɕiəm]。

森槮參一尸簪切[ʂəm]；不同於深㴱

一賒針切[ɕiəm]。

岑[illegible][illegible]涔一鋤森切[tʂʻəm]；不同於沉

霃湛鈂一持深切[tɕʻiəm]。

譖一簪去声[tʂəm]；不同於朕枕鴆

一沉去声[tɕiəm]。

讖一初禁切[tʂʻəm]。

滲罧一森去声[ʂəm]；不同於甚葚一深

去声[ɕiəm]。

2960

(316)

監咸韵

杉衫芟——師岩切[ʂam]。

詀①——竹咸切[ʈʂam]。

~~[illegible]——疎含切[ʂam]。~~

攙——初銜切[ʈʂʻam]。

讒毚巉鑱饞——鋤咸切[ʈʂʻam]。

斬——之減切[ʈʂam]。

蘸站賺湛——痴滥切②[ʈʂam]。

懺——攙去声[ʈʂʻam]。

注意，在《中原音韵》音系里，知系字分化為兩類：知系二等讀[ʈʂ, ʈʂʻ, ʂ][illegible]與莊系合流；知系三等讀[ʈɕ, ʈɕʻ, ɕ]，與照系合流。

日母字只有在支思韵讀[ʐ]，其餘一律讀

①"詀"，知系二等字。

②當云知濫切。

日母在元代分化為[ʐ][ʐ̩]二母，[ʐ]母後来轉变為[ɻ]，同時[ʐ̩]母（兒母）轉变為卷舌元音[ɚ]，二母仍不相混。這是很有趣的。

[ɻ]。例如：

兒而洏——如之切[ʐʅ]。

尔迩耳駬餌珥——而止切[ʐʅ]。

二貳珥餌——而至切[ʐʅ]；不同於齊微韵的日䒤——人智切[ʐi]。

照系字只有在支思韵读[tʂ，tʂ'，ʂ]，其餘一律读[tɕ，tɕ'，ɕ]。例如：

支枝肢卮氏梔榰之芝脂胝——争時切[tʂʅ]；不同於齊微韵的知蜘——真痴切[tɕi]。

眵——抽支切[tʂ'ʅ]；不同於齊微韵的癡笞螭絺鴟嗤——昌知切[tɕ'i]。

施詩尸屍鳲蓍——生之切[ʂʅ]。

時塒鰣匙——蛇之切[ʂʅ]；不同於齊微韵的實十什石食蝕拾——繩知切[ɕi]。

40×15=600 (1201) 北京市电车公司印刷厂出品 76.12

296c

(317)

紙砥[illegible]旨指止沚芷趾祉阯[illegible]址徵恐—之始切[tʂʅ]。

齒—昌止切[tʂʻʅ]；不同於齊微韵的恥侈—昌里切[tɕʻi]，又不同於尺赤嚶敕—音恥[tɕʻi]。

[illegible]弛豕矢始屎菌—詩止切[ʂʅ]；不同於齊微韵的失室識適式拭軾飾釋濕奭—傷以切[ɕi]。

志誌至—之是切[tʂʅ]，不同於齊微韵的制製智置滯雉稚致治[illegible]—征世切[tɕi]。

是氏市柿侍示謚蒔恃事嗜豉試弒筮視噬—詩至切[ʂʅ]；不同於齊微韵的世勢逝誓—申智切[ɕi]。

40×15=600 (1201)

北京市电车公司印刷厂出品 76,12

297a (318)

~~日母在元代分化為[illegible][illegible]二母，[illegible]母後來同時轉變為[illegible]，[illegible]母（兒母）轉變為卷舌元音[illegible]，二母仍不相混。這是很有趣的。~~

在元代，微母已經由[ɱ]轉變為[v]，但是它還沒有和疑喻影合流。例如（微無號，疑*，喻*，影**）：

微，無非切① ≠ 危*爲*，吴歸切；

尾，忘彼切 ≠ 委**偉*，汪鬼切；

味，忘閉切 ≠ 畏**位*魏*，汪貴切；

無，忘逋切 ≠ 吾*吴*，五姑切；

武，叶無上声 ≠ 塢**五*午*，汪古切；

務，亡布切 ≠ 誤*悟*，王故切，惡**，汪故切②；

吻，叶文上声 ≠ 穩**，叶溫上声；

問，叶文去声 ≠ 揾，叶溫上声；

亡，無邦切 ≠ 王*，吴光切；

① 与"微"同音有"惟維"，那是疑喻入微，不是合流。

② "誤惡"同音，《中原音韻》，《中州音韻》分為二音，誤。

罔，無榜切→枉*，吴廣切，

望，無放切→旺*，吴誑切。

在元代，疑母消失了，原疑母字併入喻母，而元代的喻母包括字母的影喻兩母。例如（疑無號，影*喻×）：

以影切疑：

義，應*计切　　眼，衣*簡切

詣，衣*祭切

接下排

以喻切疑：

牙，移*加切　　堯，移*交切

雅，移*賈切　　迎，移*耕切

牛，移*鳩切①　　吟，移*金切

巖，移*监切　　嚴，移*兼切

①“牛”读移鳩切，与今北京音不合。

297b

(319)

[illegible]

仰，怡講切① 宜，盈羈切

魚，移居切 語，余矩切

御，叶俞去声 玉，于句切

崖，移皆切 睚，羊解切

銀，移巾切 鴈，移間切

原，于涓切 言，移堅切

玩，王貫切 彥，移見切

以疑切喻：

以，銀几切

也有少數疑母字併入泥（娘）母，例如：

孽，臬，尼夜切。

清濁音相混，也就是全濁聲母消失，併入清聲母，這在宋代已經開始了（見上章）。在

①"仰"字《中原音韻》獨在一个圈下，是古音的殘留。当依《中州音韻》与"養"字同音。

《中原音韵》和《中州音韵》中，也證明了這種情况①。例如：

以幫切並：

傍，逋曠切　　鼻，兵迷切

被，邦妹切　　白，巴埋切

勃，邦麽切　　病，邦命切

以非切奉：

奉，夫貢切　　吠，方閉切

婦，叶夫去声　　憤，叶分去声

以精切從：

從，資送切　　漬，資四切

罪，臧遂切　　在，臧賽切

賤，臧線切　　盡，臧信切

①有些地方，《中州音韵》似有清濁之分，如"閉、陛"不同音，"布、步"不同音，等等。這些地方應以《中原音韵》為準。《中原音韵》"閉、陛"同音，"布、步"同音。

298

(320)

以邪切心：

四，詞恣切

接下排

以端切定：

杜，叶都去声　　代，当赖切

鈍，叶敦去声

以知切澄床：

仲，叶中去声　　住，張恕切

陣，叶真去声

接下排

以見切群：

共，孤貫切　　強，疆樣切

忌，江畏切　　跪，光畏切

巨，居遇切

北京市电车公司印刷厂出品　七六·一

40×15=600 (1201)

以影切喻：

勇，因竦切　用，衣誦切

様，衣降切　翳，瘱計切

映，叶英去声

接下排

以曉切匣：

閧，呼貢切　係，興計切

接下排

以心切邪：

象，栖鬻切　殉，叶詢去声

接下排

以匣切曉：

向，奚降切　嚇，奚價切

299

(321)

接下排

以牀切知照：

[illegible]，叶牀去声

接下排

以審切牀：

士，诗至切

接下排

以審切禪：

是，诗至切

接下排

以喻切影：

媪，叶俞去声　涴，王过切

幼，移究切

接下排

40×15=600 (1201)

北京市电车公司印刷厂出品 七六·一

以莊切照：

寨，叶齋去声　騶，莊瘦切

以疑切影

愛，昂蓋切　厄，叶崖去声

~~以莊切頸~~

(二) 元代的韵部

元代的韵部，也就是《中原音韵》的韵部：1.东鍾；2.江陽；3.支思；4.齊微；5.魚模；6.皆来；7.真文；8.寒山；9.桓歡；10.先天；11.蕭豪；12.歌戈；13.家麻；14.車遮；15.庚青；16.尤侯；17.侵尋；18.監咸；19.廉纖。共十九部，如下表：

300

(322)

韵類 元音	陰声			陽声		
u	5. u 魚模			1. uŋ 东鍾		
ɔ	12. ɔ 歌戈				9. ɔn 桓歡	
a	13. a 家麻	11. au 蕭豪	6. ai 皆來	2. aŋ 江陽	8. an 寒山	18. am 监咸
æ	14. æ 車遮				10. æn 先天	19. æm 廉纖
ə		16. əu 尤侯		15. əŋ 庚青	7. ən 真文	
i	4. i 齊微					17. im 侵尋
ɿ,ʅ	3. ɿ,ʅ 支思					

(1) 东鍾 [uŋ]

合口[uŋ]① 切韵东董送、冬宋

~~撮口[iuŋ] 切韵东董送~~

~~[illegible]~~例字：东冬通同农風鴻蒙公空弓

合口[uŋ] 切韵鍾腫用

① 元代韵部已经没有四等的分别，這裏分為開齊合撮四呼。

例字：鍾重松逢從

合口[uŋ]（喉牙） 切韵庚梗映、耕耿諍、登等嶝（唯牙喉）

例字：轟甍泓崩烹猛孟迸

撮口[iuŋ] 切韵东董送、鍾腫用

例字：雍龍熊逢容慵窮鍾重中充

撮口[iuŋ] 切韵庚梗映、清靜勁、青迥徑

例字：兄榮永詠瑩迥

反切例證：

以冬切东：

宗，思综切

以鍾切东：

东，多龍切　　雄，樸容切

窮，其容切　　董，多隴切

叢，葱鬆切　　同，徒龍切

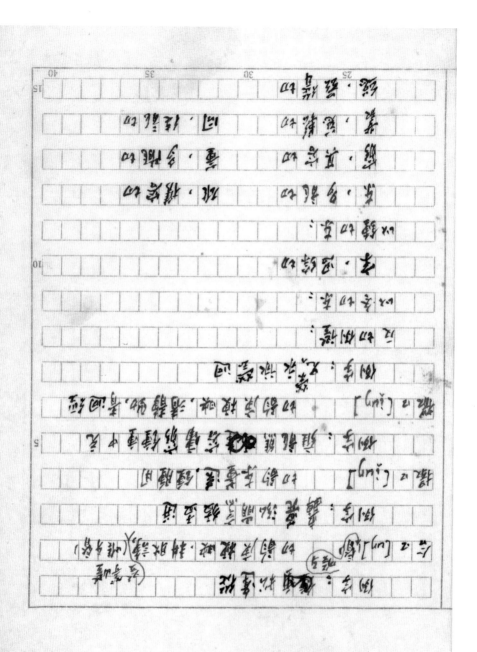

總，兹聳切

301

(323)

以冬切鍾：

松，西宗切

以鍾切冬：

冬，多龍切　　宗，蹤鬆切

以东切鍾：

鍾，之戎切　　龍，盧东切

恭，孤翁切

以东切冬：

農，奴东切

以东切登：

崩，逋蒙切　　弘，胡工切

朋，蒲蒙切

以登切庚：

盲，麻崩切

以登切耕：

甍，麻崩切

以东切耕：

轟，呼工切　　宏，胡工切

迸，逋夢切

北京市电车公司印刷厂出品　七六・一

40×15=600（201）

以鐘切清：

瓊，其容切

以东切庚：

横，胡工切　　彭，蒲蒙切

孟，叶蒙去声

以鐘切庚：

兄，布容切　　永，因铼切

榮，移濃切

以鐘切青：

迥，胡勇切　　瑩，衣誦切

以登切东：

風，夫崩切

以登切鐘：

封，夫崩切

元曲例證（东無號冬*，鐘**，庚*，耕××，清××，青××，登○）：

誤入桃源·第二折　　王子一

風力緊，羽衣輕；露華濕，烏巾重**[tʂiuŋ]。

302

(324)

我本為厭紅塵跳出樊籠[luŋ]。
只待要樓閣雲霧登立隴**[liuŋ]。
身世外無牽縈**[Hsuŋ]。

香馥々蔭松蘿把山路迷，密匝々長苔痕將野徑封**[fuŋ]。
靜悄々鎖烟霞古崖深洞[tuŋ]，
高聳々接星河峭壁巉峰**[fuŋ]。
鬧炒々棲鴉噪暮天，悲切々玄猿嘯晚風[fuŋ]。
絮叨々鷓鴣啼轉行不動[tuŋ]，
磣磕々蹤虎豹跨上亂龍**[liuŋ]。
白茫々偏覷山下雲深處，黃滾々趁足人間路不通[tuŋ]。
眼睜々欲辨西東[tuŋ]。

我待學煉九轉丹砂葛洪[xuŋ]，
上萬丈崑崙赤松**[suŋ]。

因此上思入風雲變態中[tɕiuŋ]。

則見一溪流水綠，幾片落花紅[xuŋ]，

兀的把春光斷送[suŋ]！

水呵莫不黃河天上來，花呵莫不碧桃天上種**[tɕiuŋ]。

水呵紫綠如翠岩前三千丈玉泉飛迸**[puŋ]；

花呵乾閃下鬧西園一隊隊採蜜遊蜂**[fuŋ]。

水呵則是瀰漫三月雨，花呵可惜狼藉一夜風[fuŋ]。

水呵近滄波濯塵纓一溪光瑩**[jiuŋ]；

花呵性輕薄亂飄零枉費春工[kuŋ]。

水呵抵多少長江後浪催前浪，花呵早則一片西飛一片東[tuŋ]。

歲月匆匆[tsʻuŋ]！

我這裏長嘯時草木振動[tuŋ]，

悵望處風濤怒湧**[jiuŋ]。

303

(325)

不覺的悄然而悲悽惶恐**[kuŋ]。

盼不的漁家春水渡，聞不見僧寺夕陽鐘**[tɕiuŋ]。

咱兩個莫不被樵夫調哄[xuŋ]。

我這裏渡危橋拄瘦筇**[tɕiuŋ]。

俯清流蔭古松**[suŋ]。

見一派瀰漫綠波浮動[tuŋ]。

想行盡只隔雲峰**[fuŋ]。

進程途一二里，見樓臺三四重**[tɕiuŋ]。

勢嵯峨走龍飛鳳[fuŋ]。

呈分明金碧玲瓏[luŋ]。

又不是數聲仙犬鳴天上，又不是幾處漁歌起谷中[tɕiuŋ]。

只聽得環珮丁冬*[tuŋ]。

你便鐵石人也惹起凡心動[tuŋ]。

40×15=600 (1201)

北京市电车公司印刷厂出品 七六·一

莫不是駕青鸞天上飛瓊**[tɕʰiuŋ]。
似這般花月神仙，晃動了文章鉅公*[kuŋ]。
沒揣的撞到風流陣，引入花衚衕[tʰuŋ]。
撇到着金釵十二行，敢則夢上他巫山十二峰**[fuŋ]。

光閃閃貝闕珠宮[kuŋ]，
齊臻臻碧瓦珠甍**[muŋ]，
寬綽綽羅幃繡櫳[luŋ]，
鬱巍巍畫梁雕棟[tuŋ]。

注金波碧筒[tʰuŋ]，
燒銀燭紗籠[luŋ]，
笙歌引至畫堂中[tɕiuŋ]。
紅遮翠擁**[jiuŋ]，
人心兒會應相重[tɕiuŋ]。

304

(326)

人情今夜初相共**[kuŋ]。
人生何處不相逢**[fuŋ]？
早忘卻更長漏永[jiuŋ]。

則見他喜孜孜幽歡密寵**[tɕʻiuŋ]，
便一似悄促促私期暗通[tʻuŋ]。
怎消得翠袖殷勤捧玉鍾**[tɕiuŋ]，
屏開金孔雀，褥隱繡芙蓉**[jiuŋ]。
兀的般受用**[jiuŋ]！

真乃是深綠叢[tsʻuŋ]，
錦繡中[tɕiuŋ]，
出紅妝主人情重**[tɕiuŋ]。
玳筵開炮鳳烹龍**[liuŋ]。
受用些細腰舞，皓齒歌，琉璃鍾**[tɕiuŋ]，琥珀醲[nuŋ]。
秪多少文字飲一觴一詠[jiuŋ]。
列兩下進仙桃玉女金童[tʻuŋ]。
不覺的舞低楊柳樓心月，歌盡桃花扇底風[fuŋ]。
筵宴將終[tɕiuŋ]。

記不的軒轅一枕華胥夢[muŋ]，
學不的淳于一枕南柯夢[muŋ]，
盼不的文王一枕非熊夢[muŋ]，
成不的莊周一枕蝴蝶夢[muŋ]，
倒大來福分也麼哥，倒大來福分也麼哥，
恰做了襄王一枕高唐夢[muŋ]！

帽簷偏側簪花重**[tɕiuŋ]，
衫袖淋漓污酒濃**[nuŋ]。

品竹调丝，移宫换羽，搽粉摶酥，走斝飞觥[kuŋ]。
一個个浓妆艳裹，一对对妙舞清歌，
一声声慢拈轻拢[luŋ]。
赢得我忘怀昆仲[tɕiuŋ]，
拚却醉颜红[xuŋ]！

一杯未尽笙歌送[suŋ]，
两意初谐语话同[tuŋ]。
效文君私遊相如，比巫娥赖曾从宋玉，
似莺莺暗约张生，学孟光自许梁鸿[xuŋ]。
他年不騎鶴，何日可鳌鳌，今夜恰乘龍[liuŋ]。
说甚的隻鸾单凤[fuŋ]？
天与配雌雄[xiuŋ]！

色蔻蔻，光灩灩，山環水绕天台洞[tuŋ]。

勢回旋，形曲折，虎踞龍蟠仙子宮[kuŋ]。

本意间尋採藥翁[wuŋ]，

誰想桃源一徑通[tʻuŋ]！

漫嘆人生似轉蓬[pʻuŋ]！

猶恐相逢是夢中[tɕiuŋ]！

月滿蘭房夜未窮[kiuŋ]。

人在珠簾第幾重[tɕʻiuŋ]？

結然同心心已同[tʻuŋ]，

綰就合歡歡正濃**[nuŋ]。

焚盡金爐寶篆空[kʻuŋ]，

燒罷銀臺燭影紅[xuŋ]，

身在天台花樹叢[tsʻuŋ]，

夢入陽臺雲雨蹤[tsuŋ]。

准備着鳳枕鴛衾玉人共[kuŋ]，

成就了年少風流志誠種**[tɕiuŋ]！

306

(328)

(2) 江陽 [aŋ]

開口 [aŋ]　　切韵唐蕩宕
例字：冈当，长良

齊齒 [iaŋ]　　切韵江講絳，陽養漾
例字：江腔

合口 [uaŋ]　　切韵唐蕩宕，江講絳
例字：光黄，双窗

撮口→開口 [aŋ]　　切韵陽養漾
例字：方房

撮口→合口 [uaŋ]　　切韵陽養漾
例字：王匡

反切例證：

以陽切江：

江，居羊切　　樁，之霜切

雙，師莊切　　講，居養切

絳，鄭漾切　　幢，鋤霜切

腔，丘羊切

以唐切江：

龐，蒲忙切　　邦，逋忙切

以江切唐：

忙，麻邦切

以江切陽：

忘，無邦切　　　芳，敷邦切

以唐切陽：

王，吴光切　　　匡，枯黄切

汪，烏光切　　　往，吴廣切

元曲例證（陽無號，唐*，江×）：

漢宫秋·第三折（節録）　馬致遠

則甚麽留下舞衣裳[tʂʻiaŋ]？

被西風吹散舊時香[xiaŋ]。

我委實怕宫車再过青苔巷×[xiaŋ]。

猛到椒房[faŋ]。

那一會想菱花鏡裏妝[tʂuaŋ]，

風流相[siaŋ]，

兜的又横心上[ʂiaŋ]！

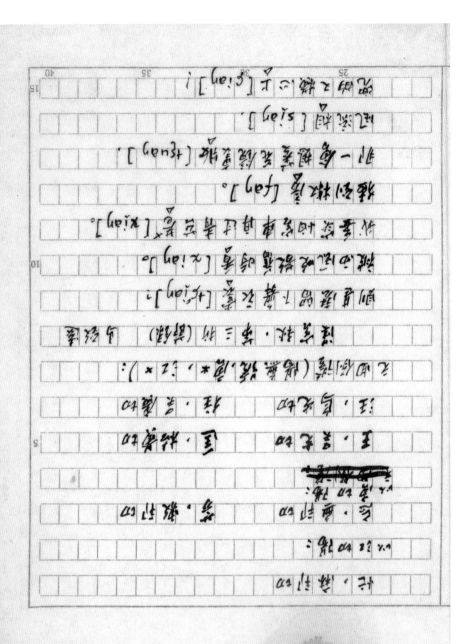

307

(329)

看今日昭君出塞，几时似苏武还乡[xiaŋ]！

我做了别虞姬楚霸王[waŋ]，

全不见守玉関征西将[tsiaŋ]。

那裏取保親的李左車，送女客的蕭丞相[siaŋ]？

他去也不沙架海紫金梁[liaŋ]，

枉養着那边庭上鐵衣郎*[laŋ]。

您也要左右人扶侍，俺可甚糟糠妻下堂[t'aŋ]，

您但提起刀鎗[tsiaŋ]，

却早小鹿兒心頭撞*[tʂuaŋ]。

今日央及煞娘娘[niaŋ]，

怎做的男兒当自强[tɕ'iaŋ]！

怕不待放絲韁[kiaŋ]，

40×15=600 (1201)

北京市电车公司印刷厂出品 七六·一

咱可甚鞭敲金鐙响[xiaŋ]。

你管甚理陰陽[jiaŋ]，

掌握朝綱*[kaŋ]，

治國安邦*[paŋ]，

展土開疆[kiaŋ]。

假若俺高皇差你個梅香[xiaŋ]，

背井離鄉[xiaŋ]，

臥雪眠霜[ʂuaŋ]，

若是他不戀春風畫堂*[tʻaŋ]，

我便官封你一字王[waŋ]！

說什麼大王不當*[taŋ]，

戀王嬙[tsʻiaŋ]！

兀良怎禁他臨去也回頭望[vaŋ]！

那堪這散風雪旌節影悠揚[jiaŋ]，

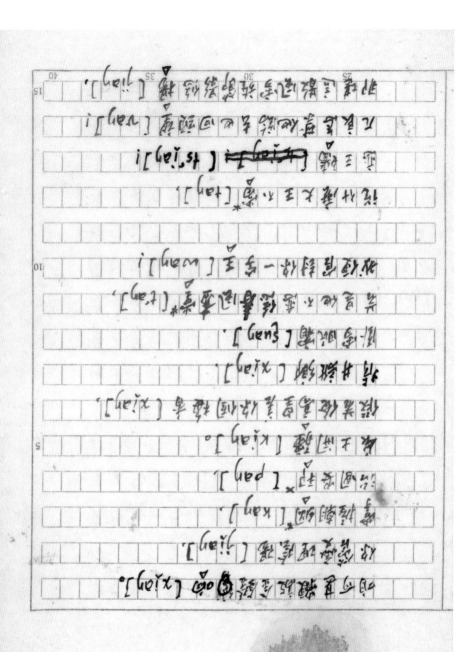

動關山鼓角聲悲壯[tʂuaŋ]。

呀！俺向着這迥野悲涼[liaŋ]，
草已添黃*[xuaŋ]，
色早迎霜[ʂuaŋ]，
犬褪得毛蒼*[tsʻaŋ]，
人搠起纓鎗[tsʻiaŋ]，
馬負着行裝[tʂuaŋ]，
車運着餱糧[liaŋ]，
打獵起圍場[tʂʻiaŋ]。
他！他！他！傷心辭漢主，
我！我！我！攜手上河梁[liaŋ]！
他部從入窮荒*[xuaŋ]，
我鑾駕返咸陽[ʑiaŋ]。
返咸陽[ʑiaŋ]，

40×15=600 (1201)

北京市电车公司印刷厂出品 七六·一

过宫墙[tsʻiaŋ]。

过宫墙[tsʻiaŋ]，

遶迴廊*[laŋ]。

遶迴廊*[laŋ]，

近椒房[faŋ]。

近椒房[faŋ]，

月昏黄*[xuaŋ]。

月昏黄*[xuaŋ]，

夜生凉[liaŋ]。

夜生凉[liaŋ]，

泣寒螀[tsiaŋ]。

泣寒螀[tsiaŋ]，

绿纱窗[tʂʻuaŋ]。

绿纱窗[tʂʻuaŋ]，

不思量[liaŋ]！

309

(331)

呀！不思量[liaŋ]。
除是鐵心腸[tʂ'iaŋ]！
鐵心腸也愁淚滴千行*[xaŋ]！
美人圖今夜掛昭陽[jiaŋ]，
我那裏供養[jiaŋ]，
便是我高燒銀燭照紅妝[tʂuaŋ]。

我做大臣行說一個推辭謊*[xuaŋ]，
又則怕筆尖兒那火編修講*[kiaŋ]。
不見他花朵兒精神，怎趁那草地裏風光*[kuaŋ]？
唱道佇立多時，徘徊半晌[ɕiaŋ]，
猛聽的塞雁南翔[siaŋ]，
呀呀的聲嘹喨[liaŋ]，
却原來滿目牛羊[jiaŋ]。

北京市电车公司印刷厂出品 七六·一

40×15=600 (1201)

是兀那载斯根的戆車半坡裏响[xiaŋ]！

(5)支思 [ɿ][ʅ]

齊齒→開口[ɿ]　切韵支紙寘，脂旨至，之止志（照莊系）

齊齒→開口[ʅ]　切韵支紙寘，脂旨至，之止志（精系）

反切例證：

以之切支：

支，争時切　　訾，魯思切

兒，如之切　　疵，齊兹切

斯，僧思切　　雌，增思切

紙，之始切　　此，倉子切

以之切脂：

脂，争時切　　資，魯思切

茨，齊兹切　　尸，生之切

私，僧思切　　死，苏子切

310　　A20 (332)

以支切脂：

鴟，抽支切　　至，之是切

以支切之

蚩，抽支切　　志，之是切

元曲例證（支無號，脂*，之×）：

蝴蝶夢·第一折　　關漢卿

仔細尋思*[sɿ]，

兩回三次*[tsʻɿ]，

這場蹊蹺事*[ʂʅ]，

走的我氣咽聲絲*[sɿ]，

恨不的兩肋生雙翅[tʂʻʅ]！

俺男兒負天何事*[ʂʅ]？

拿住那殺人賊，我乞個罪名兒[əl]。

他又不曾身耽疾病，又無甚過犯公私*[sɿ]。

北京市电车公司印刷厂出品 七六·一

40×15=600 (1201)

苦是俺軟弱的男兒有甚死活，
索共那倚勢的喬才打會官司[sɿ]。
我這裏急忙忙走六街，穿三市[ʂʅ]，
行行裏撓腮撧耳[ʐʅ]，
抹淚揉眵[tʂʅ]。

你覷那着傷處一塌兒青間紫[tsɿ]，
可早停着死屍[ʂʅ]。
你可便從來憂念沒家私[sɿ]，
昨朝怎曉今朝死[sɿ]？
今日不知來日事[ʂʅ]！
血模糊污了一身，軟答剌冷了四肢[tʂʅ]，
黄甘甘面色如金紙[tʂʅ]。
乾叫了一炊時[ʂʅ]。

311

(333)

救不活將咱葬亂死*[sɿ]，

咱家私*[sɿ]，

自暗思*[sɿ]：

到明朝若是出殯時*[ʂʅ]，

又沒他一陌紙[tʂʅ]，

空排着三個兒[ʐʅ]。

這正是家貧也顯孝子*[tsɿ]。

他本是太學中敷試*[ʂʅ]，

怎想他拳頭上便死*[sɿ]！

今日個只落得長街上檢屍[ʂʅ]。

更做道見職官，俺是個窮儒士*[ʂʅ]，

也索稱詞[tsʰɿ]。

若是俺到官時*[ʂʅ]，

北京市电车公司印刷厂出品 七六・一

40×15=600 (1201)

和你去对情詞[+5ʼ]。
使不着國戚皇親，玉葉金枝[㔾l]。
便是他龍孫帝子[+51]，
打殺人要吃官司[51]。

你可便斟量着做，似這般是意兒[{l]？
你三人平昔無瑕玼[+5l]，
你三人打死欲然是[{l]，
你三人倒惹下刑名事[{l]。
則被這清風明月兩閒人，送了你玉堂金馬三學士[{l]。

想当時[{l]，
你可也不三思[51]，
似這般逞兇撒潑干行止[㔾l]！
無过恃着你有權勢，有金貲[+51]，

312

(334)

則道是長街上糙好漢，誰想你血泊內也停屍[ʂʅ]！

正是將軍着痛箭，還似射人時[ʂʅ]。

咱每日一瓢飲，一箪食[sɿ]，

有幾双箸，幾張匙[ʂʅ]？

若到官司使鈔時[ʂʅ]，

除典當了閒文字[tsɿ]。

你合死呵今朝便死[sɿ]，

館道是殺人公事[ʂʅ]，

也落個孝順名兒[ɭʅ]。

苦孜孜[tsɿ]，

淚絲絲[sɿ]，

這場災禍從天至[tʂʅ]。

把俺橫拖倒拽怎推辭[tsʻɿ]？

北京市电车公司印刷厂出品 七六·一

40×15=600 (1261)

一壁廂磣可可停着老子*[ts1]，

一壁廂眼睜睜送了孩兒[tl]。

可知道福無重受日，禍有併來時*[sl]。

再休想跳龍门，折桂枝[tsl]，

少不得為親爺遭横死*[s1]，

從來個人命當還報，料應他天公不受私*[s1]。

不由我不嗟咨*[ts1]，

幾回家自視*[sl]，

現如今拿住孥[tl]，

到公庭責口詞*[ts1]，

下膿鏇，使拶子[ts1]，

這其間痛怎支[tsl]？

怕不待的一確二[tl]，

313

(335)

早招永无罪無辭*[tsʻɿ]。

你為親爺雪恨当如是[ʂʅ]。

便相次*[tsʻɿ]，

赴陰司*[sɿ]，

我也甘心做郭巨埋兒[ʐʅ]！

為甚我教你看詩書，習經史*[ʂʅ]？

俺待學孟母三移教子*[tsɿ]。

不能勾金榜上分明題姓氏[ʂʅ]，

則落得犯由牌書寫名兒[ʐʅ]！

想当時*[ʂʅ]，

也是不得已為之*[tʂʅ]。

便做道審得情真，奏过聖旨*[tʂʅ]，

也不过是一人處死*[sɿ]，

須斷不了王家宗祀*[sɿ]。

北京市电车公司印刷厂出品 七六·一

40×15=600 (1201)

那裏就滅门绝户俺一家兒[ɚ]！

(4) 齊微 [i]

開口 [əi] 切韵德、支纸寘，脂旨至（脣）

齊齿 [i] 切韵支纸寘，脂旨至，之止志，微尾未，齊薺霽，祭，廢，緝，昔錫

撮口 [yi] 切韵支纸寘，脂旨至，齊薺霽，泰廢

合口 [ui] 切韵支脂隊，微尾未（喉牙）

在切例證：

以微切脂

緋，無非切

以支切微：

機，居移切　　歸，俱為切

以支切齊：

稽，居移切　　圭，俱為切

低，都離切　　提，停離切

以支切脂：

314

(336)

肌，經移切　　~~麋，謨悲切~~

以支切之：

基，經移切　　癡，昌知切

以灰切脂：

悲，巴梅切　　丕，鋪梅切

葵，渠回切

以灰切支：

卑，巴梅切　　羸，盧堆切

谿，枯隈切　　披，鋪梅切

以微切齊：

迷，明非切

以微切支：

彌，明非切　　麾，呼歸切

以齊切支：

離，陵低切　　宜，移雞切

戲，虛雞切　　疵，平迷切

以齊切之：

狸，陵低切　　疑，移雞切

熙，虛雞切　　醫，於雞切

以齊切脂：

梨，凌低切　　夷，移齊切

以脂切灰：

梅，謨悲切　　崔，思維切

以齊切微：

沂，移齊切　　希，虛齊切

威，烏奎切

以微切灰

灰，呼歸切　　嵬，吳歸切

回，胡歸切

以齊切灰：

隈，烏圭切

以支切質：

桎，張移切　　實，繩知切

日，人智切

以支切職：

食，繩知切　　適，失迷切

315

(337)

以支切昔：

石，繩知切　　擲，征移切

以支切緝：

十，繩知切　　及，更移切

以齊切質：

疾，精妻切　　膝，喪齊切

以齊切昔：

寂，精妻切　　夕，星西切

以齊切緝：

集，精西切　　習，星西切

以齊切錫：

析，喪齊切　　戚，倉洗切

以微切職：

或，胡歸切　　國，叶鬼

以之切質：

質，張耻切　　吉，巾以切

以之切昔：

值，張耻切

以之切職：

陟，張恥切　　織，巾以切

以之切緝：

執，張耻切　　急，巾以切

以之切陌：

戟，巾以切

以脂切德：

則，滋美切　　忒，他美切

黑，亨美切

以祭切支：

智，張世切　　睡，師贅切

以祭切脂：

316

(338)

致，張世切　　滯，長世切

以祭切之：

置，張世切　　治，長世切

以霽切祭：

祭，精細切

以霽切廢：

刈，魚計切　　廢，方閉切

以祭切霽：

細，桑際切

以廢切泰：

檜，光吠切

以支切祭

勢，申智切

以微切祭：

衛，汪貴切

北京市电车公司印刷厂出品　七六・一

40×15=600 (1201)

以徽切废：

　　徽，汪贵切

以脂切祭：

　　缀，拖锐切　　　岁，桑醉切

以脂切队：

　　碎，桑醉切　　　诲，荒贵切

元曲例證（支無諧，脂*，之**，微*△，齐*，祭**，泰**，废**，灰*△，贿○，职○△，德△○，陌*○，昔○*，锡○○，缉△△）：

　　鸳鸯被，第四折　　　喬孟符

這洛陽城刘员外他是个有钱贼[tsəi]，

只要你还了時方纔死心塌地[ti]。

他征眉生巧計[ki]，

闲口討便宜[ji]。

總饒你潑骨顽皮[pʻi]，

也少不得要还他本和利[li]。

317

(339)

只為那些債文書我畫的有親筆跡[tsi]，

因此上被强勒為妻室[ɕi]。

這真心完事不移[ji]。

情願苦打千敲受他磨到底[ti]。

今日留得個一身歸，謝哥哥肯救我親生妹[mui]。

則今這行藝特整齊[tsʻi]，

本合無俗氣[kʻi]。

瑤琴壁上懸，寶劍床頭立[li]。

呀！我与你搭起綠蓑衣[ji]，

鋪開紫藤席[si]。

綠枕頭边放，香衾手内提[tʻi]。

索甚麼疑惑？這是我繡來的鴛鴦被[pai]。

40×15=600 (1201)

北京市电车公司印刷厂出品 七六·一

可不是蹺蹊[xi]！

俺承望這搭兒得見你[ni]！

則他這酸黃齏怎的吃[tʂ'i]！

麄米飯但充飢[ki]。

怕哥哥害渴時冰調些涼蜜水[ɕyi]，

我玉英有句話兒敢題[t'i]。

若問俺哥哥休諱[xyi]，

這鴛鴦被委是誰的[ti]？

除妹子別無甚妹子，除哥哥別無甚兄弟[ti]。

我玉英啊，世做的所爲[wəi]。

這里[li]，

便跪膝[si]，

則鴛鴦被要知根底[ti]。

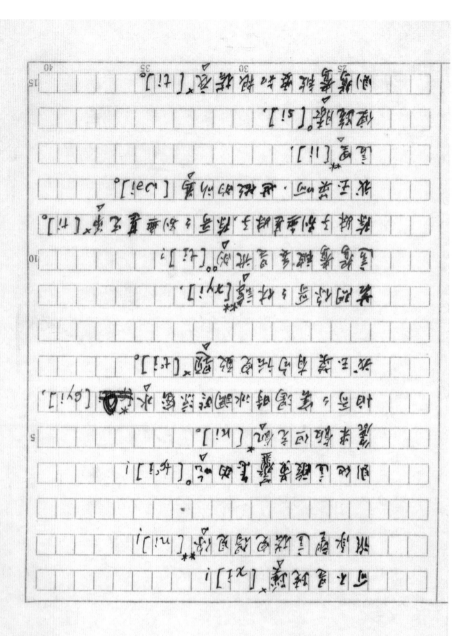

318

(340)

這麼倚恃錢財，虛張聲勢[ɕi]。

硬保張媒[mui]，

重把咱凌逼[pi]。

重則鞭笞[tʂʻi]，

輕則罵詈[li]。

難道河有澄清，人無得意[ji]！

當時曾受虧[kʻyi]，

今日也還席[si]。

大小荊條，先決四十[ɕi]，

再發有司，

從公擬罪[tsui]。

錢可通神，法難容你[ni]！

5　10　15　20

40×15=600 (1201)

北京市电车公司印刷厂出品 七六·一

想人生百年能有幾[ki]？

要博個閑顏日[Ii]！

父子共團圓，夫婦重和會[xui]，

這便是出尋常天大的喜[xi]！

(5) 魚模[u]

(魚語御(二等)虞麌遇(層))，

合口[u]　　切韵模姥暮、屋沃物沒

撮口[iu]　　切韵魚語御、虞麌遇、屋燭術物

反切例證：

以虞切魚：

如，人朱切　　蛆，倉須切

以魚切虞：

愚，移居切　　朱，征如切

以模切虞：

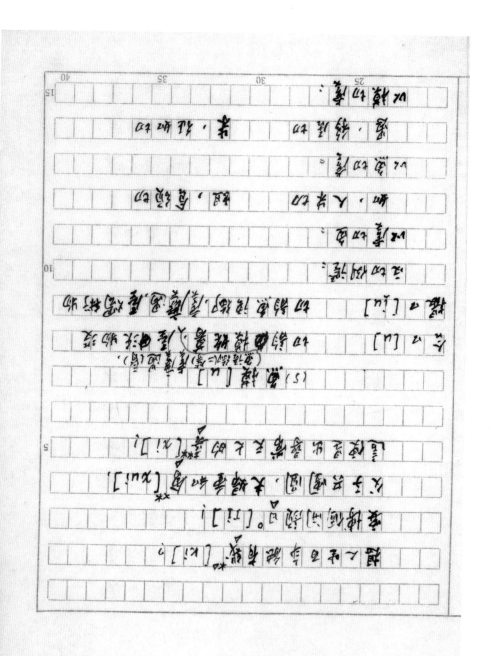

3/9

(341)

夫，方逋切　　扶，房逋切

無，忘逋切

以魚切屋：

育，叶於　　熟，绳朱切

逐，长如切

以魚切物：

熨，叶於　　倔，其余切

鬱，於車切

以魚切燭：

局，其余切　　俗，詞沮切

躅，成如切　　足，臧醑切

以虞切術：

術，绳朱切　　恤，叶须上声

以虞切燭：

蜀，绳朱切

以魚切術：

出，叶杵　　律，叶慮

以模切屋：

獨，东盧切　　斛，红姑切

族，從蘇切　　僕，邦模切

以模切沃

督，东盧切　　鵠，红姑切

以模切沒：

突，东盧切　　卒，從蘇切

孛，邦模切　　兀，吴姑切

以虞切屋：

服，房夫切

以虞切物：

彿，叶府　　屈，丘雨切

物，叶務

以魚叶緑：

入，叶如去声①

①"入"字当從《中原音韵》入齊微。

320

(342)

元曲例證（魚無韻，虞*，模**，屋×，沃××，燭**，術△，物○）：

對玉梳·第三折（節錄） 賈仲名

秋江消踈[ʂu]，
遠村迷淡烟深處[tʂʻiu]。
斷橋邊野水平蕪*[vu]。
盼郵亭，巴猴子，一步挨一步**[pu]，
早則是途徑崎嶇*[kʻiu]，
惱行人痛傷情緒[siu]。

則為俺那不心軟的狠毒娘，
更合着這忤逆的逃竄女[niu]。
恰便似孟姜女送寒衣，誰曾受這般苦**[kʻu]！苦**[kʻu]！
那裏問養育情懷，則為俺夫妻恩愛，

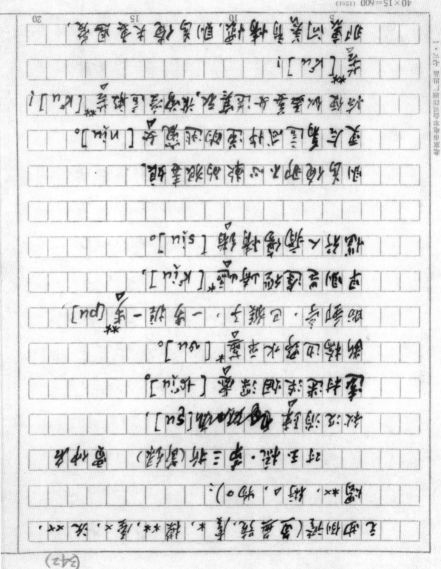

早瞧道割不斷子母腸肚**[tu]！

按天際落霞孤鶩*[wu]，
映殘陽老樹啼烏** [redacted] [wu]。
古道旁，飄衰葉，折枯蒲**[pʻu]。
蒹葭排雁字，雲水捕魚圖**[tʻu]。
灑西風，彈淚雨*[jiu]。

轉過這山額角生慘悽，
見一簇慈林郎黑模糊**[xu]。
不由我心兒裏絲絲添怕懼*[kʻiu]。
兩耳火雲燒，渾身冷汗出*[tɕʻiu]
似鉤住我皮膚*[fu]。
把不定頭梢兒豎*[ʂiu]。

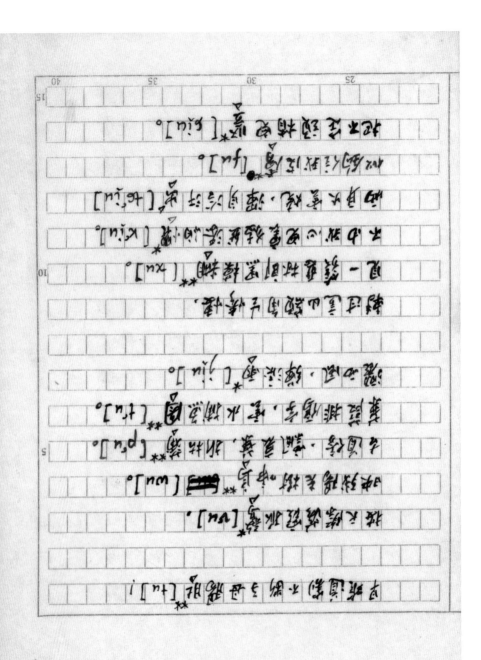

321

(343)

諕得我意慌張，心膽怯，戰都速*[su]。

無了魂魄，軟了身軀*[kʻiu]。

則見他惡哏哏，填忿忿，氣撲撲*[pʻu]。

猛見了他面目*[mu]。

事在當初[illegible][tʂʻu]。

不合將他千般數落十分怒**[nu]。

料應來命在須臾*[jiu]。

這廝待強風情打家截道拚着做**[tsu]。

那裏討護身符*[fu]！

這媽兒使不着我美貌嬌容。

用不着我花言巧語[jiu]。

這廝如此行為，恁般做出[illegible][tʂʻu]。

道的是你財上分明大丈夫*[fu]。

我兒膽底虛[xiu]。

40×15=600 (1201)

北京市电车公司印刷厂出品 七六·一

您只要竊玉偷香，尚且的尤雲殢雨[jiu]!

你道是如何發付[fu]，

我索避着不做[tsu]。

我這裏斂袂回身，褪後趨前，眼笑眉舒[ʂu]。

施禮數[ɕiu]，

道萬福[fu]，

殷勤覷覷[ts'iu]。

施呈着我尊前席上那些假虛脾和睦[mu]。

待將咱們圖[t'u]，

我寧死不辱~~[ʐiu]~~ [ʐu]!

這廝笑裏藏刀，節外生枝，暗地埋伏[fu]。

這里是大道官壕，怎沒個行人南來北去[k'iu]?

天那！眼見的死的來不着墳墓[mu]!

322

(344)

(6) 皆來 [ai]

開口 [ai]　切韻咍海代，佳解卦（齒音），皆駭怪（齒音），泰，夬，陌（二等）麥，職（二等），德（少數）

齊齒 [iai]　佳解卦（喉牙），皆駭怪（喉牙）。①

合口 [uai]　佳解卦（喉牙），皆駭怪（喉牙），陌麥，[illegible]（二等），術（二等），夬，泰（喉牙）

反切例證：

以佳切皆

階，鄒鞋切　　揩，丘崖切

以皆切佳：

柴，池齋切　　簁，疎齋切

喎，口淮切　　鞋，[illegible]皆切

牌，蒲埋切　　崖，[illegible]皆切

以皆切脂（二等合口）：

衰，[illegible]乖切

① 例外："佳"讀 [kia]。

以皆切陌（二等）：

白，巴埋切　　　　𦚢，叶斋

宅，池斋切　　　　窄，叶斋上声

客，叶揩上声　　　　㮷，叶皆上声

以皆切麥：

獲，胡乖切　　　　䞤，叶乖上声

責，叶斋上声　　　　箐，叶擺

索，叶篩去声①　　　　馘，叶乖上声

以咍切德：

塞，叶腮　　　　刻，叶揩上声

以佳切陌（二等）：

伯，叶擺　　　　拍，鋪買切

陌，叶賣　　　　額，叶崖去声

以佳切麥：

策，叶釵上声　　　　隔，叶皆上声

麥，叶賣　　　　厄，叶崖去声

以皆切職（二等）：

側，叶斋上声　　　　色，叶篩上声

①《廣韻》："索，山責切，求也。"

323

(345)

以佳切職(二等)：

測，叶釵上声

以佳切術(二等)：

率，叶擺切

以皆切摑：

摑，叶乖上声

以佳切德：

墨，叶卖

以泰切奈：

搦，囊帶切

以泰切咍：

戴，当賴切　　　　溉，岡害切

亥，杭害切　　　　愛，昂蓋切

賚，郎帶切　　　　耐，囊帶切

以佳切夬：

敗，旁害切

元曲例證(佳無號，皆*，咍**，泰**，

40×15=600 (1201)

北京市电车公司印刷厂出品 七六·一

史××，脂二等××，陌△，麥△△，職△×，

德×△，術○，櫛○○）：

陈州粜米·第四折　　喬孟符

叩金鑾親奉帝王差△[tʂʻai]，

到陈州与民除害△**[xai]。

威名連地震，殺氣和山來△**[lai]。

手執着势劍金牌△[pʻai]。

哎！你個刘衙内且休怪△*[kuai]！

你只要钱财△**[tsʻai]，

全不顾百姓每貧窮，一昧的刻△×△[kʻai]！

今遭扭械△*[xiai]。

也是你五行福谢做了半生灾△**[tsai]。

只见他向前呵，如上嚇魂臺△**[tʻai]，

往後呵，似入东洋海△**[xai]。

324

(346)

投至的分尸在市街[kiai]。

我着你一灵儿先飞在青霄外**[wai]。

难道你王粉头直恁騃**[ai]，

偏不知包待制多谋策*[tʂʻai]。

你道是接舍官有大钱，

怎么的见府尹无娇态[tʻai]；

呀！你只待钱眼里狠差排*[pʻai]，

今日个刀口上送尸骸*[xiai]。

你犯了萧何律难宽纵，

便自有蒯通谋怎救解[ɑ.kiai]？

你死也休捱[jiai]！

则俺那势剑如风快**[kʻuai]！

你死也应该**[kai]。

40×15=600 (1201)

北京市电车公司印刷厂出品 七六·一

誰着你金鎚当酒来**[lai]！

小衙内做事歹**[tai]，
小㑳古旦穿奈**[nai]。
也是他自結下冤讐怎得开**[k'ai]，
非咱威煞*[ʂai]，
须償还你這親爺債[tʂai]！

從来個人命事関連天大**①，
怎容他殺生靈似虎如豺*[tʂ'ai]！
紫金鎚依然还在**[tsai]，
也将来敲他脑袋**[tai]，
登時间肉拆血灑[ʂai]，

①"大"字在元曲裏读入皆来、家麻两韵。《中原音韵》也读入皆来、家麻两韵，《中州音韵》"大"字有当榜、堂那二切。

325

(347)

受這般罪責[tʂai]。

呀！纔平定陳州一帶[tai]。

猛聽的叫教青來[lai]，

不由我臨風回首笑哈哈[xai]；

想他父子每倚勢挾權大[tai]，

到今日也運蹇時衰[ʂuai]，

他指望着救來時有處裁[tsʻai]，

怎知道救未來先殺壞[xuai]。

這一番顛倒把別人貸[tai]，

也非是他人謀不善，總見的個天理明白[pai]！

(7) 真文[ən]

開口[ən]　切韻臻，痕很恨，文吻問(脣)

齊齒[iən]　切韻真軫震，欣隱焮

北京市电车公司印刷厂出品 七六·一

40×15=600 (1201)

合口[uən]　切韵魂混恩

撮口[yən]　切韵文吻問(喉牙)，真軫震(喉牙)，諄準稕

反切例證：

以真切欣：

斤，鞠銀切　近，其印切

垠，移中切

以文切真：

君，居雲切　囷，墟雲切

以文切諄：

均，居雲切　荀，須雲切

旬，徐雲切

以魂切諄：

遵，滋孫切　脣，池綸切

以魂切文：

文，無奔切　分，敷奔切

焚，扶奔切

326

(348)

以欣切真：

因，衣巾切

以諄切文：

雲，于均切

以諄切真：

筠，于均切

元曲例證（真無號，諄*，臻**，文*，欣**，魂△，痕△△）：

趙氏孤兒·第一折（節録） 紀君祥

列國紛紛[fən]，

莫强於晉[tsiən]。

纔安穩[wən]，

怎有這屠岸賈賊臣[tʂʻiən]，

他只把忠孝的公卿損[suən]。

北京市电车公司印刷厂出品 七六·一

40×15=600 (1201)

不甫能風調雨順*[ɕyən]，
太平年寵用着這般人[riən]。
忠孝的在市曹中斬首，奸佞在帥府內安身[ɕiən]。
現如今全作威來全作福，
还说甚半由君也半由臣[tɕʻiən]！
他、他、他把爪和牙布滿在朝門[muən]。
但違拗的早一個個誅夷盡[tsiən]。
多咱是人間惡煞，可什麼閫外將軍*[kyən]！

他待要剪草除芽絕禍根[kən]，
使着俺把府門[muən]。
俺也是於家為國舊時臣[tɕʻiən]，
那一個藏孤兒的便不合將他隱**[jiən]。
這一個殺孤兒的你可也心何忍[riən]！
有一日怒了上蒼，惱了下民[miən]，

327

(349)

怎不怕沸騰騰萬口爭談論[luən]。

天也顯着箇青臉兒不饒人[ɽiən]。

卻不道遠在兒孫近在身[ɕiən]，

哎！你箇賊也波臣[tɕʰiən]！

和鎮甸[tuən]。

豈可二十載同僚沒些兒義分[fən]！

便與心使歹心，指賢人作歹人[ɽiən]。

他兩箇細評論[luən]：

還是那箇狠[xən]？

(8)寒山[an]

開口[an]　切韻寒旱翰，元阮願(脣)，刪潸諫(脣齒)，山產襉(脣齒)，凡范梵(脣)

齊齒[ian]　切韻~~元阮願，先銑霰，仙獮線~~，刪潸諫(喉牙)，山產襉(喉牙)，仙獮線(莊組合二)

~~合口[uan]~~

合口[uan]　　切韵删潸谏，山産裥，仙獮線（二等）

~~撮口[yan]~~

反切例證：

以删切元（唇）：

翻，夫班切　　煩，扶班切

反，方板切

以删切山：

山，師閑切　　鰥，古還切

幻，黄慣切

以删切寒：

姗，思閑切

以山切删：

姦，等闲切　　顔，移间切

以删切凡：

凡，扶班切

328

(350)

以元(昏)切删：

　　板，邦晚切

以寒切删：

　　赧，囊亶切

以删切仙(二等合口)：

　　栓，尸闩切　　　撰，之惯切

元曲例證[寒無號，删*，山**，元×，

　　仙××，[illegible]凡○]：

　　　　~~梧桐雨·第二折(节录)　白仁甫~~

　　~~天淡雲閒**[xian]~~

　　~~列長空數行征雁*[ian]。~~

　　~~御園中夏景初殘[tsʻan]，~~

　　~~柳添黄，荷減翠，秋蓮脱瓣[pan]。~~

　　~~坐近幽闌[lan]~~

　　~~噴清香玉簪花綻**[tʂan]。~~

共妃子喜開顏[jian]，
等閒**[xian]，
等閒[xian]，
御園中列鋪饌**[tʂuan]
酒泛嫩鵝黃，茶點鷓鴣斑*[pan]。

酒光泛紫金鍾，茶香浮碧玉盞**[tʂan]。
沉香亭畔晚涼多，把一搭兒親親自揀*[kian]
粉黛濃粧，管絃齊列，綺羅相間*[kian]

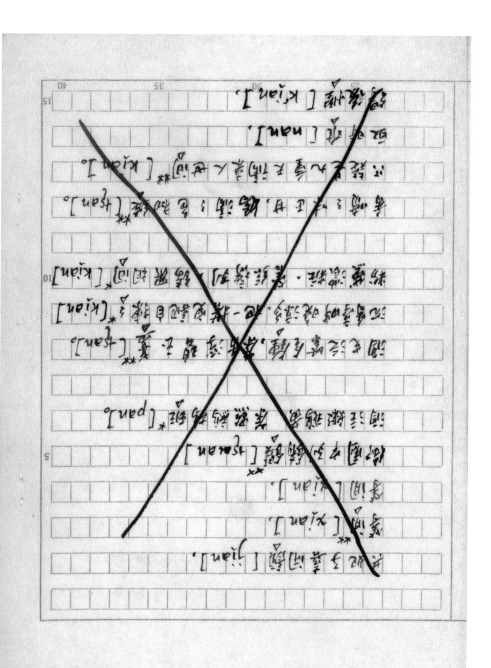

香噴噴味正甘，嬌滴滴色初綻**[tʂan]。
只疑是九重天謫來人世間**[kian]。
取時難[nan]，
得後慳[k'ian]，

329 329

A21

(351)

~~可惜不道長安[an]。~~

~~因此上整斜倦把江臺跌[ts'ian]。~~

風光好・第一折（節録）　戴善夫

那学士見了南唐秦弱蘭[lan]，

更不說西京白牡丹[tan]。

則消得我席上歌金縷，

管取他尊前倒玉山[ʂan]。

要歡喜不為難[nan]，

則著這星眸略睇盼**[p'an]，

教他和骨頭都軟癱[tan]！

我這裏覷容顏*[jian]，

待追攀*[p'an]。

噯！暢好是冷丁丁沉默默無情漢[xan]，

北京市电车公司印刷厂出品　七六・一

40×15=600 (1261)

風兒把冬凌霜雪都堆在兩眉間**[kian]。
恰便似額顱上掛着紫塞，
鼻凹裏倘着藍關*[kuan]。
可知道秀才双脸冷，宰相五更寒[xan]！

他教莫把瑶筝按[an]，
只许凤箫閒**[xian]。
他道是何用霓裳翠袖彎*[wan]，
更休撒红牙板*[pan]。
不教放筵前过盏**[tsan]。
幾時得酒闹人散[san]，
直恁般見不得歌舞吹彈[t'an]！

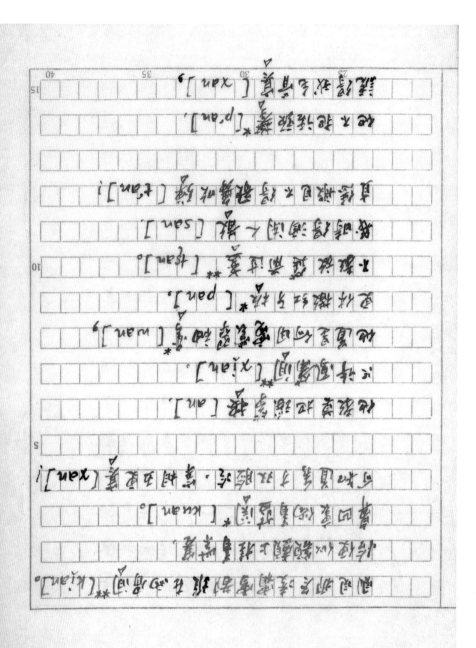

他不把話頭攀*[p'an]，
諕得我毛骨寒[xan]，

330

(352)

戰兢兢把不住臺和盞**[tʃan]。

我這裏承歡奉喜兩三番*[fan]，

太守見我退後來台意怒，

學士見我向前去惹心煩*[fan]。

好教我左右沒是處，來往做人難[nan]。

學士你隻身在旅邸間*[kian]，

着個甚深幃錦帳單[tan]？

學士你德行如顏子，

也索要風流做謝安[an]。

我勸你且閒顏*[jian]，

須不比尋常風範°[fan]。

你敢越聰明，越掛眼[jian]！

幾時捱得酒筵闌[lan]。

官員散[san]，

恨不得日下天昏日晚*[ʋan]！

說得那舞女歌兒受戲訐[xan]，

亦施逞乐藝熟閒**[xian]。

這其間**[kian]，

春意相關*[kuan]。

放著滿眼芳菲縱心兒揀*[kian]，

爭奈這尋芳人意懶[lan]，

嬉游的心慢*[man]！

哎！不是個惜花人·休想肯憑欄[lan]！

(9) 桓歡[ɔn]

合口[uɔn]　切韵桓緩換

戶切例字：

以桓切桓：

331

(353)

桓，華官切　　丸，吴官切

歡，花官切　　觀，瓜完切

端，多欒切　　酸，思鑽切

般，巴瞞切　　鸞，盧端切

瞞，麻般切　　團，徒欒切

盤，蒲瞞切　　潘，葩瞞切

以緩切緩：

短，當卵切　　盌，汪管切

疃，湯卵切　　管，光椀切

款，匡椀切　　澣，王管切

暖，囊短切　　纂，臧管切

滿，忙管切　　卵，郎短切

以換切換：

喚，荒貫切　　換，黃貫切

玩，王貫切　　段，當乱切

40×15=600 (1201)

北京市电车公司印刷厂出品 七六・一

算，桑鑽切　　貫，光玩切

半，邦幔切　　伴，旁幔切

幔，忙半切　　竄，倉算切

亂，郎斷切　　斷，當亂切

彖，湯亂切　　判，滂幔切

元曲例證：

蕭淑蘭・第四折　　賈仲名

離恨閑愁早填滿[muɔn]，
俺主人非長是短[tuɔn]。
謝兄嫂得團圞[luɔn]，
陪羔鴈花紅，下正禮三千貫[kuɔn]。
度量闊，眼皮寬[k'uɔn]，
把斷送房奩全盡管[kuɔn]。

納聘帛綾段[tuɔn]，

332

(354)

不断头花插金盘[pʻuɔn]。

堪观，披挂的遍身红满[muɔn]。

来往官媒一剗地锦绣攒[tsuɔn]，

人乱窜[tsʻuɔn]，

亲眷交错，罗绮弥漫[muɔn]。

这都是姻缘前判[pʻuɔn]，

幸今生得厮完[wɔn]。

玉肩同並赴云端[tuɔn]，

素手相携跨彩鸾[luɔn]，

清韵双吹鸣凤管[kuɔn]。

刬地乱谝歪谈一万端[tuɔn]，

尚古自苦谜寒酸[suɔn]。

总管着一派声撩乱[luɔn]。

翠撷珠攒[tsuɔn]，

舞态轻盈，歌声舒缓[xuɔn]。

香篆霭，绛蜡明，低垂帘幔[muɔn]。

瑞的洞房堂深，和气暖[nuɔn]，

要用千般[puɔn]；

香醪々合金杯互换[xuɔn]，

正良宵胜事攒[tsuɔn]。

碧天边㩳々寒星焕[xuɔn]，

碾冰轮皓月团々[tʻuɔn]。

乐意的酬，尽兴的拚[pʻuɔn]，

贪欢娱自然嫌漏短[tuɔn]。

乐意的酬，尽兴的拚[pʻuɔn]，

索强似风亭月馆[kuɔn]！

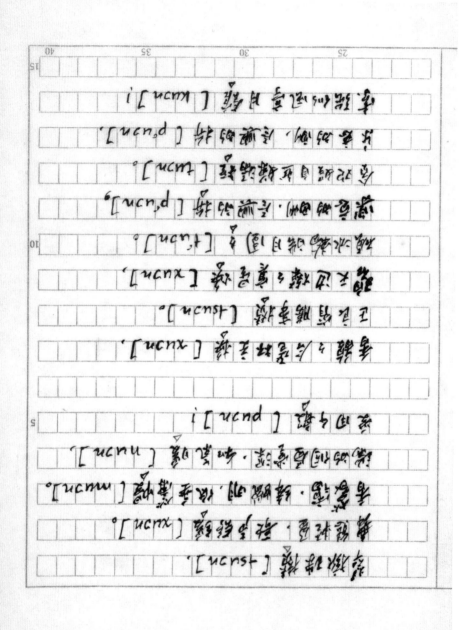

333

(355)

酒斟着鸚鵡盃，光映着瑪瑙盤[pʻuɔn]，

茶烹着丹鳳髓，香浮着碧玉碗[wɔn]。

閃銀屏金孔雀綠嫩紅嬌，

隱錦褥繡芙蓉枝繁葉亂[luɔn]。

嵌玲瓏香毬，掛金縷團[tʻuɔn]，

梅紅羅綃帳舞鳳飛鸞[luɔn]。

是，是，是，東牆女曾窺宋玉垣①[wan]，

喜，喜，喜，果相逢翡翠銀花幔[muɔn]，

早，早，早，同心帶扣雙挽結交歡[xuɔn]。

被這裏偷看，不由人心歡[xuɔn]。

淚襟彈[tʻan]，

試手韻，表正形端[tuɔn]。

①《中原音韻》桓歡未收"垣"字，《中州音韻》收了。

40×15=600 (1201)

北京市电车公司印刷厂出品 七六·一

趁着这风和日丽春日暖[nuɔn]，

逢天喜，位红鸾[luɔn]，

配宿缘，成仙伴[puɔn]。

荔枝浆、乳酪、蜜团[tʻuɔn]，

甘蔗汁、酥油、糖拌[puɔn]，

蔷薇露、秋菊、春兰，

紫苏盐、姜醋鹰款[kʻuɔn]，

碧芽芬、葱针寸段[tuɔn]。

细瑞祥俊沈娇潘[pʻuɔn]，

可不道尊瞻视，正衣冠[kuɔn]。

锦片前程今美满[muɔn]，

舞菱花一对青鸾[luɔn]，

早不凤台闲玉管[kuɔn]。

334

(356)

(10) 先天 [ɛn]

齊齒 [iɛn] 切韵先銑霰，仙獮線，元阮願

撮口 [yɛn] 切韵先銑霰，仙獮線，元阮願

反切例證：

以仙切先：

天，他連切　　田，堂連切

堅，雞延切　　边，巴綿切

以元切先：

玄，奚元切

以先切仙：

煎，臧先切　　綿，麻边切

錢，齊先切　　遷，妻先切

以仙切元：

喧，虛娟切

以先切元：

元，于涓切　　寃，衣涓切

言，移坚切　　軒，稀肩切

以元切仙：

權，渠元切　　攀，鄙元切

圈，區喧切

元曲例證（先無號，仙*，元×）：

合汗衫·第四折（節錄）　張國賓

您奪下的是輕裘肥馬他道不公錢*[tsiæn]，
俺如今受貧窮有如那范丹原憲*[xiæn]。
俺只問金沙院在那裏，
不想道寫了崤谷經着您山前[tsʰiæn]。
可憐俺赤手空拳*[kʰyæn]，
望將軍覷方便*[piæn]。

335

(357)

休提起俺那小業冤*[yæn]，

他剔騰了我些好家緣*[yæn]。

典賣了莊田[tʻiæn]，

火燒了俺宅院*[yæn]。

直閃的俺這兩口兒可也難過遣*[kʻiæn]！

(11)蕭豪[au]

開口[au]　切韵豪皓號，肴巧效(舌齒脣)，鐸，覺(舌齒脣)，鐸，藥(脣合)

齊齒[iau]　切韵蕭篠嘯，宵小笑，肴巧效(喉牙)，覺(喉牙)，藥

反切例證：

以肴切豪：

毛，麻包切

以蕭切宵：

嬌，江杳切　　夭，衣皎切

以宵切蕭：

蕭，四焦切

以蕭切肴：

拗，衣皎切　　巧，丘杳切

以肴切蕭：

梟，希交切　　驍，居肴切

幺，衣交切　　鐃，拏刀切

堯，移交切

以肴切宵：

驕，居肴切　　妖，衣交切

遙，移交切　　橋，其交切

以豪切肴：

包，巴毛切　　拋，鋪毛切

庖，蒲毛切　　卯，忙保切

以肴切覺（舌齒脣）：

濁，鋤梢切　　雹，巴毛切

郭，沽卯切　　廓，枯卯切

以豪切鐸：

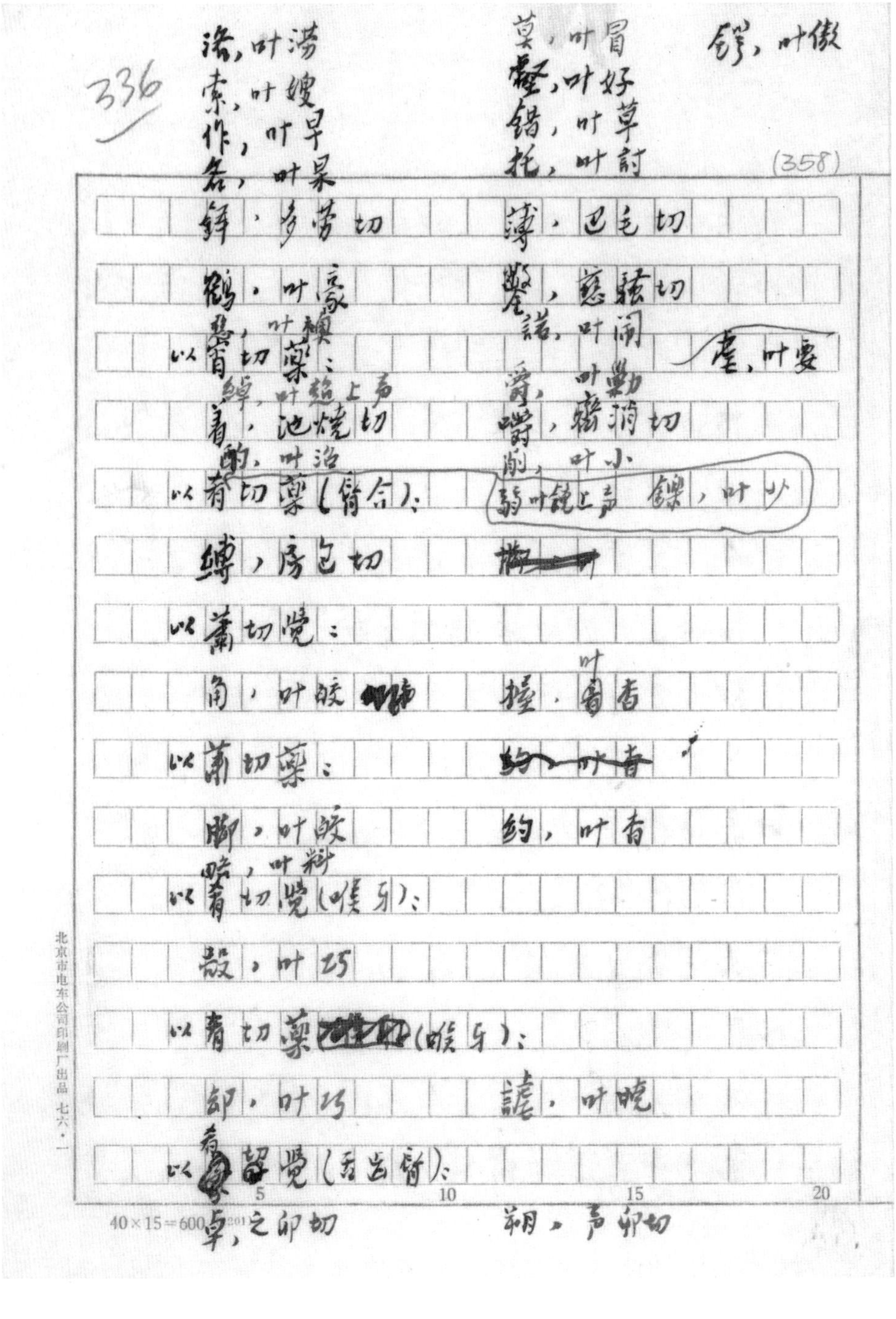

336

落，叶滂　　莫，叶冒　　鄂，叶傲
索，叶嫂　　壑，叶好
作，叶早　　错，叶草
各，叶杲　　托，叶討　　(358)

鐸，多劳切　　薄，巴毛切
鶴，叶豪　　鑿，慈皺切
　　諾，叶鬧
以宵切藥：　　虐，叶要
　　綽，叶超上声
　　爵，叶勦
着，池燒切　　嚼，嵇消切
酌，叶沼　　削，叶小
以宥切藥(脣合)：　　弱叶饒上声　鑠，叶少
縛，房包切
以蕭切覺：
角，叶皎　　握，叶香
以蕭切藥：
腳，叶皎　　约，叶杳
瘧，叶料
以肴切覺(喉牙)：
殼，叶巧
以肴切藥(喉牙)：
卻，叶巧　　謔，叶曉
以肴切覺(舌齿脣)：
卓，之卯切　　朔，声卯切

40×15=600

北京市电车公司印刷厂出品　七六·一

剥，叶饱　　倬，叶嘲去声

以藥切覺：

岳，叶鹞

元曲例證（萧無號，宵*，肴**，豪×，
藥△，鐸△△，覺○）：

　　举案齊眉·第四折　　王实甫

疑怪這廿喳喳灵鵲噪花梢**○[ʂau]，
却元来得除受狀元来到×[tau]。
若不是螢窗文史足，
怎能勾虎榜姓名標*[piau]？
祇想今朝[tʂiau]，
天開眼自然報×[pau]！

我則見這一壁横着的光閃閃金花紫誥×[kau]，
那一壁擡着的齊臻臻珠翠鮫綃*[siau]。

337

(359)

你道是纔表我冰清玉潔心，

又道是厮稱我雲錦花枝貌**[mau]。

我今日呵做夫人豈敢粧么[jiau]？

争奈我兩次三番不[illegible][tɕiau]！待着。

只怕不穩如荊釵布襖*[au]。

接下页

北京市电车公司印刷厂出品 七六·一

40×15=600 (1201)

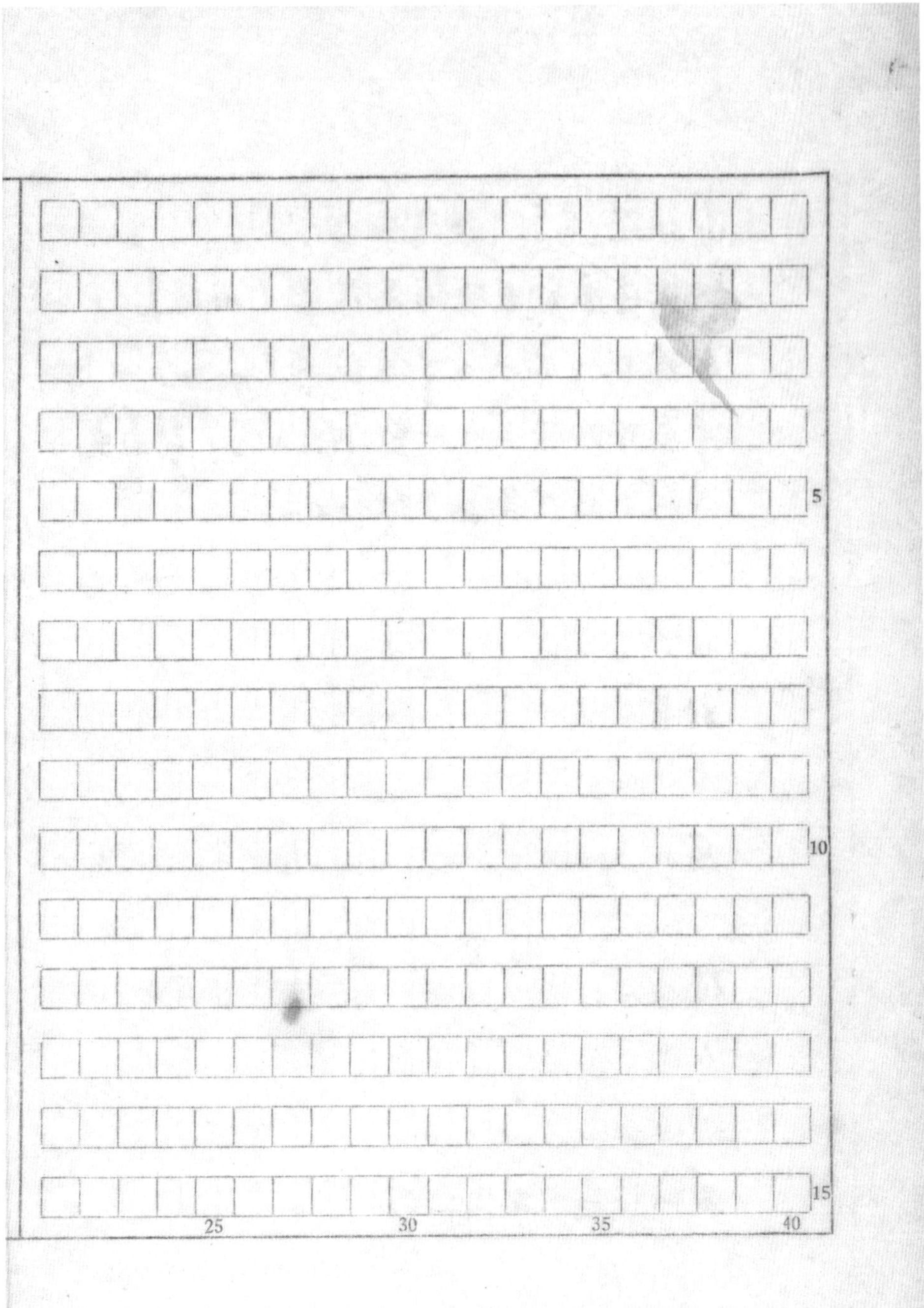

338

(360)

元来這家簡烏纱出聖朝[tʃʻiau]，
若是沒福的也难消[siau]。
只為俺读書人受过凄凉合縈繞[ʒiau]，
因此上把儒衣换了，换了[liau]！

他那曾習读古聖學[xiau]？
枉惹的儒人笑[siau]。
今日個折將丹桂来，
可不道俺则會打蓮花落[lau]！

俺如今行處马頭高[kau]，
人面上逞英豪[xau]。
那俺那美玉十分俊，
不似你花木瓜外看好[xau]。

哎！你個兒曹*[ts'au]，
誰着你行無道*[tau]？
准備着荊條[t'iau]，
將他和麻階吃頓拷*[k'au]。

往常時獨自焦*[tsiau]，
到今日大家樂**[lau]。
那其间撲頭撲面糠飛遶*[riau]
今日個玉玲瓏金鳳翹[ts'iau]。

這的是翠黛齊眉有下梢**[ʂau]。
你道我不改初時操*[ts'au]，
我從来貧不憂愁富不驕*[kiau]，
怎肯毁壞了闺门教**[kiau]？
你昔日恩，今朝報*[pau]。

不是你撥散浮雲，怎能勾得上青霄*[siau]？

趕赴了畫閣蘭堂，

錦裀繡褥，珠圍翠繞*[ʐiau]。

趕的我無處廝歸着*[tɕiau]。

住的是草舍茅庵，蓬窗柴门，陋巷簞瓢*[pʻiau]。

我可以安家难熬*[au]。

却元来晏平仲善與人交**[kiau]，

难道他掩自沒能，則待要見世生苗*[miau]。

俺和你夫婦商量：

你教外人把俺评跋，

你是個君子人不念舊惡**[au]，

想一双哀哀的父母劬劳*[lau]。

他毅然不采分毫*[xau]，

我如今怎敢輕薄[pau]。
且只索做小伏低，
從今後望參々樣把俺馳饒*[riau]。

荷君恩特降黃麻詔*[tɕiau]。
謝天曰臣遠踐紅塵道*[tau]。
却教我一介書生，早做了極品隨朝*[tɕiau]。
暢道頓首誠惶，瞻天拜表*[piau]。
則俺這犬馬微勞*[lau]，
知甚日能圖報*[pau]？
且自快活逍遙*[jiau]，
兩口兒夫妻共諧老*[lau]。

(12) 歌戈 [ɔ]

開口[ɔ] 切韵歌哿箇，曷，藥(舌齒)，[覺(舌齒)，]鐸，合，盍

340

(362)

合口[uo]　　切韵戈果过，末，鐸，物(唇)没(唇)

反切例證：

以戈切末：

斡，乌果切	末，叶磨
活，叶和	跋，叶波①
泼，叶颇	抹，叶磨上声
掇，叶波上声	阔，叶颇
脱，叶妥	掇，叶朵

以歌切末：

夺，叶多	撮，叶搓上声
捋，叶罗去声	

以歌切合：

合，叶何	鸽，叶哥上声

以歌切盍：

盍，叶何	磕，叶可

以戈切鐸：

薄，包播切	
鑊，叶和	博，叶波上声
霍，叶火	莫，叶磨

以歌切鐸：

①今本《中原音韵》误作叶巴。

諾，叶糯　　落，叶羅去声

若，叶哥上声　　惡，叶阿上声

作，叶左　　鐸，東挪切①

學，俄个切

以戈切覺（舌齒脣）

濁，之磨切②　　樸，叶頗

以戈切藥：

縛，浮波切③

以戈切物（脣）：　　弱，攘播切

佛，浮波切

以戈切沒（脣）：

勃，邦磨切④

以歌切曷：

葛，叶哥上声　　渴，叶可

喝，叶呵上声　　遏，叶阿上声

---

①今本《中州音韵》误作东学切。

②今本《中州音韵》误作之麻切

③今本《中州音韵》误作浮巴切。

④今本《中州音韵》误作邦麻切。

341

(363)

元曲例證（歌無號，戈*，昌×，末××，藥△，鐸△△，覺◎）：

黄粱夢·第四折　　馬致遠

趓兜答，人寂寞[mɔ]，
山勢惡[ɔ]，
險峻嵯峨[ɔ]。
俺不圖羨玉饌食，重裀臥*[wɔ]，
只夠把握々血染頭巾裹*[kuɔ]。

尋思來，那快活**[xuɔ]，
多遇幾箇巡官員經過*[kuɔ]，
打劫下些金銀緞匹綾羅[lɔ]。
昨日共那幾箇[kɔ]，
今日共這一火*[xuɔ]。
從不曾離了側坐*[tsuɔ]，

40×15=600 (1201)

北京市电车公司印刷厂出品 七六·一

仰天的大笑呵呵[xɔ]。

將那潑醅潤灑灑連糟啜，

殺人劍揩揩帶血磨*[muɔ]。

常則是爛醉無何[xɔ]。

不索你絮叨叨則管裏問他[tɔ]。

則這箇殺人爺爺是我[ɔ]。

你則管纏我娘親待怎麼*[muɔ]？

他懷裏又沒點點小與孩兒每討餑餑*[puɔ]。

我揪住這小子領窩*[uɔ]。

我一拳打的你牙關挫*[ts'uɔ]。

這廝死屍骸也饞得狼蟲餓[ɔ]。

至如將小妮子擡舉的成人大①[tɔ]。

①《廣韻》："大，唐佐切。"《中州音韻》："大，唐邏切。"

342

(364)

也則是害爹娘不争氣的賠錢貨*[xuɔ]。

不摔殺要怎麽也波哥[kɔ]！

不摔殺要怎麽也波哥[kɔ]！

覷着你濺殘生我手裏亦逃脱**[tʻuɔ]！

我爲賊盗呵殺人放火*[xuɔ]，

不似你貪財呵披枷帶鎖*[suɔ]！

你得了斗來大黄金印一顆*[kʻuɔ]，

爲元帥，佐山河，倒大来顯豁**[xuɔ]。

你那罪过*[kuɔ]，

怎过活**[xuɔ]？

做的来实难结末**[muɔ]，

自攪下千丈風波*[puɔ]。

詐教你向界河[xɔ]，

40×15=600 (1201)

北京市电车公司印刷厂出品 七六・一

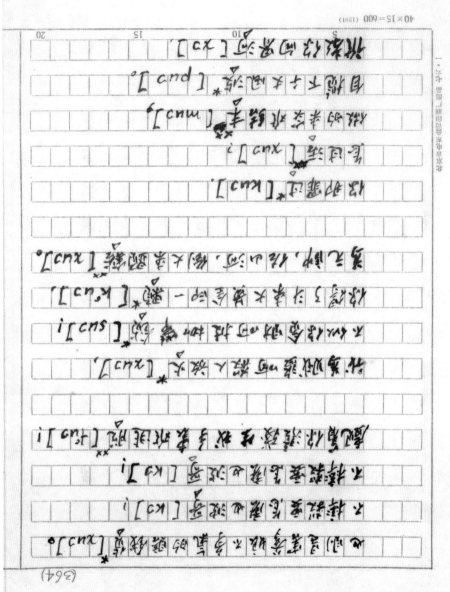

受财货*[xuɔ]？
將咱那大軍折挫*[tsʻuɔ]。
似這等不義財貪得如何[xɔ]？
道不的殷勤过日災须少，
侥倖成家禍必多[tɔ]。
枉了張羅[lɔ]。

我，我，我，莫揣的猿臂綽[tʂɔ]，
躲，躲，躲，禁声的休回豁*[xuɔ]。
来，来，来，寶剑似吹毛过*[kuɔ]。
休，休，休，怎避躲*[tuɔ]？
是，是，是，决难活**[xuɔ]！
呀！呀！呀！脖项上鋼刀剉[tsʻuɔ]！

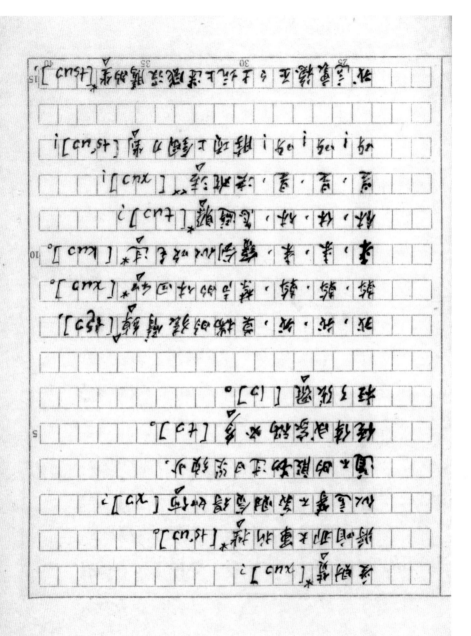

我這裏穩坐在土坑上迷颩没騰的坐*[tsuɔ]，

那婆婆将粗刺刺陈米来喜收希和的播*[puɔ]，

那蹇驴儿柳阴下舒着足乞留恶滥的卧*[uɔ]，

那汉子去脖项上婆娑没索的摸[muɔ]。

你早则醒来了也么哥[kɔ]，

你早则醒来了也么哥[kɔ]！

可正是窗前弹指时光过*[kuɔ]。

你早则省得浮世风灯石火*[xuɔ]，

再休恋儿女神珠玉颗*[k'uɔ]。

咱人百岁光阴有几何[xɔ]？

端的日月去似撺梭*[suɔ]，

想你那受过的坎坷[k'ɔ]。

你梦儿见了么*[muɔ]？

心儿里省得么*[muɔ]？

北京市电车公司印刷厂出品 七六·一

40×15=600 (1201)

這一覺睡早經了二十年兵火*[xuɔ]，

醒來也依舊存活*[xuɔ]。

瓠子自放在籬窩*[wɔ]，

驢子自映着樹科[kʻuɔ]。

睡朦朧無多一和*[xuɔ]，

半霎兒改變了山河[xɔ]。

兀的是黃粱未熟榮華尽，

世態纔知鬢髮皤*[pʻuɔ]。

早則人事蹉跎[tʻɔ]！

(13)家麻[a]

開口[a]　　切韻麻馬禡，(舌齒音)，曷(舌齒)，月(脣)，黠(舌齒)，鎋(舌齒)，合(舌齒)，盍(舌齒)，乏(脣)

齊齒[ia]　　切韻麻馬禡(喉牙)，黠(喉牙)，

344

(366)

鎋(喉音)，洽，狎

合口[ua]　切韵麻马禡，鎋，

反切例證：

以麻切月：

伐，扶加切　　髮，方鵶切

以麻切乏：

乏，扶加切　　法，方鵶切

以麻切曷：

達，当加切　　撻，湯打切

以麻切鎋：

滑，呼佳切[1]　　鎋，奚佳切[1]　刮，叶寡

以麻切黠：

拔，邦佳切[1]　　黠，奚佳切

以麻切合：

①"佳"读如"家"。

鄒，叶咱　　納，囊亞切 塔，湯打切

以麻切洽：

洽，奚佳切　　呇，当加切

以麻切狎：

匣，奚佳切　　閘，叶查

以麻切盍：

榻，湯打切　　臘，郎架切

元曲例證（麻無韻，傑*△，曷*，月**，黠×，

鎋××，合△，盍△△，洽△○，狎○△，乏○）：

倩女離魂·第二折（節録）鄭德輝

人去陽臺，雲歸楚峽[xia]。

不爭他江渚停舟，幾時得門庭过馬[ma]。

悄悄冥冥，瀟瀟灑灑[ʂa]。

我這裏踏岸沙[ʂa]。

步月華[xua]。

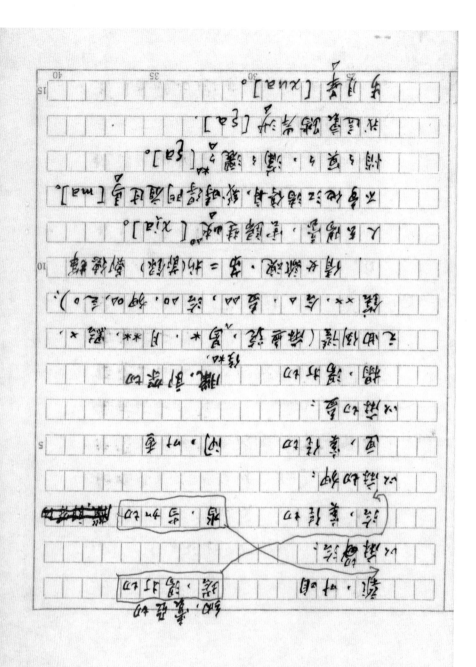

345

(367)

我覷這萬水千山，都只在一時半霎[ʂa]。

想倩女心間離恨，趕王生柳外蘭舟，

似盼張騫天上浮槎[tʂa]。

汗溶々瓊珠瑩臉，亂鬆々雲髻堆鴉[ji̯a]，

走的我筋力疲乏[fa]。

你莫不夜泊秦淮賣酒家[ki̯a]？

向斷橋西下[xi̯a]，

疎剌々秋水菰蒲，冷清々明月蘆花[xua]。

我驀聽得人語鬧喧譁[xua]，

掩映在垂楊下[xi̯a]。

唬得我心頭丕々那驚怕[pʻa]。

原來是響璫々鳴榔板捕魚蝦[xi̯a]。

我這裏順西風悄々聽沉罷[pa]。

40×15=600 (1201)

北京市电车公司印刷厂出品 七六·一

趁着這厭厭露華[xua]，

对着這澄澄月下[xia]，

驚的那呀呀寒雁起平沙[ʂa]。

向沙堤款踏[t'a]，

莎草帶霜滑[xua]，

掠湿湘裙翡翠紗[ʂa]。

抵多少蒼苔露冷凌波襪[va]！

看江上晚來堪畫[xua]。

玩冰壺瀲灩天上下[xia]，

似一片碧玉無瑕[xia]。

~~迸瑤注[va]，~~

~~繞釣槎[tʂ'a]，~~

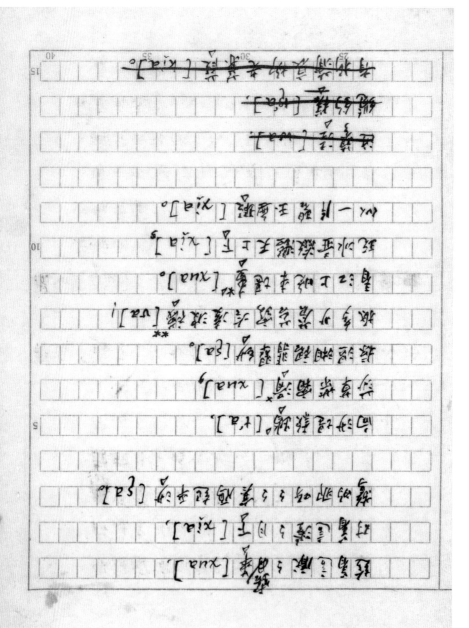

~~有折蒲衰柳老蒹葭[kia]。~~

346

(368)

你覷遠浦孤鶩落霞[xia]，
枯藤老樹昏鴉[jia]。
聽長笛一聲何處發**[fa]，
歌欸乃，櫓咿啞[jia]。

(14)車遮[æ]

齊齒[iæ]　切韵麻馬禡(三等)，月(喉牙)，
屑，薛，葉，帖，業

撮口[yæ]　切韵月(喉牙)，屑，薛

反切例證：

以麻切屑：

屑，叶写　闋，區也切

咽，衣結切　結，飢也切

以麻切薛：

薛，思写　缺，區也切

鐵，湯也切　節，叶姐

北京市电车公司印刷厂出品 七六·一

40×15=600

爇，仁靡切　　拙，朱說切
設，商着切　　說，書拙切
別，邦也切　　析，叶着
孑，飢也切　　雪，須也切
以麻切月：
闕，區也切　　謁，衣結切
歇，希也切　　月，魚夜切
以麻切葉：
接，叶姐　　妾，叶且
以麻切業：
劫，飢也切　　怯，丘也切
以麻切帖：
貼，湯也切　　疊，叶爹
獵，郎夜切　　葉，叶夜
以月切薛：
爇，如月切　　劣，閭月切
元曲例證（麻無號，月**，屑**，薛*，葉×，帖××，業△）：

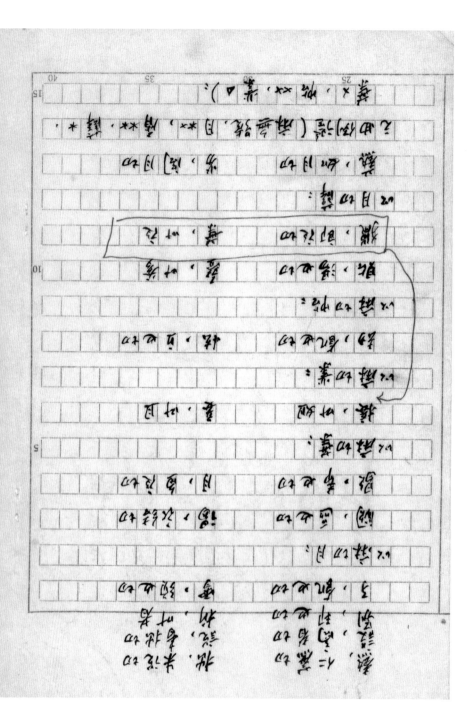

347

A22

(369)

墙头马上·第三折（节录） 白仁甫

数年一枕梦庄蝶**[tiæ]，

过了些不明白好天良夜[jiæ]。

想父母关山途路远，鱼雁信音绝*[tsyæ]。

为甚感叹咨嗟[tsiæ]？

甚日得离书舍[ɕiæ]？

凭男子豪杰*[kiæ]，

平步上万里龙庭双凤阙**[kʻyæ]。

妻儿真烈*[liæ]！

今该得五花官诰七香车[tɕʻiæ]，

也强如带满头花向午门左右把状元接*[tsiæ]，

也强如挂拖地红两头来往交媒谢[siæ]。

今日箇改换别*[piæ]，

成就了一天锦绣佳风月**[jyæ]。

40×15=600 (1201)

北京市电车公司印刷厂出品 七六·一

当撊的便去擸，就把你院公谢[siæ]。
想昨日被棘针都把衣袂扯[tɕʰiæ]。
将孩儿指尖儿都揭破也[jiæ]。

便将毬棒儿撇*[piæ]，
不把膽瓶藉[tsiæ]。
這哥々這其間未是他来時節**[tsiæ]，
怎拋死的要去接[tsiæ]？

接不着你哥々，正撞见你爺々[jiæ]。
魄散魂消，腸慌腹熱[ŋiæ]，
手脚麈狂去不迭**[tiæ]。
相公把拄杖撧，院公把掃箒支吾，
孩兒把衣袂掀着[tɕiæ]。

348

(370)

小業種把櫳門掩上些[siæ]，
道不的跳天撅地十分劣*[lyæ]。
被先相公親向園中看見者[tɕiæ]，
諕的我死臨侵地難分說*[ɕyæ]。
氳氳的臉上羞，撲撲的心頭怯[kʻiæ]。
喘似雷轟，烈似風車[tʂʻiæ]！

(15) 庚青[əŋ]

開口[əŋ]　　切韵庚梗映，耕耿諍，登等嶝

齊齒[iəŋ]　　切韵庚梗映，清靜勁，青迥徑，蒸拯證，侵(省)

撮口[yəŋ]　　切韵青迥徑

反切例證：

以庚切[illegible]青：

[illegible]經，新英切　冥，迷兵切

冥，昆明切

以庚切蒸：

兢，兹英切　　冰，巴明切

膺，衣京切　　凴，昆明切

以耕切庚：

生，尸争切

以庚切耕：

争，之生切　　橙，遅生切

以清切蒸：

徵，知声切　　升，施征切

绳，蛇征切

以清切青：

扃，居名切　　星，梭精切

瞑，叶名上声

以庚切清：

名，迷英切

349 以登切庚：

冷，叶稜上声

以青切蒸：

陵，龄丁切

以清切庚：

卿，欺盈切　　亨，呵贞切

以青切清：

精，兹星切　　情，齐星切

以蒸切清：

程，池绳切

以清切侵(寻)：

寻，邪茗切

以耕切蒸：

仍，而争切

元曲例證（庚無號，耕××，清*，青**，蒸△，登△△）：

两世姻缘·第二折（節錄）　喬孟符

想着他錦心绣腹那才能△△[nəŋ]，

怎教我月下花前不動情*△[tsʰiəŋ]？

(3171)

北京市电车公司印刷厂出品　七六·一

40×15=600 (1201)

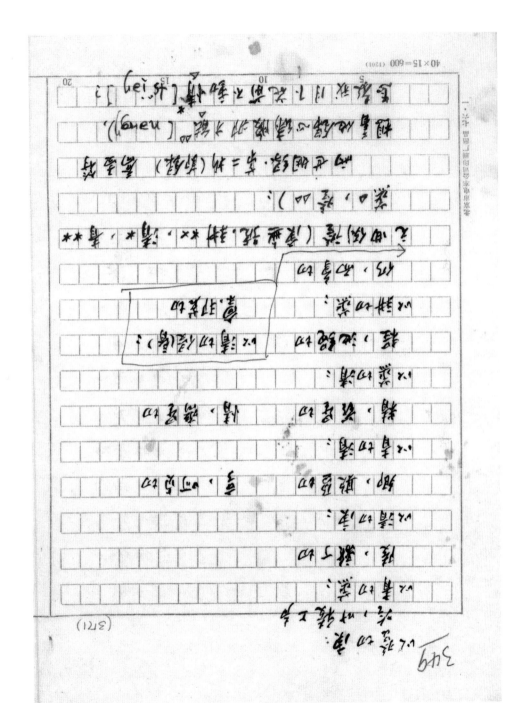

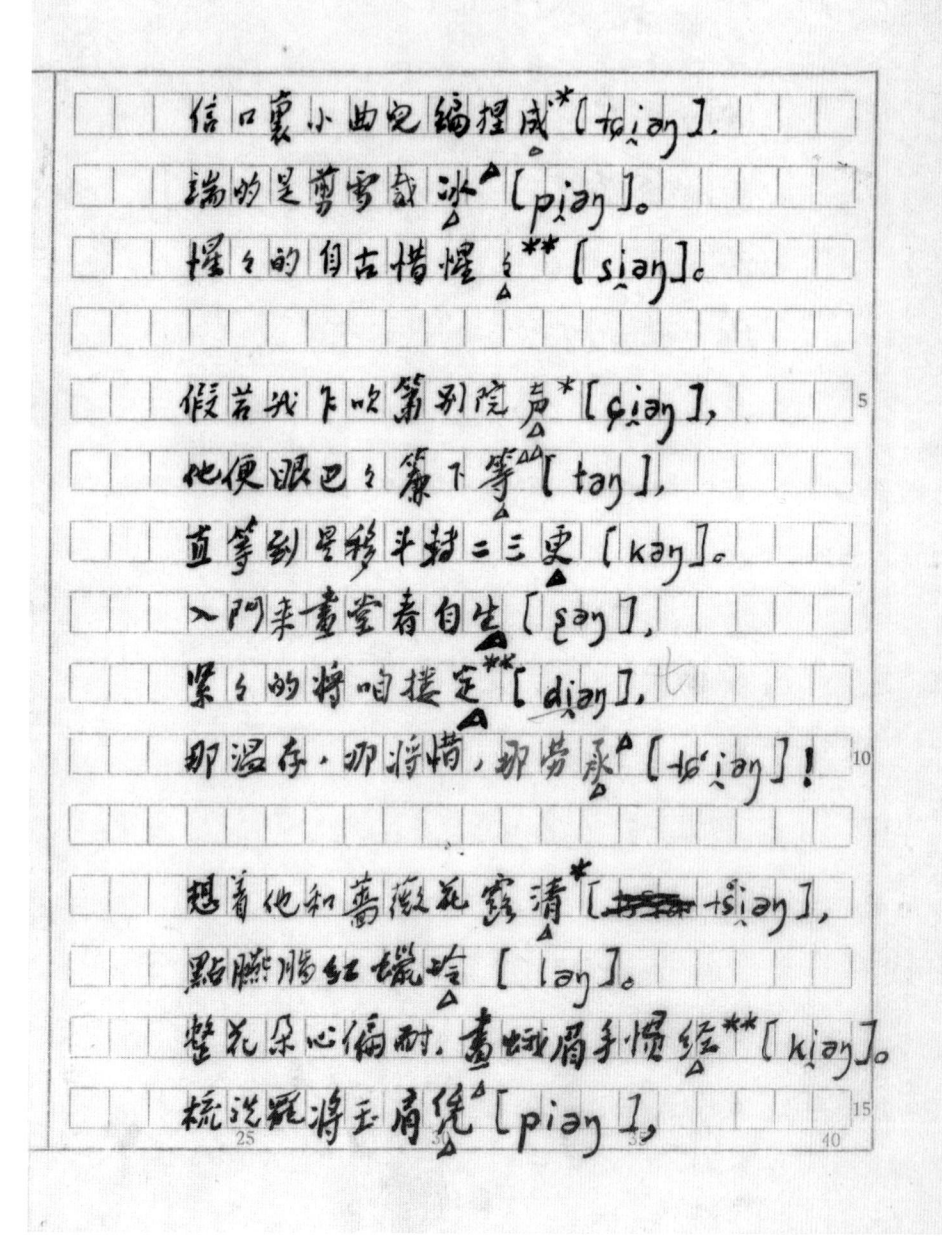

信口裏小曲兒編捏成*[tɕʰiaŋ].
端的是剪雪裁冰[piaŋ]。
惺惺的自古惜惺惺**[siaŋ]。

假若我乍吹簫別院聲*[ɕiaŋ],
他便眼巴巴簾下等[taŋ],
直等到星移斗轉二三更[kaŋ]。
入門來畫堂春自生[ʂaŋ],
緊緊的將咱提定**[diaŋ],
那溫存，那將惜，那勞承[tɕʰiaŋ]!

想着他和薔薇花露清*[~~[illegible]~~ tsʰiaŋ],
點胭脂紅蠟冷[laŋ]。
整花朵心偏耐，畫蛾眉手慣輕**[kiaŋ]。
梳洗罷將玉肩凭[piaŋ],

350

(372)

恰似對鴛鴦交頸*[kiaŋ]。
到如今玉肌骨減了九停**[tʻiaŋ]，
粉香消没了半星**[siaŋ]，
空凝盼秋水瑩*甚情將雲鬢整*[tɕiaŋ]！
骨岩岩瘦不勝[ɕiaŋ]，
[xuaŋ]①，
悶懨懨扮不成*[tɕiaŋ]。

怕不待將蕭蕭筝絃施呈*[tɕʻiaŋ]，
爭奈一段傷心畫不能[naŋ]。
臉斗上淚痕粉漬定**[tiaŋ]，
没顏色鬢亂釵橫[xuaŋ]，
和我這額眉黛欠分明[miaŋ]。

① "橫"字依《中原音韵》、《中州音韵》屬东鍾韵，這裏依《廣韵》從入庚韵。

兀的不寂寞了菱花粧鏡[ki̯aŋ]！
自覷了自害心疼[tʻaŋ]①！
將一片志誠心写了冰綃掙**[tʂaŋ]。
這一篇相思令*[li̯aŋ]，
寄與多情[tsʻi̯aŋ]，
道是人憔悴不似丹青**[tsʻi̯aŋ]。

你道箇題橋的没信行[xi̯aŋ]，
駕車的無準成[tɕʻi̯aŋ]。
我把他漢相如廝敬重不多爭*[tʂaŋ]，
我比那卓文君有上梢没了四星**[si̯aŋ]。
空教我叫天來不應[ji̯aŋ]，
秀才呵！豈不聞舉頭三尺有神明[mi̯aŋ]！

①"疼"，徒楞切，音藤。

心事人拔了短箏，有情人太薄倖[xiaŋ]。
他說道三年到如今五載不回程*[tʂʻiaŋ]，
好教咱上天遠，入地近。
潑殘生恰便似風內燈*[taŋ]！
比及你見俺那虧心的短命*[miaŋ]，
則我這一靈兒先飛出洛陽城*[tʂʻiaŋ]！

(116)尤侯[əu]

開口[əu]　切韻侯厚候，尤有宥（二等），屋

齊齒[iəu]　切韻尤有宥，幽黝幼，屋，燭

反切例證：

以尤切幽：

樛，飢由切　彪，巴矛切

幽，衣鳩切　虯，其由切

以幽切尤：

牟，麻彪切

以尤切屋：

紬，直由切　　熟，商由切

粥，叶周　　叔，叶收

燭，叶肘　　宿，叶蓄上声

六，叶溜　　肉，叶柔去声

元曲例證（尤無號，侯*，幽**，屋***［燭××］）：

竇娥冤·第一折（節錄）　關漢卿

遞出神要擇好日頭*[tʻəu]，
拜家堂要將香火修[siəu]。
梳着箇霜雪般白鬏髻，
怎將這雲霞般錦帕兜*[təu]。
怪不的女大不中留[liəu]，
你如今六旬左右[jiəu]，

352

(374)

可不道到中年萬事休 [xi̯əu]！
舊恩愛一筆勾* [kəu]，
新夫妻兩意投* [tʻəu]，
枉教人笑破口* [kʻəu]。

你欲望是得他得他營救 [ki̯əu]，
須不是箇條箇條年幼** [ji̯əu]。
剗的便巧畫蛾眉成配偶* [əu]，
想當初你夫主遺留 [li̯əu]，
替你圖謀 [məu]，
置下田疇 [tʂʻi̯əu]，
蚤晚羹粥* [tɕi̯əu]，
寒暑衣裘 [kʻi̯əu]。
滿望你鰥寡孤獨，無捱無靠，
母子每到白頭* [tʻəu]。

40×15=600 (1201)

公々也則落得乾生受[ɕiəu]。

你道他匆々喜，我替你倒細々愁[tsʻəu]。
愁則愁與闌珊，嚥不下交歡酒[tsiəu]；
愁則愁眼昏騰扭不上同心扣*[kəu]；
愁則愁意朦朧睡不穩芙蓉褥**[ɣiəu]。
你待要笙歌引至畫堂前，
我道這姻緣敢落在他人後*[xəu]！

我想這婦人每休信那男兒口*[xəu]，
婆々也怕沒的貞心兒自守[ɕiəu]。
到今日招着箇村老子，
領着箇半死囚[tsʻiəu]。
則被你坑殺人燕侶鶯儔[tɕʻiəu]，
婆々也你豈不知羞[siəu]？

俺公公撞府冲州[tʂiəu]，

閙閧閧的銅斗兒家緣百事有[jiəu]。

想着俺公公置就[tsiəu]，

怎忍教張驢兒情受[ʂiəu]？

兀的不是俺没丈夫的婦女下場頭[tʻəu]！

(17) 侵尋[im]

開口[əm]　切韵侵寑沁(二等)

齊齒[im]　切韵侵寑沁(三四等)

反切例證：

尋，詞侵切　　侵，妻心切

針，知深切　　金，飢吟切

深，疎針切　　簪，之參切

森，尸簪切　　琛，抽森切

音，衣金切　　心，思侵切

欽，欺吟切　　歆，希金切

林，就金切　　壬，如今切

沉，持深切　　淫，移金切

琴，其吟切　　岑，鋤森切

元曲例證：

蕭淑蘭·第三折　　賈仲名

肌削玉，釧鬆金[kim]，

陡恁的悶廣愁深[ɕiəm]。

空着我乾思耽，枉留心[ɕim]。

都是我忒輕浮，欠檢束，正好教他撇沁[tsʻim]。

則索咬定牙兒噤[jim]。

這文君待駕車，張承望司馬拋琴[kʻim]？

亂魂魄，似失心[sim]。

思昏沉[tsʻim]，

悶圖愁浸[tsim]。

354

(376)

白日裏忘餐廢寢[tsʻim]。

自尋思，不知因甚[ɕim]。

嫂々待將咱病審[ɕim]，

我無語，似害痳[lim]。

是前日打鞦韆閒草處無拘禁[kim]，

脫衣時敢被風侵[tsʻim]。

至如今茶不茶，飯不飯，心內陰々[jim]。

有時節透頂炎々，有時節徹骨森々[ʂəm]。

頭眩旋々，眼昏暗々，身倦沉々[tʂʻim]。

一會家增寒慄，神凜々[lim]；

一會家添潮熱，冷汗淋々[lim]。

病來時難灸難針[tɕim]，

心疼時難忍難禁[kim]；

人間時難訴誰分，茶餘上不想不尋[ɕim]。

信步謾將花徑臨[lim]，
掩映着柳影花陰[jim]。
害的我骨瘦岩岩死臨侵[ts'im]。
端的是為您，為您[nim]！

這生好不知音[jim]！
虛度了春宵一刻價千金[kim]，
空閑了瑣窗朱户鴛鴦枕[tɕim]，
翡翠羅衾[k'im]。
早則麽韓吏部，李翰林[lim]，
一任教他恁[rim]。
誰想你睡夢裏也將人冷侵[ts'im]？
待去裏搖折了玉簪[tsəm]，

摔碎了瑶琴[kʻim]。

把西兴路黄犬寻[ɕim]，
南浦道青鸾任[ʐim]。
信手的拼成肠断词，
抵多少织就回文锦[kim]！

早难道诗对会家吟[jim]，
他全没些惜花心[sim]。
點勾般圈红润，描来似刷画儿临[lim]。
表数句佳音[jim]，
字字胭脂渗[ʂəm]，
句句行泥金[kim]，
行行血泪浸[tsim]。

痛淹煎，苦被东风禁[kim]，

淚連綿，忙把着衫滲[ʂəm]。

飯不湯匙，繡不拈針[tɕim]。

暢道閑思添多，愁懷轉深[ɕim]。

烟冷龍沉[tɕʻim]，

銀燭消紅淋[lim]。

想起他這狠切的毒心[sim]，

好着我半晌沉吟[jim]，

倒替他磣[tʂʻəm]！

(18) 監咸[am]

閉口[am]　切韻覃感勘，談敢闞，咸鎌陷(舌齒)，

~~[illegible] [iam]~~　銜檻鑑(舌齒)，~~凡范梵(脣)~~

齊齒[iam]　切韻咸鎌陷(喉牙)，銜檻鑑(喉牙)。

~~梵(喉牙)~~

356

(378)

反切例證：

以談切覃：

諳，烏甘切　參，倉三切

簪，蘇三切　南，那含切

以覃切咸：　婪，羅擔切

摻，踈含切　潭，徒藍切

以咸切銜：　含，何甘切

監，飢咸切

以覃切談：

三，思簪切　甘，哥含切

以銜切咸：　蠶，藏含切

咸，奚監切

元曲例證（覃無號、談*，咸×，銜××）：

蕭淑蘭·第二折　賈仲名

姐姐命親分付，為張秀才寫使俺*[am]。

40×15=600 (1201)
北京市电车公司印刷厂出品 七六·一

你穩放着個先憂後喜，

我空懷着個有苦無甘*[kam]。

煩惱這場非是攬*[lam]，

悲風聲長突心慘[tsʰam]。

自為他粉悴胭憔，

端的是香消也玉減*[kiam]。

姐姐怕不心勞意攘，

哥哥又不性躁情乖，

嫂嫂可要坐守行監**[kiam]。

他如今看看衣褪，漸漸裙攙[tʂʰam]。

春衫**[ʂam]，

双袖漫漫將淚揞[am]。

不明不暗[am]，

幾時配上金釵，插着瓊簪[tsam]，

你九经三史熟曾谙[am]，
習典故，观通鑑**[kiam]，
课赋吟诗有風範[fam]，①
更非凡[fam]。
臨帖写字知濃淡*[tam]。
把古今持览*[lam]，
將前人比勘[k'am]。
那一事不詳參[ts'am]？

衡一味詩魔酒酣*[xam]，
引不動狂心怪膽*[tam]。
聖人言不孝有三*[sam]，

①"範"字，《中原音韵》、《中州音韵》都入寒山韵。這里依《廣韵》入監咸。下文"凡"字同。

绝子嗣無後怎敢*[kam]？

我着言語来探[tʻam]，

將他来賺*[tʂam]。

他那裏急截舌緊攙*[tʂʻam]。

秀才每自古眼睛饞*[tʂʻam]，

不似這生銅心鐵膽*[tam]。

哎！你個顏叔子秉燭真個堪[kʻam]，

柳下惠閒懷沒恁三*[sam]。

酸溜溜魯論齊論，酩滴滴周南召南[nam]。

說的我面慚[tsʻam]，

轉羞慚*[tsʻam]。

你因甚相通這書一緘*[kiam]？

莫怪我箏閒將故来搖撼*[xam]，

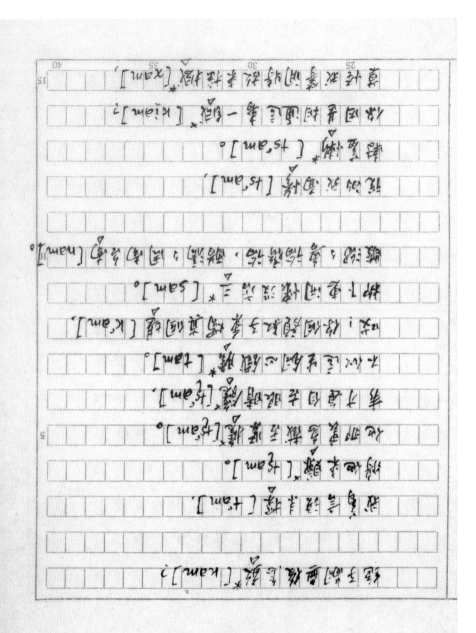

358

(380)

赤緊的張橫渠不肯貪婪[lam]。
只待要坐取公侯伯子男[nam]，
氣昂昂闊論高談*[tʻam]。

俺那崔氏女正紅愁綠慘[tsʻam]，
你個張君瑞待面北眉南[nam]，
着我老紅娘將兩下裏做一擔擔*[tam]。
請先生省言讒**[tʂʻam]，
喃喃[nam]！

一迷裏口似潑鏒**[ʂam]，
怎摸揞[am]！
那里肯周而不比且包含[xam]？
本待成就您，顛倒連累喒[tsam]！
諕得我手忙脚亂似癡憨*[xam]。

似尋龍窟，覓龍潭[tʻam]。

時韓王殿忽然火爁*[lam]，
藍橋驛平空水渰*[jiam]。
人前面古怪刚直假撇欠[kʻiam]①，
只怕你背地裏荒淫恩濫*[lam]。

空着我功退似游蠶[tsʻam]，
早晚羅暮四與朝三*[sam]。
這生性狠情毒，老身驚心戰膽*[tam]。
妲々也你教愁添病感[kam]。

請學士忍耐權時暫*[tsam]，

①"欠"字，《中原音韵》、《中州音韵》入廉纖韵。這里是借韵。

359

(381)

何必您高声怒喊[xam]：

直待教兄嫂通临了他，

着主人公葬送了俺*[am]！

(19)廉纖[am]

齐齿[iam]　　切韵盐琰艳，添忝㮇，严俨酽，

梵（喉音）

反切例证：

以盐切添：

兼，飢盐切　　㮇，似廉切

甜，徒廉切　　添，他廉切

以添切盐：　　襳，斯盐切；店，当歛切

淹，衣兼切　　炎，移兼切

以添切严：　　歛，离店切

严，移兼切

40×15=600 (1201)

北京市电车公司印刷厂出品 七六·一

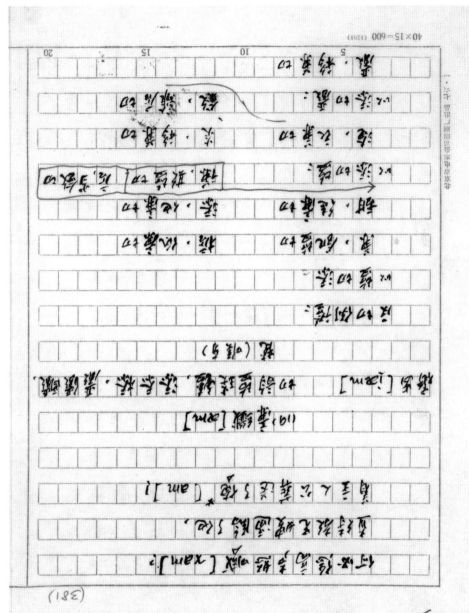

以凡(喉韵)切盐

厌，衣剑切　　艳，移剑切

以凡(喉韵)切添：

念，尼剑切

以盐切凡(喉韵)：

剑，江焰切　　欠，欺焰切

元曲例证(盐无号，添*，严×，凡××)：

萧淑兰·第一折(节录)　贾仲名

伤春病染[riæm]，
郁闷沉沉，鬼病恹恹[jiæm]。
相思即渐[tsiæm]，
碧窗唾渍稠粘[niæm]。
罢缕柔丝空萦情，满院杨花不卷帘[liæm]
鬓鬟楚云松，懒对妆奁[liæm]。

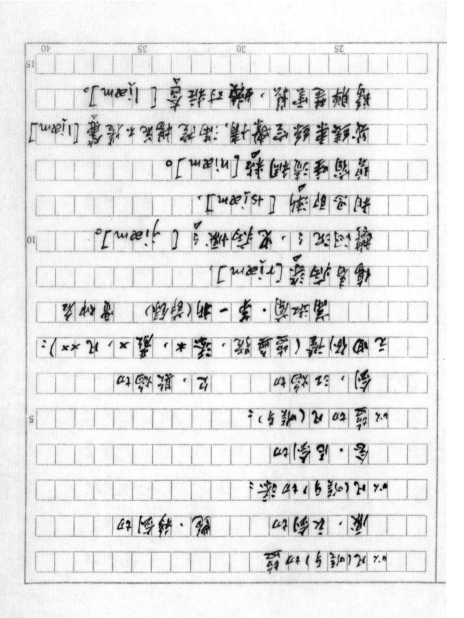

360

(382)

晚来情厭 [ʑiæm]，
收拾心事上眉尖 [tsiæm]。
把金钱暗卜，龟卦時占 [tɕiæm]。
杏脸胭消娇淡淡，柳腰香褪弱纖纖 [siæm]。
料應也是前生欠 [kʰiæm]。
因無兄嫂，有失拘鈐 [kiæm]。

這些時斗帳春寒起來怯 [xiæm]，
睡不甜 [tiæm]，
任教曉日壓重檐 [ʑiæm]。
將他那模樣兒心坎上頻頻墊 [tiæm]，
名字兒口角頭時時念 [niæm]。
想他性格兒沉，語話兒謙 [kʰiæm]。
繡牀無意閒拈 [tɕiæm]，
懶把絲絨撏 [ɕiæm]。

我如今縱得金針卻倒拈[niæm]，
可尖[tsiæm]，
拭玉纖[siæm]。
羅帕上淚痕千萬點*[tiæm]。
恐梅香冷句兒劖，怕奶娘閑話兒簽[ts'iæm]，
我則索強支吾，陪笑臉[kiæm]。

向湖山緊覘[ts'iæm]，
燕遊絲滿臉[kiæm]，
鶯飛花亂颭[tsiæm]，
~~鶯飛花亂颭[tsiæm]~~，
蕩殘紅數點*[tiæm]。
我禮忙情欲親，他頭不擡身微欠**[k'iæm]，
真所謂君子謙謙*[k'iæm]！

361

(383)

因見他氣炎炎[ji̯æm]，
那裏也笑掀髯[ri̯æm]，
顯出世外威嚴[ji̯æm]，
内性清廉[li̯æm]。
他遥望遠遠掩掩[ji̯æm]，
撚多少等等潛潛[ts'i̯æm]！

你惱怎麽陶學士，蘇子瞻[tɕi̯æm]？
改不了強文憾醋餓寒臉[ki̯æm]，
斷不了詩云子曰酸風欠[k'i̯æm]，
戲不了之乎者也腌窮儉[ki̯æm]。
想你也夢不到翔龍飛鳳五雲樓，
心則在鳴雞吠犬三家店[ti̯æm]。

5 10 15 20

北京市电车公司印刷厂出品 七六·一

40×15=600 (1261)

韵部的分合和转移

元代共有十九个韵部，比宋代三十二个韵部少了十三个韵部。

入声韵部全部消失了，併入了阴声韵部。具体情况是：

(1)宋代的屋烛併入了元代的鱼模。其中一小部~~宋代的觉药併入元代的~~分字（"轴逐熟竹烛粥宿肉褥六"①）併入了元代的尤侯。有些字是一字两读，如"轴逐熟竹烛粥"②等。读入鱼模者，这是文言音；读入尤侯者，这是白话音。今北京话"熟"字仍有两读；"宿"字也有两读，但住宿的"宿"不再读入尤侯（只有星宿

①《中州音韵》还有"孰淑蜀叔倏祝竺陆"。

②《中州音韵》还有"孰淑叔倏祝竺陆"。

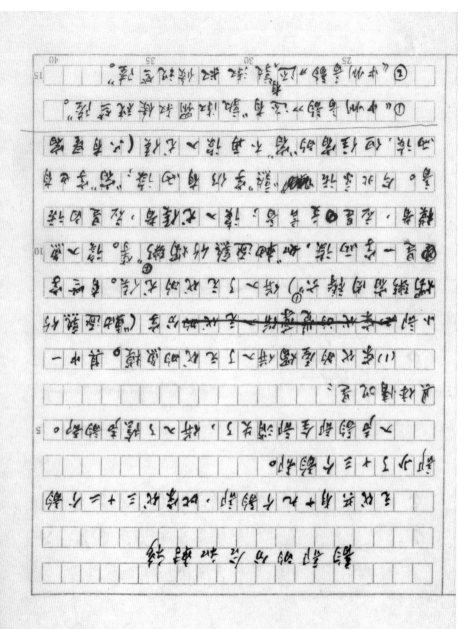

362

(384)

的"宿"读入尤侯，因为它原是宥的字）。"轴粥肉六"等字，今北京文言白话一律读入尤侯；"逐竹烛褥"等字，今北京文言白话一律读入鱼模①。

~~(2)宋代的物没据□字併入元代的鱼模＝其中轻音字变为鱼模合口字（~~

(2)宋代的觉药併入元代的萧豪歌戈和萧豪，其中一部分字（"浊濯镯铎度学缚鹤着勺芍……岳乐凿约跃……诺落洛萼恶弱略掠虐"等）兼入歌戈和萧豪，另有一部分字（"角觉脚殻"等）则不入歌戈，只入萧豪②。併入歌戈者大约是文言音；併入萧豪者大约是白话音。今北京话"殻"字有歌戈、萧豪两读；"角觉

① 《中原音韵》一字两读的"熟淑叔倏祝竺陆"，今北京文言白话一律读入鱼模。

② 《中原音韵》与《中州音韵》收字稍有不同。《中原音韵》归入萧豪的字更多些。

北京市电车公司印刷厂出品 七六·一

10×15=600

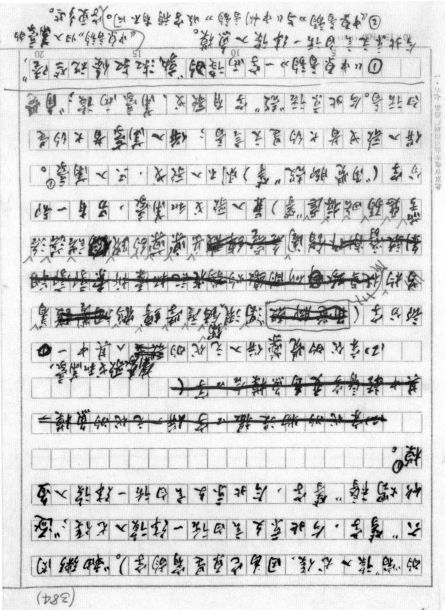

脚"有蕭豪、車遮兩讀，"約"字只有蕭豪一讀。今东北话读入蕭豪的字更多些，如"學弱略"等。

(3)宋代的物没韻口字（即《切韵》物韵字），其中韵脚变为魚模合口（"佛物"等），…变为魚模撮口（

(3)宋代曷黠韻字在元代分為兩類：曷末韻字併入歌戈，黠鎋韻字併入家麻。

(4)宋代合洽韻字在元代也分為兩類：合盍韻字併入歌戈，洽狎韻字併入家麻。

(5)宋代物没韻字在元代也分為兩類：物術韻字（"物弗術律"）和没韻喉牙舌唇音字（"骨突忽卒"）併入魚模①，没韻唇音字（"勃渤"）併入歌戈②。

---

① 例外："佛"浮波切，入歌戈。

② "没殁"叶暮，入魚模。

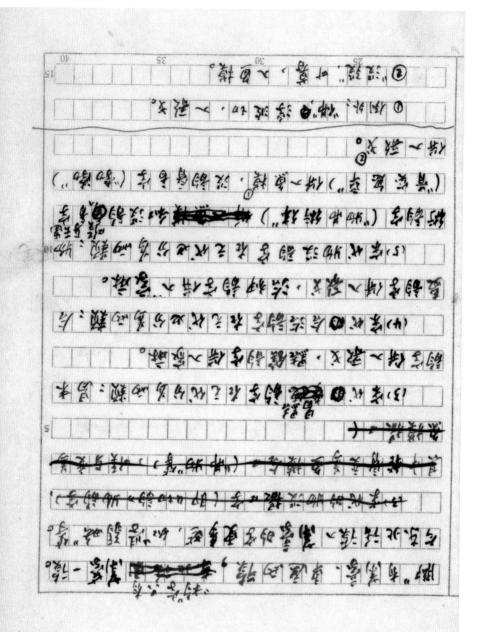

363

(385)

(6) 宋代的月薛併入元代的車遮。

(7) 宋代的葉業也併入元代的車遮。

(8) 宋代的麥德併入元代的皆來[①]，少數字（賊則國黑勒肋[①]）入齊微[②]。

(9) 宋代的質職併入元代的齊微。

(10) 宋的緝習也併入元代的齊微。

以下講陰聲韻。

(11) 宋代的麻蛇，到元代分化為家麻和車遮兩个韻部。《切韻》麻二等發展為家麻，三四等發展為車遮。

(12) 宋代的資思，到元代擴大為支思。宋代支齊韻裏一部分照系字轉入元代的支思。

---

① 《中原音韻》無"國"字。

② 例外："塞"字，《中原音韻》入支思，《中州音韻》兼入支思、皆來。

(13) 宋代的豪包和萧肴，到元代合併為萧豪①。

(14) 宋代的灰堆（支齊）和資思（許韵部），到元代合併為齊微。（支齊一部分照莊系字則移入元代的支思。）

以下講陽声韵。

(15) 东鍾韵擴大了。庚生和蒸登的合口字（"觥肱薨横泓宏弘"）、撮口字（"兄瓊永詠"）②和唇音开口字（崩烹甍肓萌彭棚朋鹏猛孟迸）都併入了东鍾③。今北京話"觥肱薨宏"等字仍读入东鍾（只有"横"字讀如"衡"）。今西南官話"崩烹彭朋猛孟"等字也读入东鍾。

(16) 宋代的庚生、蒸登、京青，到元代合併

③ 這些字，《中原音韵》兼入庚青，是存古。

① 《中原音韵》"驕交"不同音，恐怕是存古。《中州音韵》"驕交"同音，当以《中州音韵》為準。

② "傾"《中原音韵》、《中州音韵》都讀入庚青，是例外。

为庚青。

(18)宋代的闻魂和真群，到元代合併为真文。

(19)宋代的覃咸到元代不变，只有轻唇字（《切韵》凡范梵韵轻唇字）转入了寒山。

(20)宋代的侵寻到元代不变，只有重唇字转入了庚青（"禀"）和真文（"品"）。

(17)宋代的寒山分化为元代的寒山和桓欢。寒山相当于《切韵》的寒删山，桓欢相当于《切韵》的桓。删山的合口字归寒山，不归桓欢，故"关""官"不同韵，"还""桓"不同韵。由于新产生了卷舌声母[tʂ, tʂʻ, ʂ]，所以仙韵庄系合口字（"潺撰馔"等）转入了寒山。

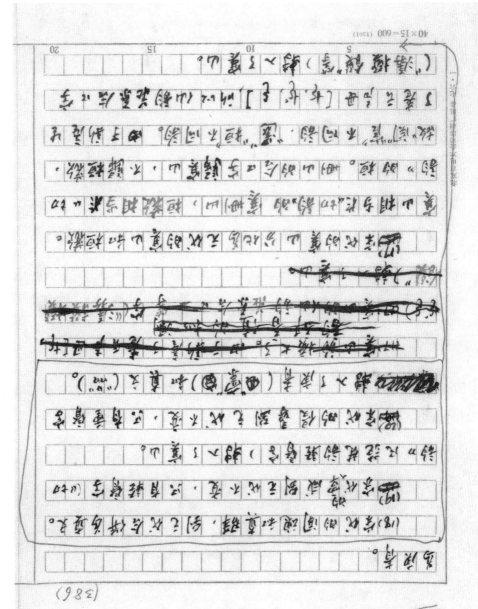

韵部音位的拟测

字音不再分为二呼四等，而是分为開齊合撮四呼。

魚模仍如宋代，拟测为[u, iu]。魚模撮口呼之所以不拟测为[y]，是考虑到[y]不可能与[u]押韵。試看現代曲藝的十三轍，[y]歸衣期，不歸姑蘇。

車遮拟测为[ɛ]，是因为這[ɛ]是由[a]分化出来，其音當与[a]相近。

支思拟测为[ɿ, ʅ]，与現代北京話一致。

桓歡拟测为[ɔn]，是想当然。桓歡既不与寒山同韵，想必它是較後的元音。今廣州話"關"字讀[kʷan]，"官"字讀[kun]，与《中原音韵》讀音正相近似。

365

(387)

（三）声调

元代的声调是漢語声调的大轉变，由古代的平上去入四声变為陰陽上去四声。平声分為陰陽兩類了，入声消失了，古入声字併入平上去三声去了。在《中原音韵》、《中州音韵》的陰声韵里，我们看見"入声作平声"①、"入声作上声"、"入声作去声"字样，這並不是说当時还有入声的存在，而是说诗詞平仄中的入声字到了元曲中不再是入声字，而轉变了平声、上声或去声了。

周德清说："平上去入四声。音韵無入声，派入平上去三声。"這話是最明顯不过的了。

① "入声作平声"，指的是陰平呢，还是陽平呢？不明確。我想大约是陽平。

但是他又说："入声派入平上去三声者，以广其押韵，为作词而设耳。然呼吸言语之间，还有入声之别。"有人抓住他这句话，就说《中原音韵》时代还有入声的存在。我认为周德清这话只是一面挡箭牌。他怕人家攻击他不用诗词平仄押韵的旧法，所以说"呼吸之间还有入声之别"来为自己辩护罢了。假使真的"呼吸言语之间还有入声之别"，那么当时大都话有三种入声，为什么今北京话里毫无痕迹呢？再说，入声收音于喉塞音[ʔ]，与阴声韵收音于元音差别很大，押韵听起来很不谐和，所以决无促声与舒声押韵的道理。《中州音韵》以阴声字切入声字，如"质"，炸趾切，"昔"，丧挤切，"七"，仓洗切，"匹"，铺米切，"吉"，巾以切，"失"，伤以切，"即"，将洗切，"此"，邹每切，"则"，滋美切，忒"，他美切，"黑"，亨美切，等等，更足以證明元代没有入声的存在了。

古入声字在今北京话里也派入平上去三声（实际上是派入陰陽上去四声），但是所歸的调類与《中原音韵》不尽相同。《中原音韵》入声字多派入上声，与今东北话一致，而今北京话古入声字派入上声的很少，多数派入了陰平、陽平和去声。古入声次濁字，《中原音韵》一律派入去声，這与今北京话则是一致的。

367

A23

(389)

第八章 明清音系（1368—~~1644~~1911）

本章講明清音系，主要是根據~~蘭茂《韻略易通》、樊騰鳳《五方元音》~~徐孝《重訂司馬溫公等韻圖經》，並參考蘭茂《韻略易通》、無名氏《字母切韻要法》①、樊騰鳳《五方元音》①。

蘭茂，字廷秀，雲南嵩明州人。他雖是雲南人，可能是明初北方移民的後裔。他的《韻略易通》書成於正統七年（1442），書中講述的顯然是北方的普通話。我們在這章里所講的明代聲母系統就是根據他的《早梅詩》。

徐孝是明萬曆年間（1573—1619）人。我們在這章里所講述的明清聲母和韻部，基本上是依照他

---

①參看陸志韋《記蘭茂韻略易通》（《燕京學報》第三十二期），《記五方元音》（《燕京學報》第三十四期）。《記徐孝重訂司馬溫公等韻圖經》（《燕京學報》第三十二期）。

二十二母

的《等韵图经》的十三攝。徐孝講的是順天府（今北京）的方音，所以本章講的明清音系以《等韵图经》為準。

《字母切韵要法》不知何人所作，《康熙字典》在卷首登了它。~~有人说它就是徐孝《等韵图经》，此说不可靠。《切韵要法》的韵图採用三十六字母，而《等韵图经》只有二十一母。我们在這章里所講的明清韵部，基本上是依照《切韵要法》的十二攝，是基本上是依照~~據趙蔭棠考證，大约为明正德（1506）以後，清康熙（1662）以前的人所作①。我们在這章里所講的明清韵部，基本上是依照《切韵要法》的十二攝。

樊騰鳳，字凌虛，堯山人。據趙蔭棠考證，《五方元音》寫成当在順治十一年至康熙十二年（1654－1673）之间②。我们在這章里所講的清代前期的声母系统，是依照《五方元音》的。

① 趙蔭棠《等韵源流》，260頁。

② 同上，226頁。

368

(390)

(一)明清的声母

明代共有二十一个声母，清代前期共有二十个声母（减去[v]微母），後期共有二十三个声母（增加[tɕ，tɕ'，ɕ]三母），如下表：

發音方法 \ 發音部位		双唇	唇齿	舌尖前	舌尖中	舌尖後	舌面前	舌根
塞音	不送氣	p 幫			t 端			k 見
	送氣	p' 滂			t' 透			k' 溪
鼻音		m 明			n 泥			
闪音						ɽ 日		
塞擦音	不送氣			ts 精		tʂ 照	tɕ 見(齊撮)	
	送氣			ts' 清		tʂ' 穿	tɕ' 溪(齊撮)	
边音					l 來			
擦音			f 非 v 微	s 心		ʂ [illegible]	ɕ 曉(齊撮)	x 曉
半元音		w [illegible]					j 影	

明代二十一母

(1)幫母[p]

守温字母幫，並（仄）　例字：兵並比鼻①

①例字採自《等韵图经》。

(5) 微母[v]

守温字母：微　　例字：無文微望①

(2) 滂母 [p']

守温字母：滂、並(平)　　例字：铺蒲丕陪

(3) 明母 [m]

守温字母：明　　例字：迷米名命

(4) 非母 [f]

守温字母：非、敷、奉　　例字：夫福扶菲

(6) 精母 [ts]

守温字母：精、從(仄)　　例字：增赠载在

(7) 清母 [ts']

守温字母：清、從(平)　　例字：猜才妻齊

(8) 心母 [s]

守温字母：心、邪　　例字：西席須徐

(9) 端母 [t]

守温字母：端、定(仄)　　例字：低狄登鄧

(10) 透母 [t']

①《等韵图经》虽列微母，但無例字，这里的例字是我補的。

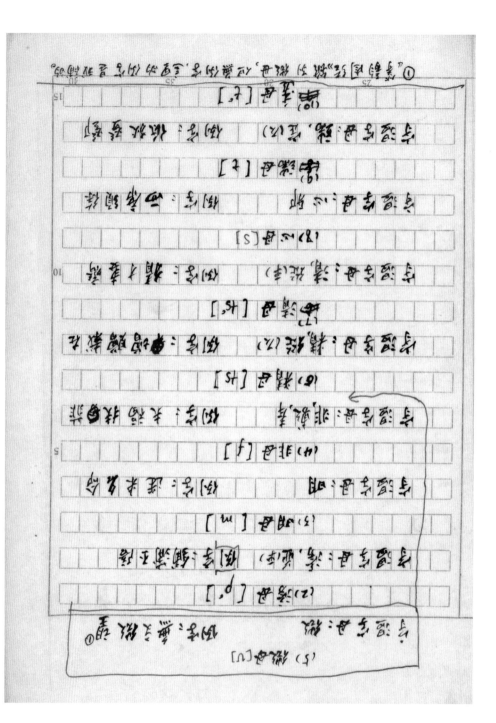

369

(391)

守温字母：透、定(平)　例字：脱陀滔陶

(11)泥母[n]

守温字母：泥、娘　例字：鳥内女你

(12)来母[l]

守温字母：来　例字：李冷盧禄

(13)日母[ɽ]

守温字母：日　例字：戎辱茸仍

(14)照母[tʂ]

守温字母：照，牀(部分)，知，澄(仄)

例字：中衆支直主逐追墜

(15)穿母[tʂʻ]

守温字母：穿，牀(部分)，徹，澄(平)，禪(部分)

例字：称呈充崇初鋤叙常

(16)審母[ʂ]

守温字母：審，禪(部分)，牀(部分)

例字：生绳诗时枢蜀水瑞

(17)見母[k]

守温字母：見，群(仄)　例字：該皆雞及

(18)溪母[k']

守温字母：溪，群(平)　例字：欺奇盔葵

(19)曉母[x]

守温字母：曉，匣　例字：呼虚红喜

(20)吴母[w]

守温字母：影疑喻合口字

例字：乌吴威委歪外

(21)影母[j]

守温字母：影疑喻齐齿撮口字

例字：鸦容英硬妖尧

兰茂的《早梅诗》和上述二十一声母是一致的。《早梅诗》是：

370a

(392)

东　风　破　早　梅，

[t]　[f]　[pʻ]　[ts]　[m]

向　暖　一　枝　開。

[x]　[n]　[w, j]　[tʂ]　[kʻ]

冰　雪　無　人　見，

[p]　[s]　[v]　[ʐ]　[k]

春　從　天　上　來。

[tʂʻ]　[tsʻ]　[tʻ]　[ʂ]　[l]

由於蘭茂把[w]、[j]和零声母併為一母，所以只有二十个声母。

清代前期声母只有二十个，是由於微母併入影母去了。《五方元音》的二十字母，和我们所講的清代二十声母是一致的。《五方元音》的二十字母是：

梆（奔班冰边）[p]　匏（盆攀平偏）[pʻ]

40×15=600 (1261)

北京市电车公司印刷厂出品 七六·一

木（门莫民绵）[m]	风（分奉）[f]
斗（登单敦端）[t]	土（吞贪聪天）[tʻ]
竹（肫专占真）[tʂ]	虫（春川参搀）[tʂʻ]①
石（申善昏拴）[ʂ]	日（仁然）[ʐ]
鸟（宁年能南）[n]	雷（林连稜蔺）[l]
剪（精尖尊钻）[ts]	鹊（清千村攛）[tsʻ]
系②（新先孙宣）[s]	云（因言盈元）[j]
金（京坚根干）[k]	桥（轻牵坑堪）[kʻ]
火（兴轩昏欢）[x]	蛙（文晚恩安）[w][0]

雖然《韵略易通》和《五方元音》都分二十个声母，实際上是《五方元音》比《韵略易通》少一个声母。试看《五方元音》把"文晚"二字歸蛙母，而在《韵略易通》中，"文晚"应是無母（微母）字。這可以證明，《五方元音》把

①"参"，楚簪切。即参差的"参"。

②"系"应是"係"的简写。联系的"系"属火母，见《五方元音》卷下五十五页。

370b

393

微母歸併到影母去了。只是《五方元音》把[j]、[ɯ]分爲二母，所以才有二十个声母；若依《韵略易通》的原則，《五方元音》只有十九个声母。所以樊騰鳳在凡例中說："如《指南》之三十六，併之止該十九。"

從《等韵图经》看，則明萬曆年间已经没有微母了。在《等韵图经》中，"文晚味問"都被歸併入了影母。

《等韵图经》的二十二母是：1.見；2.溪；3.端；4.透；5.泥；6.幫；7.滂；8.明；9.非；10.敷；11.微；12.精；13.清；14.心 15.心；16.照；17.穿；18.稔；19.審；20.影；21.曉；22.來。敷微有母無字，实際上只有十九母。這十九母和《五方元音》是一致的。

(394)

微母歸併到影母去了。只是《五方元音》把[v][w]分為二母，所以才有二十个声母；若依《韻略易通》的原則，《五方元音》只有十九个声母。

從《等韵图經》看，也許明萬歷年间已經沒有微母了。在《等韵图經》中，"文晚味問"都被歸入影母。

清代後期有二十三个声母，是增加了[tɕ, tɕʻ, ɕ]三个声母。這三个新声母並不是原來表示照系的[tɕ, tɕʻ, ɕ]，而是從見系[k, kʻ, x]分化出來的。見系開合口字仍讀[k, kʻ, x]，齊撮口字則變為[tɕ, tɕʻ, ɕ]。

清乾隆年间無名氏《圓音正考》說："試取三十六字母審之，隸見溪群曉匣五母者屬團，隸精清從心邪五母者屬尖。"由此看來，似乎清初见系已经分化出来[tɕ, tɕʻ, ɕ]。明隆庆间本悟《韵略易通》说："见溪若无精清取，审心不用晓匣跟。"由此看来，似乎明隆庆年间（1567-1572）见系已经分化出来[tɕ, tɕʻ, ɕ]。但是，《五方元音》以"京坚根干"同隶金母，"轻牵坑堪"同隶桥母，"兴轩昏欢"同隶火母，显然见系在清代前期还没有分化为[k, kʻ, x][tɕ, tɕʻ, ɕ]两套。可以设想，见系的分化在方言里先走一步，在北京话里则是清代后期的事情。

明清时代，知照系字一律读[tʂ, tʂʻ, ʂ]，不再读[tɕ, tɕʻ, ɕ]了①。《等韵图经》"支止至直"同列，"眵齿尺驰"同列，"诗史世时"同列，可以为证②。

② 在《中原音韵》里，"支止齿诗史时"属支思韵，读[tʂ, tʂʻ, ʂ]；"直尺驰世"属齐微韵，读[tɕ, tɕʻ, ɕ]。

① 陆志韦说《韵略易通》和《五方元音》知照系字都有[tɕ, tɕʻ, ɕ]、[tʂ, tʂʻ, ʂ]两套，不足取。

372

(395)

"兒而耳尔二貳"等字原屬日母，在元代讀[ʅ]，到明清時代轉入影母(零声母)，讀[ə]。《等韵图经》把"尔二而"放在影母下，可以為證。同時，其他日母字則由齊微韵轉入支思韵，填補"兒而耳尔二貳"的遺缺，改讀為[ʅ]①。

（二）明清的韵部

明清時代共有十五个韵部：1.中东；2.江陽；3.支思；4.衣期；5.居魚；6.姑蘇；7.怀来；8.灰堆；9.人辰；10.言前；11.遥迢；12.梭波；13.麻沙；14.乜邪；15.由求。如下表：

① "兒而耳尔二貳"等字在《五方元音》仍讀日母。在這一點上，《五方元音》不代表北京音。

韵类/元音	陰声			陽声	
u	6. u 姑蘇				
ɔ	5. ɔ 梭波				
a	a 麻沙	au 遥迢	7. ai 怀来	2. aŋ 江陽	10. an 言前
e	14. e 乜邪				
ə		15. əu 由求	8. əi 灰堆	1. əŋ 中东	9. ən 人辰
i	i 衣期				
y	y 居魚				
ɿ, ʅ, ə	3. ɿ, ʅ 支思				

(1) 中东 [əŋ]

開口 [əŋ] 切韵庚(二)、耕、登、清(知照系)、蒸(知照系)

例字①：[kəŋ] 庚耿，[k'əŋ] 坑，[təŋ] 登等鄧，[t'əŋ] 滕，[nəŋ] 能，[tsəŋ] 增贈，[ts'əŋ] 層，[səŋ]

① 例字依《等韵图经》。

373

(396)

僧，[xəŋ]亨恒，[ləŋ]冷楞，[tʂəŋ]征整正，[tʂʻəŋ]称逞秤呈，[ʂəŋ]生省勝繩。

~~齊齿[iəŋ]　　切韵庚(三)、清、青、蒸~~

齊齿[iəŋ]　　切韵庚(三)、清、青、蒸

例字：[kiəŋ]京景敬，[kʻiəŋ]輕顷①慶罄，[tiəŋ]丁顶定，[tʻiəŋ]廳挺聽亭，[niəŋ]寧，[piəŋ]兵丙並，[pʻiəŋ]平，[miəŋ]茗命名，[tsiəŋ]旌井淨，[tsʻiəŋ]青請情，[siəŋ]星醒性錫，[jiəŋ]英郢硬②盈，[xiəŋ]興幸行，[liəŋ]領令伶。

合口[uəŋ]　　切韵东(一)、冬、东(知照系)、鍾(知照系)、庚(唇)、耕(唇)、庚(合)、耕(合)、登(合)

例字：[kuəŋ]公拱贡，[kʻuəŋ]空孔控，[tuəŋ]东董動，[tʻuəŋ]通統痛同，[puəŋ]崩迸，[pʻuəŋ]烹朋，[muəŋ]猛孟蒙~~[illegible]~~，[tsuəŋ]

40×15=600

①"顷"，撮口字，转入齐齿。
②"硬"，二等字，转入三等。

北京市电车公司印刷厂出品 七六·一

宗總綜，[tsuəŋ]聰從，[suəŋ]松誦宋，[uəŋ]翁甕，[xuəŋ]烘哄紅，[luəŋ]攏弄籠，[tʂuəŋ]中冢衆，[tʂʻuəŋ]充寵銃蟲，[ʐuəŋ]冗戎。

~~撮口[yəŋ] 切韵东、冬~~

[fuəŋ]封風馮①。

撮口[yəŋ] 切韵东、鍾、庚清、青

例字：[kyəŋ]扃炯，[kʻyəŋ]芎窮，[jyəŋ]雍永用容。[xyəŋ]兄雄，[lyəŋ]隴龍。

(2)江陽[aŋ]

開口[aŋ] 切韵江(脣)、唐、陽(脣、知照系)

~~齊齒[iaŋ] 切韵江(喉牙)，陽~~

~~合口[uaŋ] 切韵江(舌齒)、陽唐(喉牙莊系)~~

---

①"封風馮"等字，《等韵图经》歸撮口。

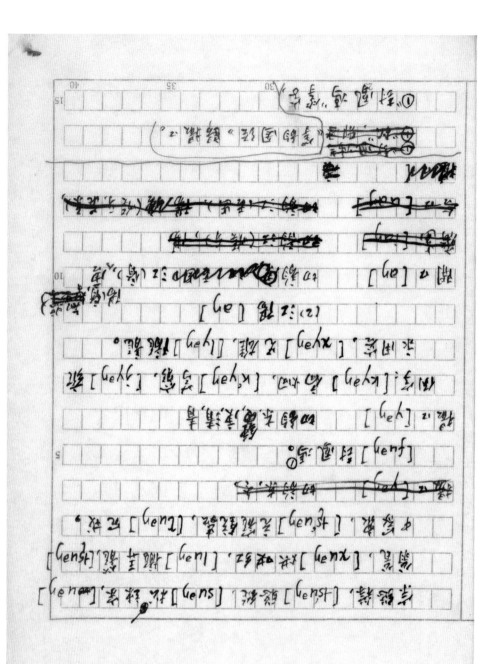

374

(397)

例字：[kaŋ]岡，[k'aŋ]康慷炕，[taŋ]當黨宕，[t'aŋ]湯倘唐，[naŋ]囊，[paŋ]邦榜謗，[p'aŋ]胖龐，[maŋ]忙①，[tsaŋ]臧葬，[ts'aŋ]倉藏，[saŋ]桑喪，[aŋ]盎昂，[xaŋ]夯杭，[laŋ]朗浪郎，[tʂaŋ]章掌丈，[tʂ'aŋ]昌廠唱腸，[ʐaŋ]嚷讓穰，[ʂaŋ]商賞上嘗。

齊齒[iaŋ]　　切韵江（喉牙），陽

例字：[kiaŋ]江講絳，[k'iaŋ]羌腔，[niaŋ]釀娘，[tsiaŋ]漿蔣醬，[ts'iaŋ]鎗槍嗆牆，[siaŋ]襄想像祥，[jiaŋ]央仰漾陽，[xiaŋ]香享向降，[liaŋ]兩亮良。

合口[uaŋ]　　切韵江（舌齿），陽（喉牙、莊系），唐

例字：光廣誑，[kuaŋ][k'uaŋ]匡狂，[waŋ]

①"卬龐忙"等字，《等韵图经》歸合口。

40×15=600 (1201)

北京市电车公司印刷厂出品 七六·一

汪往望王①，[xuaŋ]荒謊晃黄，[tʂuaŋ]莊奘撞，[tʂʻuaŋ]窗闖創床，[ʂuaŋ]双爽。

(3)支思[ɿ, ʅ, ɚ]

開口[ʅ]　　切韵支(知照)，脂(知照)，之(知照)，~~祭~~(知照)，質(知照)，昔(知照)，職(知照)，緝(知照)

例字：[tʂʅ]支止至直，[tʂʻʅ]蚩齒尺池，[ʂʅ]詩史世時

開口[ɿ]　　切韵支(精)，脂(精)，之(精)，

例字：[tsɿ]資子自，[tsʻɿ]雌此次慈，[sɿ]思死四。

開口[ɚ]　　切韵支(日)，脂(日)，之(日)

例字：[ɚ]尔二而。

①“匡狂王往望誑”原属撮口。

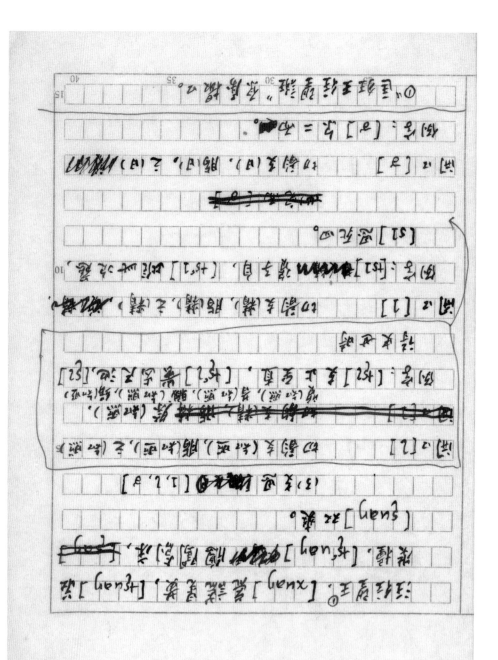

(4) 衣期[i]

齊齒[i]　切韵支、脂、之、微、齊、祭、廢、質、昔、錫、職、緝

例字：[ki]雞紀計及，[k'i]欺起氣奇，[ti]低底的狄，[t'i]梯體替提，[ni]你溺泥，[pi]比必鼻，[p'i]批痞譬皮，[mi]米密迷，[tsi]齏擠積集，[ts'i]妻泚砌齊，[si]西洗細席，[ji]衣以義宜，[xi]希喜係畦①，[li]李利梨。

(5) 居魚[y]

撮口[y]　切韵魚、虞、屋、燭、物、術

例字：[ky]居舉句局，[k'y]區去渠，[ny]女，[tsy]沮苴聚，[ts'y]蛆取趣，[sy]須序徐，[jy]淤與玉魚，[xy]虛許旭，[ly]呂律閭，[tɕy]

①"畦"字原屬撮口。

珠主住逐，[tʂʻy]①樗褚出除，[ʐy]乳褥如，[ʂy]書署庶術。

（6）姑蘇[u]

合口[u]　　切韵模，魚（舌齒），虞（舌齒脣），屋，沃，燭，物（脣），術，没

例字：[ku]孤古顧骨，[kʻu]枯苦庫，[xu]忽，[tu]都覩杜獨，[tʻu]禿土兔徒，[nu]努怒奴，[pu]逋補布，[pʻu]鋪普樸蒲，[tsu]租祖足卒，[tsʻu]粗醋徂，[su]蘇素俗，[wu]烏午悟吾，[xu]呼虎戶吳，[lu]魯祿盧，[tʂu]誅珠*阻主*祝住*軸逐*，[tʂʻu]初樗*楚褚*畜出*鉏除*，[ʐu]辱乳*褥如*，[ʂu]梳書*數署*疏庶*蜀術*。②

（7）皆來[ai]

開口[ai]　　切韵咍，泰，夬，佳（舌齒脣），皆（舌齒脣），陌（二等），麥

② 加*号的字，《等韵图经》歸居魚。

①[y]前的[tʂ，tʂʻ，ʐ，ʂ]可能是一種舌葉音。

例字：[kai]該改蓋，[k'ai]開愷慨，[tai]獃歹帶，[t'ai]胎泰臺，[pai]擘擺拜白，[p'ai]派牌，[mai]買賣埋麥*陌*貊*驀*脈*①，[tsai]哉宰在，[ts'ai]猜采蔡才，[sai]腮賽，[ai]哀矮艾崖，[xai]咍海亥孩，[lai]賴來，[tʂai]齋窄債翟，[tʂ'ai]釵瘥柴，[ʂai]篩曬。

齊齒[iai]　切韵佳（喉牙），皆（喉牙）

例字：[kiai]皆解戒，[k'iai]揩，[jiai]睚，[xiai]薤諧。

合口[uai]　切韵佳，皆，泰，夬，支（莊系），脂（莊系）

例字：[kuai]乖拐怪，[k'uai]蒯快，[wai]歪外，[xuai]壞槐懷*，[tʂ'uai]揣，[ʂuai]衰摔帥。

①*号的字依《五方元音》。

(8) 灰堆[əi]

闭口[əi]　切韵灰(唇)(泥)，脂(唇)，

微(唇)，德(部分)

例字：[kəi]给①，[təi]得，[nəi]馁内，[pəi]北备贝，[p'əi]丕配陪，[məi]每昧梅，[tsəi]贼，[xəi]黑，[ləi]勒垒类雷。

合口[uəi]　切韵灰(喉牙舌齿)，废(唇)，微

例字：[kuəi]归癸贵，[k'uəi]亏傀愧葵，[tuəi]堆对，[t'uəi]推腿退颓，[tsuəi]嘴最，[ts'uəi]崔脆翠，[suəi]虽髓遂随，[uəi]威委畏桅，[xuəi]灰悔会回，[tʂuəi]追缀坠，[tʂ'uəi]吹炊垂，[ʐuəi]蕊芮蕤，[ʂuəi]水睡谁。

(9) 人辰[ən]

①"给"原是缉韵字。

377

(400)

开口[ən]　　切韵痕、魂（唇）、文（唇）、真（知照系）、侵（知照系）

例字：[kən]根艮，[k'ən]懇，[ən]恩，[xən]狠恨痕，[tɕən]真轸震，[tɕ'ən]嗔趁陈，[ʐən]忍刃人，[ʂən]申矧慎神，[tsən]怎，[pən]奔本，[p'ən]喷盆，[mən]闷門，[fən]分粉忿汾。

齐齿[iən]　　切韵真、侵

例字：[kiən]巾謹近，[k'iən]欽勤，[niən]您赁纫，[piən]賓擯，[p'iən]品聘①貧，[miən]敏愍民，[tsiən]津儘進，[ts'iən]侵寢沁秦，[siən]辛信尋，[iən]因引印寅，[xiən]欣衅，[liən]凜吝林。

合口[uən]　　切韵魂、文（微母）、諄

例字：[kuən]滚棍，[k'uən]坤捆困，[tuən]敦吞屯，[t'uən]　[nuən]嫩，[tsuən]尊撙，[ts'uən]村忖寸存，[suən]孫損，[wən]

①“聘”原是勁韵字。

温穩問文，[xuən]昏混渾，[tʂuən]迍淳，[tʂʻuən]春蠢唇，[tuən]闰惇，[ʂuən]顺纯，[luən]論①崙

撮口[yən]　　切韵文（喉牙），諄（来母）精系，

例字：[kyən]君窘郡，[kʻyən]群，[tsyən]俊，[syən]荀峻旬，[jyən]氲允運雲，[xyən]薰訓，[lyən]倫。

(10) 言前[an]

开口[an]　　切韵寒（喉舌），元（唇），覃，谈，删（舌齿唇），山（舌齿），咸（舌齿），銜（舌齿），凡（唇），

例字：[kan]干敢幹，[kʻan]堪坎勘，[tan]丹但，[tʻan]貪毯炭謎，[nan]南，[tsan]赞，[tsʻan]参惨粲残，[san]三伞散，[an]安俺暗，[xan]酣罕旱，[lan]览淡蓝，[tʂan]占展

①"論"字，《五方元音》入合口，《等韵图经》入撮口。

湛，[tʂʻan]產鏟蟬，[ʐan]冉然，[ʂan]山閂扇，[pan]班板半，[pʻan]潘判盤，[man]瞞慢蠻，[fan]番反范凡。

齊齒[i̯an]　切韻刪(喉牙)，山(喉牙)，先，仙，元，鹹(喉牙)，銜(喉牙)，鹽，添，嚴，凡(喉牙)

例字：[ki̯an]堅減件，[kʻi̯an]謙遣欠鉗，[ti̯an]典店，[tʻi̯an]天忝田，[ni̯an]碾念年，[pi̯an]边扁变，[pʻi̯an]偏片駢，[mi̯an]免面綿，[tsi̯an]煎剪践，[tsʻi̯an]僉淺茜钱，[si̯an]仙獮線涎，[ji̯an]焉演厭言，[xi̯an]掀險現賢，[li̯an]斂煉連。

合口[uan]　切韻桓，刪，山，

例字：[kuan]官管貫，[kʻuan]寬款，[tuan]端短斷，[tʻuan]湍疃彖團，[nuan]暖，[tsuan]鑽，[tsʻuan]竄攢，[suan]酸蒜，[wan]彎晚玩完，[xuan]歡緩換桓，[luan]

卵乱栾，[tʂuan]専转撰，[tʂʻuan]川喘剑船，[ʐuan]软，[ʂuan]拴涮。

撮口[yan]　　切韵先仙，元

例字：[kyan]涓捲眷，[kʻyan]圈犬劝权，[tsʻyan]全，[syan]宣选旋，[jyan]渊远院原，[xyan]喧玄，[lyan]挛恋峦。

~~（十四）~~遥逍[au]

开口[au]　　切韵豪，肴（舌齿音），宵（知照系），锌（少），藥（少）

例字：[kau]高稿告，[kʻau]尻考犒，[tau]刀倒到，[tʻau]滔讨套陶，[nau]猱闹挠，[pau]包保报，[pʻau]脬泡袍，[mau]卯貌毛，[tsau]糟早皂凿，[tsʻau]操草糙曹，[sau]骚扫燥，[au]袄奥敖，[xau]蒿好耗豪，[lau]老涝劳，[tʂau]昭沼兆焯，[tʂʻau]抄炒钞晁，[ʐau]扰饶，[ʂau]

379

A24
(402)

稍少部分。

齐齿[i̯au]　　切韵萧、宵、肴(喉牙)

例字：[ki̯au]交骄教，[k'i̯au]敲巧窍乔，[ti̯au]貂吊，[t'i̯au]挑粜条，[ni̯au]鸟尿，[pi̯au]標表，[p'i̯au]漂票瓢，[mi̯au]眇妙苗，[tsi̯au]焦剿醮，[ts'i̯au]鍫悄俏樵，[si̯au]宵小笑，[ji̯au]妖咬要尧，[xi̯au]哮晓孝肴，[li̯au]了料獠。

(12)梭波[ɔ]

開口[ɔ]　　切韵歌、药(舌齿)觉(舌齿)、曷

例字：[kɔ]哥哿箇，[k'ɔ]珂可渴，[ɔ]阿我恶蛾，[xɔ]訶何，[lɔ]络，[fɔ]缚。

齐齿[i̯ɔ]　　切韵觉(喉牙)、药

例字：[ki̯ɔ]角，[k'i̯ɔ]却，[tsi̯ɔ]爵嚼，[ts'i̯ɔ]雀，[si̯ɔ]削，[ji̯ɔ]约，[xi̯ɔ]学，[li̯ɔ]略。

合口[uɔ]　切韵歌(舌齿)、戈、觉(舌齿)、

例字：[kuɔ]锅果过（铧末），[k'uɔ]科颗课，[tuɔ]多朵惰夺，[t'uɔ]拖妥脱陀，[nuɔ]娜懦挪，[puɔ]波跛博簸，[p'uɔ]坡颇破婆，[muɔ]摸抹莫魔，[tsuɔ]左坐昨，[ts'uɔ]搓脞错，[suɔ]梭锁，[wɔ]窝卧讹，[xuɔ]火祸活，[luɔ]裸罗，[tʂuɔ]卓浊，[tʂ'uɔ]戳，[ʂuɔ]所①朔。

麻沙[a]

开口[a]　切韵麻、曷(舌齿)、黠(舌齿)、鎋(舌齿)、合(舌齿)、盍(舌齿)、洽(舌齿)、狎(舌齿)

例字：[ta]搭打荅达，[t'a]他②塔榻，[na]纳拿，[pa]巴把霸拔，[p'a]葩怕杷，[ma]妈马骂麻，[fa]发法乏，[tsa]杂，[ts'a]擦。

①"所"，语韵字，读入梭波，是不规则的变化。

②"他"，歌韵字，读入麻沙，是古音的残留。

380

(403)

[sa]薩撒殺，[a]阿，[ɣa]哈，[la]拉辣，[tʂa]楂乍閘，[tʂʻa]叉察茶，[ʂa]沙廈①殺。

齊齒[ia] 切韵麻(喉牙)，黠(喉牙)，鎋(喉牙)，洽(喉牙)，狎(喉牙)

例字：[kia]加賈架，[kʻia]掐恰，[ŋia]鴉訝牙，[ɣia]蝦下匣。

合口[ua] 切韵麻、佳、黠、鎋

例字：[kua]瓜寡卦，[kʻua]誇跨，[wa]瓦娃，[ɣua]花化滑，[tʂua]撾茁，[ʂua]刷。

(丙)也邪[e]

開口[ke] 切韵陌(二等)，麥，德，職(三等)，麻(三等舌齒)，薛(舌齒)

例字：[ke]革，[kʻe]刻，[te]德特，[tʻe]忒，[tse]則，[se]塞，[e]厄，[xe]黑劾，[le]勒，[tʂe]遮者蔗宅，[tʂʻe]車扯册，

①"廈"本音夏，此讀沙上声，是不規則的變化。

[ʐe]惹熱，[ʂe]奢捨色舌，[pe]百白，[p'e]拍，墨[me]。

齊齒[ie]　切韵屑薛，麻（三等），葉帖業，月

例字：[kie]迦结桀，[k'ie]怯茄，[tie]爹牒，[t'ie]貼帖，[nie]捏臬，[pie]鱉别，[p'ie]撇，[mie]咩乜滅，[tsie]姐借截，[ts'ie]且妾，[sie]些写屑邪，[jie]噎野夜耶，[xie]蝎歇協，[lie]列。

合口[ue]　切韵德、薛（合口）

例字：[kue]國，[k'ue]或惑，[tʂue]拙，[tʂ'ue]啜，[ʐue]爇，[ʂue]説。

撮口[ye]　切韵月，屑，薛，麻

例字：[kye]厥掘，[k'ye]缺瘸，[tsye]嗟①绝，[sye]雪，[jye]曰月，[xye]靴血穴，[lye]劣。

(15) 由求[əu]

①"嗟"，齊齒字，這裏該撮口。

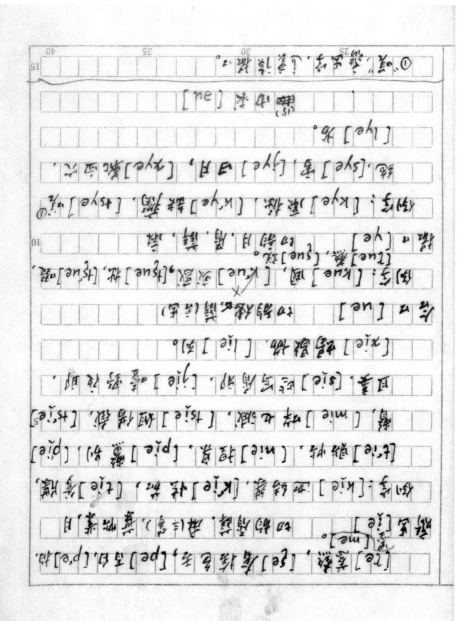

开口[əu]　　切韵侯，尤(知照系)(肯)，屋(少)

例字：[kəu]鉤狗够，[k'əu]摳口叩，[təu]兜斗豆，[t'əu]偷黈透頭，[nəu]耨，[p'əu]剖裒，[məu]谋，[fəu]否桴，[tsəu]走奏，[ts'əu]輳，[səu]叟嗽，[əu]謳嘔，[xəu]齁吼厚侯，[ləu]簍陋樓，[tʂəu]鄒肘紂，[tʂ'əu]抽丑臭綢，[ʐəu]肉柔，[ʂəu]收手受熟。

齐齿[iəu]　　切韵尤(喉牙)(精系)，幽

例字：[kiəu]鳩九救，[k'iəu]丘糗求，[tiəu]丢①，[niəu]牛②，[piəu]彪，[miəu]謬繆，[tsiəu]酒就，[ts'iəu]秋酋，[siəu]脩秀囚，[jiəu]幽有又尤，[xiəu]休朽嗅，[liəu]溜柳流。

①"丢"，萧韵字，读入由求。

②"牛"，疑母字，读入泥母。

韵部的分合和轉移

明清十五个韵部借用现代曲藝十三辙的名称，再加上支思、居鱼二个韵部。实際上，明清十五个韵部和现代十三辙的韵部是一致的，只不过现代十三辙把支思、居鱼併入衣期辙去，算是一个韵部了。

《等韵图经》分為十三攝，和现代曲藝十三辙一致。对比如下：

等韵图经	曲藝十三辙
1、通攝	1、中东
2、止攝	3、衣期
3、祝攝	4、姑苏
4、蟹攝	5、懷来
5、壘攝	6、灰堆

382

(405)

6. 效攝　　9. 遇追
7. 果攝　　10. 梭波
8. 假攝　　11. 麻沙
9. 拙攝　　12. 也邪
10. 臻攝　　7. 人辰
11. 山攝　　8. 先天
12. 宕攝　　2. 江陽
13. 流攝　　13. 由求

至於具体歸字，《等韵图经》与十三轍稍有不同，下章再行讨论。

《切韵要法》分十二攝：(1)迦；(2)结；(3)岡；(4)庚；(5)祴；(6)高；(7)該；(8)傀；(9)根；(10)干；(11)鉤；(12)歌。和《等韵图经》十三攝对比，則迦等於假；结等於拙；岡等於宕；庚等於通；祴的开口等於拙，齊齿撮口等於止，合口等於祝；高

北京市电车公司印刷厂出品 七六·一
40×15=600 (1261)

等於效；詼等於蟹；傀等於壘；根等於縷；干等於山；鉤等於流；歌等於果。在四呼方面，《切韵要法》有些地方比《等韵图经》合理，如"巴爬麻"等字《切韵要法》歸開口，《等韵图经》歸合口，今依《切韵要法》。

《五方元音》分十二韵：(1)天；(2)人；(3)龍；(4)羊；(5)牛；(6)獒；(7)虎；(8)駝；9、蛇；10、馬；(11)豺；(12)地。和《等韵图经》对比，則天等於山；人等於縷；龍等於通；羊等於宕；牛等於流；獒等於效；虎等於祝；駝等於果；蛇等於拙；馬等於假；豺等於蟹。地韵最複雜，它等於《等韵图经》的止壘兩攝。這和今天的十三轍也一致，應是方言現象。

元代十九韵部演變為明清十五韵部，所少的四部是：-m尾侵尋、監咸、廉纖三部消失了，分别轉入真文、寒山、先天三部；(2)-n尾桓歡部消失了，轉入寒山；東鍾、庚青兩部合併為中東。

元代的魚模，到明代分化為二：合口呼變成為明代的姑蘇；撮口呼轉化為明代的居魚。這種分化，並不是按切韵魚虞與模來分的，而是魚韵二等字、虞韵輕脣字和模韵字都歸合口呼姑蘇，魚韵三四等字和虞韵喉牙舌齒字則歸居魚。

韵部音值的擬測

韵部音值的擬測，基本上依照元代韵部的音值，只有兩點需要加以說明：

(1)中東部擬測為[əŋ, iəŋ, uəŋ, yəŋ]，而元代的庚青部擬測為[əŋ, iəŋ, yəŋ]，東鍾部擬測為[uŋ, iuŋ]。

兩部稍有差别。而实際上可能没有差别，只是從音位观点上看，[uŋ]也可以写作[uəŋ]，認為是[əŋ]的合口呼；[i̯uŋ]也可以作[yəŋ]，認為是[əŋ]的撮口呼罷了①。

(2)居魚部拟測為[y]，与元代魚模部撮口呼[i̯u]不同，為什麽呢？元代魚模撮口呼必須拟測為[i̯u]，然後能和合口呼[u]押韵；明代居魚部正相反，它和衣期同屬《等韵图经》的止攝，必須是轉化為[y]，[y]与[i]才能押韵，正如今天十三轍[y][i]同屬衣期轍一樣。

(三)明清的声调

明清時代和元代一樣，没有入声，而有陰

①元代的[i̯uŋ][yəŋ]已合而為一，所以《五方元音》"兼""扃"同音。

384

(407)

陽上去四声。《等韵图经》把舊入声字歸入陰平、上声、去声、陽平，如勒*墨類窗，摸*抹*莫*魔，夫府福*扶，粗租足*卒*，那是明清時代無入声的明證。《五方元音》有入声，是方言現象。《切韵要法》有入声，是存古①。

《等韵图经》入声派入陰陽上去，和《中原音韵》入声派入平上去很不一样，可見声调的轉化比韵部的轉化快得多。下面是《中原音韵》入声派入平上去和《等韵图经》入声派入陰陽上去以及今北京話入声派入陰陽上去的比較表：

①《切韵要法》有三十六字母，也是存古。

~~入声字　《中原》读　《图经》读~~

旧入声字	《中原》读	《图经》读	今北京读
及	平声	陽平	陽平
的	上声	去声	去声
狄	平声	陽平	陽平
逼	去声	去声	去声
必	上声	去声	去声
密	去声	去声	去声
積	上声	去声	陰平
集	平声	陽平	陽平
席	平声	陽平	陽平
直	平声	陽平	陽平
尺	上声	去声	上声
逐	平声	陽平	陽平
出	上声	去声	陰平

8 6 7 8 6 5 8 6 6 6 4

30 24 16 70

8

385

(408)

褥	去声	去声	去声
術	平声	陽平	去声
局	平声	陽平	陽平
玉	去声	去声	去声
旭	上声	去声	去声
律	去声	去声	去声
獨	平声	陽平	陽平
樸	上声	去声	陰平
足	上声	去声	陽平
卒	上声	陽平	陽平
俗	平声	陽平	陽平
祿	去声	去声	去声
祝	上声	去声	去声
軸	平声	陽平	陽平
畜	上声	去声	去声

北京市电车公司印刷厂出品 七六·一

40×15=600 (1201)

蜀	平声	陽平	上声
福	上声	去声	陽平
窄	上声	上声	上声
翟	平声	陽平	陽平
擘	上声	陰平	陰平
白	平声	陽平	陽平
給	上声	上声	上声
得	上声	上声	上声①
北	上声	陰平	上声
賊	上声	陽平	陽平
墨	上声	陰平	陰平
勒	去声	陰平	陰平②
鑿③	平声	陽平	陽平

①"得"，白话音读[tai]，上声。

②"勒"，白话音读[lai]，陰平。

③"鑿"，白话音读[zau]，陽平。

386

(409)

雹	平声	陽平	陽平
缚	平声	陽平	去声
渴	上声	去声	上声
諾	去声	去声	去声
惡	去声	去声	去声
絡	去声	去声	去声
酌	上声	去声	陽平
灼	上声	陽平	陽平
綽	上声	去声	去声
若	去声	去声	去声
爍	上声	去声	去声
杓	平声	陽平	陽平
爵	上声	去声	陽平
嚼	平声	陽平	陽平
雀	上声	去声	去声

北京市电车公司印刷厂出品 七六·一

40×15=600 (1201)

角	上声	去声	上声
却	上声	去声	去声
削	上声	去声	陰平
约	去声	去声	陰平
学	平声	陽平	陽平
略	去声	去声	去声
着	平声	陽平	陽平
脱	上声	去声	陰平
博	平声	去声	陽平
箔	平声	陽平	陽平
摸	去声	陰平	陰平
抹	上声	上声	上声
莫	去声	去声	去声
昨	平声	陽平	陽平
错	上声	去声	去声
活	平声	陽平	陽平

387

(410)

卓(桌)	—	陰平	陰平
卓	上声	去声	陰平
濁	平声	陽平	陽平
戳	上声	去声	陰平
朔	上声	去声	去声
搭	上声	陰平	陰平
荅	上声	去声	陰平
達	平声	陽平	陽平
塔	上声	上声	上声
榻	上声	去声	去声
納	去声	去声	去声
咂	上声	陰平	陰平
雜	平声	陽平	陽平
擦	上声	去声	陰平
薩	上声	陰平	去声
撒	上声	上声	上声

北京市电车公司印刷厂出品 七六·一

6

40×15=600 (1201)

靸	上声	去声	上声
~~呷~~ 喇 90	一	上声	上声
拉	上声	陰平	陰平
搯	上声	陰平	陰平
~~掐~~		去声	去声
恰	上声		
辣	去声	去声	去声
閘 95	平声	陽平	陽平
察	上声	去声	陽平
殺	上声	去声	陰平
匣	平声	陽平	陽平
拔	平声	陽平	陽平
滑 100	平声	陽平	陽平
發	上声	陰平	陰平
~~擦~~			
弦	上声	去声	上声
乏	平声	陽平	陽平

7

388

(411)

绝	平声	陽平	陽平
侧 105	去声	去声	陰平
革	上声	去声	陽平
剥	上声	去声	去声°
德	上声	去声	陽平
特	一	陽平	去声
忒 110	上声	去声	去声°
则	上声	去声	陽平
塞	平声	去声	去声°
厄	去声	去声	去声
黑(文言)	上声	去声	陰平
勒(文言) 115	去声	去声	去声
哲	上声	去声	陽平
宅	平声	陽平	陽平
册	上声	去声	去声°

40×15=600 (1201)

北京市电车公司印刷厂出品 七六·一

4

熱	去声	去声	去声
色 120	上声	去声	去声
舌	平声	陽平	陽平
结	上声	去声	陽平
桀	平声	陽平	陽平
怯	上声	去声	去声
喋 125	平声	去声	陽平
牒	平声	陽平	陽平
貼	上声	陰平	陰平
帖	上声	上声	上声
捏	去声	去声	陰平
~~桀~~	~~去声~~		
鱉 130	上声	去声	陰平
别	平声	陽平	陽平
瞥	上声	陰平	陰平

389

(412)

擘(撇)	上声	去声	陰平
識	去声	去声	去声
截 135	平声	陽平	陽平
妾	上声	去声	去声
屑	上声	去声	去声
噎	去声	陰平	陰平
歇	上声	去声	陰平
協 140	平声	陽平	陽平
列	去声	去声	去声
國	上声	去声	陽平
百	上声	去声	上声
白(文言)	平声	陽平	陽平
拍 145	上声	去声	陰平
墨	去声	去声	去声
或	平声	去声	去声

惑	平声	阳平	去声
拙	平声	去声	阴平
啜 150	—	去声	去声
爇	去声	去声	去声
说	上声	去声	阴平
厥	上声	去声	阴平
掘	平声	阳平	阳平
缺 155	上声	去声	阴平
雪（白话）	上声	上声	上声
雪	上声	去声	上声
曰	—	阴平	阴平
月	去声	去声	去声
血 160	上声	去声	去声①
穴	平声	阳平	阳平
劣 122	去声	去声	去声

①"血"，白话读上声。

上述162例，除5例《中原音韵》无字外，共有157例。元代、明清、现代完全相同者，有72例①；元代与明清相同者，有7例；元代与现代相同者，有9例；明清与现代相同者，有40例。可见明清入声的分配已经接近现代了。

明清入声的分配与元代入声的分配相比，主要的區别是，元代入声多轉為上声，明清入声多轉為去声；元代入声沒有轉入陰平的，明清入声字則有16例轉入陰平。

明清入声的轉化比較有規律，一般是清音字歸去声，濁音字歸陽平，白話字歸陰平。至於次濁字一律歸去声，則是元代、明清、現代三个時期的共同規律。

① 《中原音韵》入声当作陽平看待。

391

A25

(414)

第九章　現代音系（1911—）

本章講現代音系，打算分五種方言來講。（一）北方話，以北京爲代表；（二）吴語，以蘇州爲代表；（三）閩語，以厦門爲代表；（四）粤語，以廣州爲代表；（五）客家話，以梅縣爲代表。

（一）北方話

（甲）北京的聲母

現代北京的聲母，和清代後期一樣，共有二十三個①。但是，具體歸字則有所不同，因爲精系齊撮字轉化爲[tɕ, tɕʻ, ɕ]，與見系齊撮字合流了。如下表：

① 如果[j][w]併爲一母，則是二十二個。

40×15=600 (1261)

北京市电车公司印刷厂出品 七六·一

发音方法＼发音部位		双唇	唇齿	舌尖前	舌尖中	舌尖後	舌面前	舌根
塞音	不送氣	1. p 帮			9. t 端			21. k 見(间合)
	送氣	2. pʻ 滂			10. tʻ 透			22. kʻ 溪(间合)
鼻音		3. m 明			11. n 泥			
边音					12. l 来			
闪音						13. ʐ 日		
塞擦音	不送氣			6. ts 精(间合)		14. tʂ 照	17. tɕ 精見(齐撮)	
	送氣			7. tsʻ 清(间合)		15. tʂʻ 穿	18. tɕʻ 清溪(齐撮)	
擦音			5. f 非	8. s 心(间合)		16. ʂ 審	19. ɕ 心晓(齐撮)	23. x 晓(间合)
半元音		4. w 吴					20. j 影	

(1) 帮母 [p]

守温字母：帮　　例字：奔班冰边

守温字母：並(b)　　例字：伴傍便鼻

(2) 滂母 [pʻ]

守温字母：滂　　例字：烹攀抛偏

392a

(415)

守溫字母：並（平） ←例字：盆袍平皮

(3)明母[m]

守溫字母：明 ←例字：門蠻民綿

守溫字母：翳（一个字） 例字：秘

(4)吳母[w]

守溫字母：影 例字：溫灣翁威

守溫字母：喻 例字：位惟爲衛

守溫字母：疑 例字：僞玩吳魏

守溫字母：微 例字：文晚無微

守溫字母：匣（少） 例字：丸完

(5)非母[f]

守溫字母：非 例字：風非夫分

守溫字母：敷 例字：峰霏敷芬

守溫字母：奉 例字：逢肥扶焚

(6)精母（開合）[ts]

守溫字母：精 例字：宗臧尊鑽

守溫字母：從（仄） 例字：皂祥坐族

40×15=600 (1201)

北京市电车公司印刷厂出品 七六·一

~~守温字母：知(少)　　例字：~~

守温字母：照(二等，少)　　例字：責仄輜阻

守温字母：澄(仄，少)　　例字：澤[illegible]棒

(7)清母(開合)[ts']

守温字母：清　　例字：蔥粗猜村

守温字母：從(平)　　例字：從徂才存

守温字母：穿(二等，少)　　例字：策冊測廁

守温字母：牀(二等，平，少)　　例字：岑

守温字母：邪(平，少)　　例字：辭詞祠

守温字母：心(仄，少)　　例字：賜伺

(8)心母(開合)[s]

守温字母：心　　例字：三桑孫酸

守温字母：邪(一个字)　　例字：松

守温字母：審(二等，少)　　例字：灑色瑟森

接下页

392b

(4·6)

守温字母：並（平）　例字：盆袍平皮

(3)明母[m]

守温字母：明　例字：門蒙民綿

(5)非母[f]

守温字母：非　例字：風非夫分

守温字母：敷　例字：峰霏敷芳

守温字母：奉　例字：逢肥扶焚

(6)精（洪合）[ts]

守温字母：精　例字：宗租尊鎖

守温字母：從（仄）　例字：皂祚坐族

守温字母：照（一等，仄）　例字：

(7)清（洪合）[ts']

守温字母：清　例字：葱粗猜村

守温字母：從（平）　例字：從徂才存

(8)心母（洪合）[s]　例字：旋

守温字母：心　例字：桑僧

北京市电车公司印刷厂出品　七六·一

40×15=600 (1201)

守温字母：邪

(9)端母[t]

守温字母：端　　例字：登单敦端

守温字母：定(仄)　　例字：邓蛋钝段

(10)透母[tʻ]

守温字母：透　　例字：吞贪听天

守温字母：定(平)　　例字：屯谈亭田

(11)泥母[n]

守温字母：泥　　例字：宁奴能南

守温字母：娘　　例字：浓尼女暱

守温字母：疑(少)　　例字：倪拟逆牛

守温字母：来(一个字)　　例字：弄①

(12)来母[l]

守温字母：来　　例字：林连稜兰

(13)日母[ʐ]

守温字母：日　　例字：仁然闰软

①"弄"，来母字，今北京读[nuŋ]，是例外

393

(417)

守温字母：喻(少)　例字：容荣銳睿

守温字母：[illegible]禪[illegible](一个字)　例字：瑞

(14)照母[tʂ]

守温字母：知　例字：中知[illegible]豬珍

守温字母：澄(仄)　例字：仲治住陣

守温字母：照　例字：鍾至朱真

守温字母：牀(二等，仄声部分)　例字：撰狀助棧

(15)穿母[tʂʻ]

守温字母：徹　例字：攄超忡寵

守温字母：澄(平)　例字：除傳重躕

守温字母：穿　例字：春川充俶

守温字母：牀(二等，平)　例字：鋤柴崇豺

守温字母：牀(三等，少)　例字：脣船

守温字母：禪(平，部分)　例字：臣成蟬常

守温字母：審(二等，一个字)　例字：產

守温字母：溪（一个字）　例字：吃（喫）

(16)審母 [ʃ]

守温字母：審　例字：身商拴霜

守温字母：禪（仄）　例字：慎上是蜀

守温字母：禪（平，部分）　例字：誰時殊韶

守温字母：牀（二等，少）　例字：士事

守温字母：牀（三等，多）　例字：示神蛇食

守温字母：匣（一个字）　例字：夏

(17)精見（齊撮）[tɕ]

守温字母：精　例字：精尖齎疽

守温字母：從（仄）　例字：靜賤自聚

守温字母：見　例字：京堅基居

守温字母：群（仄）　例字：競件忌懼

(18)清溪（齊撮）[tɕ']

守温字母：清　例字：清千妻趨

守温字母：從（平）　例字：情錢齊潛

守温字母：溪　例字：輕牽欺驅

守温字母：群（平）　例字：擎乾旗渠

(19)心曉（齊撮）[ɕ]

守温字母：心　例字：新先西須

守温字母：邪　例字：旬旋徐

394

(418)

守温字母：晓　　例字：興轩醺虚

守温字母：匣~~一个字~~　　例字：行贤奚玄

守温字母：溪（一个字）　　例字：溪

(20)影母[j]①

守温字母：影　　例字：因氲烟渊

守温字母：喻　　例字：寅云延员

守温字母：疑　　例字：银匀言元

(21)见母（开合）[k]

守温字母：见　　例字：根干滚官

守温字母：群（仄声）　　例字：共

(22)溪母（开合）[k']

守温字母：溪　　例字：坑堪坤宽

守温字母：群（平声）　　例字：狂

守温字母：见（合）　　例字：昆崑琨

(23)晓母（开合）[x]

①零声母也算影母，但是这里不算一声母之数。

40×15

~~见：见母字，今读[k'un]，是例外。~~

守温字母：晓　　　　　例字：亨荒香歡

守温字母：匣　　　　　例字：衡黄魂恒

现代北京话的最大特点，在声母方面是，精系齊撮字轉变為[tɕ, tɕʻ, ɕ]，与見系齊撮字合流。這种情况，大约在清末就開始了。京剧唱腔講究尖团音的區别。所謂尖音，指[tsi]、[tsʻi]、[si]等；所謂团音，指[tɕi]、[tɕʻi]、[ɕi]等。大约見系齊撮字先变為[tɕ]、[tɕʻ]、[illegible][ɕ]，後来精系齊撮字才变為[tɕ]、[tɕʻ]、[ɕ]。所謂區别尖团字，並不是保存見系的[ki]、[kʻi]、[xi]，而是保存精系的[tsi]、[tsʻi]、[si]。吴语至今仍保持尖团音的差别，北方话也有保持這種區别的，例如河南開封。

這种轉变，是否可以提前到明末或清初呢？我看不可以。《五方元音》以"精尖"与"尊鑽"同

395

(4.9)

属剪母，可见"精尖"仍读[tsiŋ]、[tsian]；"清千"与"村攛"同属鹊母，可见"清千"仍读[tsʻiŋ]、[tsʻian]；"新先宣"与"孙"同属系母（丝母），可见"新先宣"仍读[sin]、[sian]、[syan]。《五方元音》以"京坚"与"根干"同属金母，可见"京坚"仍读[kiŋ]、[kian]；"轻牵"与"坑堪"同属桥母，可见"轻牵"仍读[kʻiŋ]、[kʻian]；"兴轩"与"亨欢"同属火母，可见"兴轩"仍读[xiŋ]、[xian]①。

此外，有些个字改变了声母，值得注意。例如：

"丸"、"完"，匣母字，《五方元音》读如"还"，今北京读[wan]。

"赐"、"伺"，心母字，《五方元音》读如"四"，

①"轩"，晓母字，今北京读为撮口的[syan]。

40×15=600 (1201)

北京市电车公司印刷厂出品 七六·一

今北京读如"次"。

"産"，《廣韻》所簡切，審母二等字，《五方元音》读如"搀"上声，转入穿母。今北京也读入穿母。

"松"，《廣韻》祥容切，邪母撮口字，《五方元音》读如"嵩"，转入心母合口，今北京也读如"嵩"。

"責""仄"，照母二等字，《五方元音》读入竹母，今北京读入精母。

"阻"，"祖"側呂切，照母二等字，《五方元音》读如"祖"，转入精母，如今北京音。

"澤""擇"，澄母字，《五方元音》读入竹母，今北京读入精母。

"策""册""測""惻"，穿母二等字，《五方元音》读入虫母，今北京读入清母。

"菑""錙"，照母二等字，《五方元音》读入竹母，今北京读入精母。

396

(420)

"廁"，《廣韻》初吏切，穿母二等字，今北京讀入清母。

"弄"，來母字，《五方元音》讀如"能"去声，今北京讀入泥母。

"容""融""溶"，喻母字，《五方元音》讀如"庸"，今北京讀如"戎"，轉入日母。

"銳""叡""睿"，喻母字，今北京讀如"芮"，轉入日母。

"瑞"，《廣韻》是偽切，禪母字，《五方元音》屬石母，讀如"睡"，今北京讀如"芮"，轉入日母。

"溪"，溪母字，《五方元音》屬橋母，讀如"欺"，今北京讀入曉母。

"昆""崑""錕"，見母字，《五方元音》屬金母，讀如"鯀"上声，今北京讀如"坤"，轉入溪母。

~~以上所述，除昆系之等字可認為是古音的~~

40×15=600 (1201)

北京市电车公司印刷厂出品 七六·一

"吃"（喫），《廣韻》苦擊切，溪母字，《五方元音》讀入橋母，今北京讀入穷母。

~~殘留以外，都是不規則的變化。~~

"秘"（祕），幫母字，《五方元音》讀如"閉"，今北京讀如"密"，轉入明母。

"廈"，匣母字，《五方元音》讀如"夏"，今北京讀如"歃"[ʂa]，轉入審母。①

以上所述，除照系二等字讀[ts, tsʻ, s]可認為是古音的殘留以外，都是不規則的變化。

（2）北京的韻部

現代北京的韻部，比明清時代多一部（多了一个車遮[ə]），共十六部：1.中东；2.江陽；3.支思；4.衣期；5.居魚；6.姑苏；7.怀来；8.灰堆；9.人辰；10.言前；11.遥迢；12.梭波；13.麻沙；14.車遮；15.乜邪；16.由求，如下表：

① 但廈門的"廈"仍讀如"夏"。

397

(421)

元音＼韵類	陰声			陽声	
u	6. u 姑苏				
o	12. o 梭波				
a	13. a 麻沙	11. au 遥迢	7. ai 懷来	2. aŋ 江陽	10. an 言前
ɛ	15. ɛ 乜邪				
ə	14. ə 車遮	16. əu 由求	8. əi 灰堆	1. əŋ 中东	9. ən 人辰
i	4. i 衣期				
y	5. y 居魚				
ɿ, ʅ, ər	3. ɿʅər 支思				

（1）中东[əŋ]

開口[əŋ]　切韵庚（二等）、登、耕、清（知照系）、蒸（知照系）、东（脣）、鍾（脣）

例字①：崩迸，烹彭，蒙孟，風馮諷缝；

① 例字基本上依《五方元音》，僻字不録。

北京市电车公司印刷厂出品 七六·一

40×15=600 (1261)

~~通同桶痛，濃農，龍，中腫種，充重寵銃，戎冗；宗總縱，忽縱，松竦宋；邕[illegible]湧勇用，公拱貢，空孔，烘洪哄鬨，翁甕。~~

翁瓮；登等鄧，滕，能，棱冷；爭諍，撑棖，生省；曾，層，僧；庚梗亙，坑肯，亨衡。

齊齒[iŋ]① 切韵庚（三等）、清、青、蒸

例字：冰餅並，娉平聘，明茗命；丁鼎訂，聽亭挺，寧濘，靈領另；貞整正，称成逞，秤，升繩盛，仍扔仍；精井靜，青情請；星醒性；英盈影映，京景敬，卿擎慶，興刑幸。

合口[uŋ] 切韵东（一等，又知照系）、冬、鍾（知照系）、庚、耕、登

① [iŋ]即[iəŋ]。实際读音是[iŋ]，有人也读[iəŋ]。依音位观点，当作[iəŋ]。下文[uŋ]即[uəŋ]，[yŋ]即[yəŋ]，仿此。

(422)

例字：东董洞，通同桶痛，農；中冢仲，充重寵銃，戎冗；宗總縱，悤從，松竦宋；公拱貢，空孔，蒙洪哄鬨；恭共①。

撮口[yŋ]　　切韵东、鍾、庚、清、青

例字：邕顒勇用，扃炯，窮，兄雄。

(2)江陽[aŋ]

開口[aŋ]　　切韵江(脣)，陽(知照，脣)，唐

例字：邦榜傍，滂胖，忙莽，方舫倣放；當黨，湯堂倘燙，囊曩，郎朗浪；張掌漲，昌長敞唱，商賞上，穰壤讓；臧駔葬，倉藏，桑顙喪；岡，康慷炕，杭抗，昂。

齊齒[iaŋ]　　切韵江(喉牙)

例字：娘釀，良兩量；將蔣匠，槍牆搶嗆，

①"公"与"恭"，"貢"与"共"在《五方元音》不同音。

40×15=600 (1201)

相祥想象，江講虹，腔強，香降響向，央陽養漾。

合口[uaŋ] 切韵江（舌齿），陽（喉牙，又照系二等），唐

例字：莊奘壯，窗床創，霜爽，光廣，匡狂，荒皇幌，汪王往。

(3)支思[ɿ，ʅ，ɚ]

開口[ɿ] 切韵支（精），脂（精），之（精）

例字：資子自，雌慈此，思死四。

開口[ʅ] 切韵支（知照），脂（知照），之（知照），質（知照），昔（知照），職（知照），緝（知照）

例字：知智執，癡池弛識尺，世石；支止至，鴟齒翅叱，師時史士。

開口[ɚ] 切韵支（日），脂（日），之（日），

399

(423)

例字：而耳二。

(4) 衣期 [i]

齊齒[i]　　切韵支、脂、之、微、齊、祭、廢、質、昔、錫、職、緝

例字：比篦壁，披皮否匹僻，迷米秘密；堤底地的，梯提體替剔，尼你膩暱，黎李利力；羈濟疾，妻齊泚砌戚，西洗細昔；衣宜以義益，機己計吉，溪其豈氣泣，希奚喜戲檄。

(5) 居魚 [y]

撮口[y]　　切韵魚、虞、屋、燭、物、術

例字：女，驢呂慮律；疽沮聚，趨取，須徐醑序恤；居舉具橘，驅渠踽去曲，虛許酗旭，於魚雨御聿。

(6) 姑蘇 [u]

40×15=600 (1261)

北京市电车公司印刷厂出品 七六・一

合口[u]　切韵模、鱼(舌齿)、虞(舌齿唇)、屋、沃、烛、物(唇)、術(舌齿)

例字：逋補步不，鋪蒲普鋪僕，模①母慕木，夫符府父福；都覩杜督，图土兔秃，奴努怒，盧魯路禄；朱主助逐，初除褚處出，書豎暑數術，如乳入②；租祖卒，粗醋促，蘇素速；孤古故谷，枯苦庫窟，呼胡虎户斛，烏無五務屋。

(7)懷來[ai]

開口[ai]　切韵咍、泰、夬、佳(舌齿唇)、皆(舌齿唇)、陌(二等)、麥

例字：擺拜白，排湃拍，埋買賣麥；呆歹𠁤帶，胎臺太，乃奈，來賴；齋債，釵柴寨，篩曬，哉宰載，猜才采菜，腮賽；挨矮，該改溉，

①今北京把模的"模"读如"磨"，但模子的"模"仍读[mu]。

②"入"，缉韵字，读入姑苏，是不规则的变化。

開凱慨，哈孩海害，哀靄。

合口[uai]　切韻佳皆泰夬支(莊系)脂(莊系)

例字：衰帥；乖拐怪，蒯快，懷壞。

(8) 灰堆[əi]

開口[əi]　切韻灰(脣，又泥來)，支，脂[illegible]，微[illegible]，德(部分)，祭，泰

例字：悲備背，胚培配，梅美妹；餒內，雷類。

合口[uəi]　切韻灰(喉牙舌齒)，微，廢(脣)

例字：堆對，推頹腿退；追綴，吹垂，誰税，蕊芮；醉，催翠，雖隨髓歲；威爲尾未，歸葵貴，虧葵傀喟，灰回毀會。

(9) 人辰[ən]

開口[ən]　切韻痕，魂(脣)，文(脣)，臻，真(知照系)，侵(知照系)

例字：奔本，噴盆，門悶，分墳粉憤；

嫩① 根艮，痕很恨，恩；臻，魂；真枕朕，嗔陈疢，身神哂甚，人忍認，②岑，森，涔。

齐齿[in] 切韵真，侵

例字：宾膑，贫品，民敏；邻凛吝；侵浸，亲秦寝，辛信；因吟引荫，巾锦禁，今禽，欣衅。

合口[un]③ 切韵魂，文（微母），谆

例字：敦盾，吞④屯褪，伦论；谆准，春蠢，纯顺，犉闰；尊撙俊，村存忖寸，孙损；鲧棍，坤悃困，昏浑混，温文吻问。

撮口[yn]⑤ 切韵文（喉牙），谆（精系）

例字：君窘郡，群，熏训；逊⑥。

---

⑥"逊"，本读"孙"上声，今读如"训"。

③ [un]，依音位观点当作[uən]。

⑤ [yn]，依音位观点当作[yən]。

①"嫩"，本读[nuən]，今读[nən]。

② [in]，依音位观点当作[iən]。

④"吞"，痕韵字，读入魂韵。

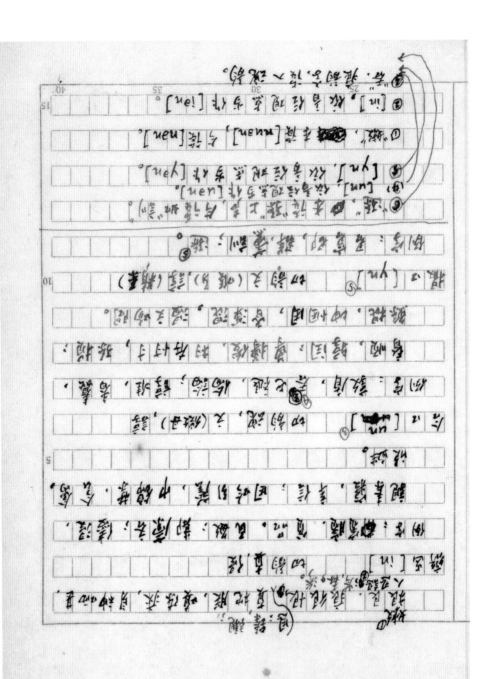

401

(425)

(10)言前[an]

开口[an]　切韵寒，桓(唇)，元~~[illegible]~~(唇)，覃，谈，删(舌齿唇)，山(舌齿)，咸(舌齿)，衔(舌齿)，凡

番烦反饭；

例字：班扳半，攀盘判，蛮满漫，难赧，南览滥；占斩战，攙缠阐忏，山闪善；簪咱拶赞，餐残惨粲，三散；安案干感幹，刊侃看，酣寒罕汉。丹胆旦，贪坛谈炭，

齐齿[ian]　切韵先，仙，元，盐，添，严，删(喉牙)，山(喉牙)，咸(喉牙)，衔(喉牙)，凡(喉牙)

例字：边贬便，偏便片，眠免面；颠点殿，天田腆，年撚[illegible]念，连敛练；煎剪箭，千钱浅茜，先涎跣羡；间简见，牵乾遣欠，[illegible]掀嫌显献，烟颜眼晏。

合口[uan]　切韵桓，删，山

北京市电车公司印刷厂出品　七六·一

40×15=600 (1201)

例字：暖，鸾卵乱；端短断，湍团疃彖，专转啭，川传喘，栓涮，钻攒纂，攒爨，酸算；弯顽晚腕，关管盥，宽款，欢还缓患。

撮口[yan]　　切韵先，仙，元

例字：镌隽，悛全，宣旋选；娟卷倦，圈拳犬券，喧玄，渊圆远院。

(11) 遥迢[au]

开口[au]　　切韵豪，肴（舌齿唇），宵（知照系），药（廿），铎（廿）

例字：包宝暴薄，抛庖砲，毛昂貌；刀岛道，叨陶討套，铙脑，劳老涝，烙；昭沼赵，超朝炒，烧韶少哨，铙扰绕；~~[illegible]~~ 糟早皂鑿，操曹草，骚嫂埽；高稿告，尻考犒，蒿豪好耗，凹数懊傲。

齐齿[iau]　　切韵肴（喉牙），萧，宵，药（廿）

402

(426)

例字：標表，飄瓢漂票，苗秒妙；雕吊，挑條跳，鳥尿，遼了料；焦剿醮，鍬樵悄俏，消小笑削；腰遙咬要藥，交皎叫脚，敲喬巧竅殼，囂肴曉孝。

(12) 梭波[o]

合口[uo] 切韵戈，歌（舌齿），曷（舌齿），末，鐸，藥（舌齿），陌（二等），覺，薛（少）

例字：波簸薄伯勃，坡婆破潑，磨莫；多朵掇，拖陀唾脱，挪懦諾，羅裸洛；桌，着，縛，説，朔，弱；左坐，搓剉錯，蓑鎖索；果過郭，闊廓，火禍霍，窩我①卧握。

(13) 麻沙[a]

開口[a] 切韵麻（二等），

①"我"字，《五方元音》讀"娥"上声，今讀合口呼。是不規則的變化。

40×15=600 (1201)

北京市电车公司印刷厂出品 七六·一

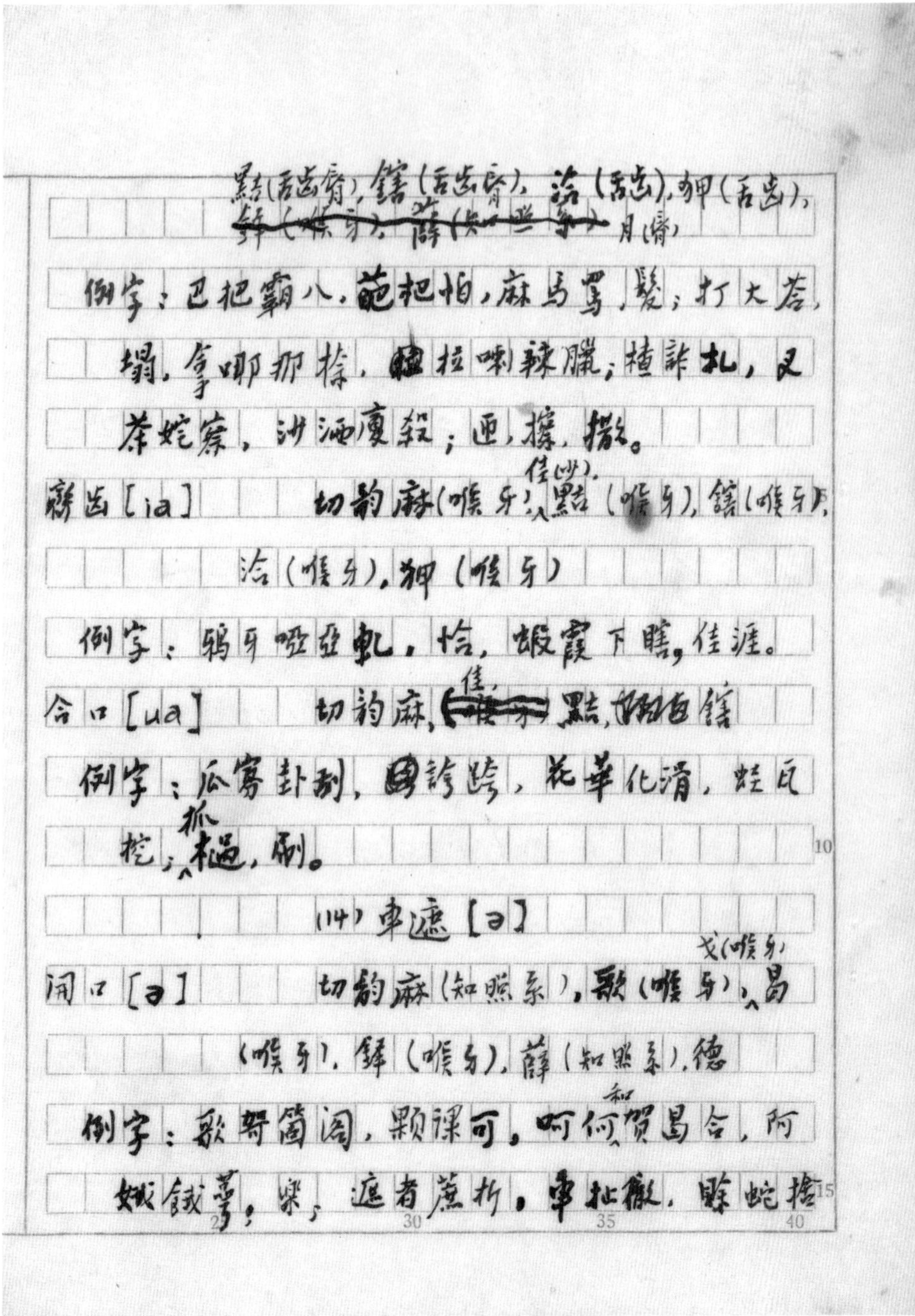
黠(舌齿腭)，鎋(舌齿腭)，洽(舌齿)，狎(舌齿)，
~~鎋(喉牙)，薛(知照系)~~ 月(腭)

例字：巴把霸八，葩杷怕，麻马骂，髮；打大答，塌，拿哪那捺，拉喇辣腊；楂诈札，叉茶姹察，沙洒厦杀；匝，擦，撒。

齐齿[ia]　切韵麻(喉牙)，佳(少)，黠(喉牙)，鎋(喉牙)，洽(喉牙)，狎(喉牙)

例字：鸦牙哑亚轧，恰，虾霞下瞎，佳涯。

合口[ua]　切韵麻，佳，黠，鎋

例字：瓜寡卦刮，夸垮跨，花华化滑，蛙瓦挖；抓，挝，刷。

(14) 车遮[ə]

开口[ə]　切韵麻(知照系)，歌(喉牙)，戈(喉牙)，曷(喉牙)，铎(喉牙)，薛(知照系)，德

例字：歌哥个阁，颗课可，呵何和贺曷合，阿娥饿萼，乐；遮者蔗折，车扯撤，赊蛇舍

403

(427)

舍舌，惹热；得忒特勒。

(15) 也邪 [ɛ]

齐齿 [iɛ]　切韵麻、佳(少)皆(喉牙)、屑、薛、月

例字：耶也夜谒、街结，茄挈、谐颉；嗟姐借節，且切，些斜写谢屑。

撮口 [yɛ]　切韵麻(少)、戈(少)、屑、薛、月、觉(少)、药(少)

例字：觉学却；月厥阙血；绝；劣；瘸，靴；略。

(16) 尤求 [əu]

开口 [əu]　切韵侯、尤(知照系)、屋(少)

例字：抔剖；谋某，浮否；兜斗豆，偷透，耨，楼篓漏；周帚胄粥邹骤，抽俦丑臭，愁，搜瘦，收首熟①柔肉；勾苟垢，抠口寇，齁侯吼後，

①"熟"读[shəu]，白话音。

歐偶漚；諏走奏，叟嗽，湊。

齊齒[iəu]　　切韵尤幽

例字：繆，丢，紐；揪秋，羞囚秀；憂尤有又，鳩九舅，丘求糗，休朽嗅。

韵部的分合和轉移

现代北京的十六个韵部和曲藝十三轍實際上是一樣的，韵部和轍的數目不同，是由於曲藝合併了三个韵部：

(一)现代北京的支思、居魚，在曲藝里併入了衣期轍；

(二)现代北京的車遮，在曲藝里併入了梭波轍。

從音位觀點看，居魚是可以併入衣期的，因為[i]和[y]發音部位相同，只有不圓脣和圓

404

(428)

唇的区别。但是從音韵觀點看，合併不大妥当，因為唇鱼来自《中原音韵》的鱼模，一向被認為是和姑苏同類的。

從音位观点看，車遮是可以併入梭波的，因為車遮[ə]是開口呼，梭波[uo]是合口呼，可以互補。但是從音韵觀點看，合併更不妥当，因為車遮一部分来自《中原音韵》的歌戈，另一部分来自《中原音韵》的車遮。車遮是開口呼，也即是齊齒撮口呼，正可以互補。不如分為三个韵部，更妥当些。

韵部音值的問題

小东鍾和庚青合併為中东[əŋ, iŋ, uŋ, yŋ]，是從明清時代就開始了的。這是合理的。既然真文[ən, in, un, yn]能合為一韵，為什麼中东鍾和庚青不能合為一韵？注音字母在這一點上是正确的，它把人辰轍注為開齐合撮四呼（ㄣ、ㄧㄣ、ㄨㄣ、ㄩㄣ），同時把中东轍注為開齐合撮四呼（ㄥ、ㄧㄥ、ㄨㄥ、ㄩㄥ）。传統音韵学認為：這兩个韵部的元音都是[ə]，因此，人辰轍的四呼是[ə, iən, uən, yən,]中东轍的四呼是[əŋ, iəŋ, uəŋ, yəŋ]。有時候，[uən]中的[ə]还可以清楚地聽見，如"昏"[~~huən~~]"溫"[wən]。[iəŋ]中的[ə]也常常可以在北京人口里聽見，如"影"[iəŋ]，不过不太明顯就是了。"翁"字北京讀[wəŋ]，最能说明問題。"翁"本是东韵字，今南方方言读[uŋ]，现在北京讀[wəŋ]，從音位观點看，[wəŋ]只是[uŋ]的变体。這樣，东鍾和庚青合韵更有理由了。

东鍾的唇音字，也由合口呼变為開口呼。

405

(429)

例如"蒙"[məŋ]、"風"[fəŋ]。

庚青韵原来有开齐合撮四呼，与东鍾合併後，它的合撮两呼不是和东鍾混同了吗？是的，合併後，合撮两呼既有庚青韵字，又有东鍾韵字，例如"轟"读如"烘"，"瓊"读如"窮"。

中东的撮口呼，实際读音是[iuŋ]。從音位观點看，可以標為[yŋ]。在聽覺上，[iuŋ]和[yŋ]是非常近似的。

(2)江陽的开口、齊齿、合口三呼，元音的实际读音不一樣：合口呼受韵頭[u]的影響，元音挪後，[uaŋ]实際上读[uɑŋ]；脣音开口呼也有同樣的情况，元音挪後，例如"方"实際上读[fɑŋ]。但是，從音位观點看，可以一律写作[aŋ, iaŋ, uaŋ]。

(3)灰堆的合口呼，实際上读成两類：喉牙音读[uəi]，如"歸"[kuəi]，"窺"[kʻuəi]，"灰"[xuəi]，舌齿音读[ui]，如"堆"[tui]，"推"[tʻui]，"追"[tʂui]。①

但是，從音位观點看，可以一律写作[uəi]。

(4)人辰的合口呼，和灰堆的合口呼一樣，实際上读成两類：喉牙音读[uən]，如"滚"[kuən]，"坤"[kʻuən]，昏[xuən]，舌齿音读[un]，如"敦"[tun]，"屯"[tʻuən]，"論"[lun]。但是，從音位观點看，可以一律写作[un]（当然，也可以一律写作[uən]）。

(5)言前有开齐合撮四呼，元音的实際读音不一樣：齐齿呼受韵頭[i]的影響，元音挪前，[ian]实際上读[iɛn]，合口呼和撮口呼受韵頭[u][y]的影響，元音挪後，[uan][yan]实際上读[uan][yan]②。但是，從音位观點看，可以一律

---

①有人说，舌齿上声字读[uəi]，不对。受声调的影響，舌齿上声字实際上读[ue]，如"水"[ʂue]

②也有人读[yan]。

406

A26

(430)

写作[an, ian, uan, yan]。

(6)梭波标為[uo]，是符合客观情况的。《中原音韵》的歌戈，明清時代的梭波，都是一个開口[ɔ]。到了现代，由於韵头[u]的影響，元音高化，[uɔ]轉变為[uo]。梭波韵只有合口呼[uo]。

唇音字，一向属於合口呼。"波婆磨"等字，《廣韵》入戈不入歌。今漢語拼音方案写作bo, po, mo，只是為了簡便，实际的读音应是[puo, pʻuo, muo]。

歌韵舌齿字本属開口呼，從明代起，已經轉入合口呼了。在《五方元音》里，"舵、惰"同音，"羅、騾"同音，"佐、坐"同音，"莎、唆"同音，歌戈的舌齿字已经混而為一了。

(7)車遮的实際读音是[ʌɤ][1]，是个複合元音。

40×15

①參看趙元任《现代吴语研究》。

现在写作[ə]，是为了简便。

(8) 由求，一般标作[ou, iou]。從音位观點看，应该标作[əu, iəu]。在听觉上，[əu]和[ou]是很接近的。由求的齊齿呼，实際上也並不讀[iou]。據趙元任研究，尤幽的平声字讀[$i^{o}u$]，仄声字讀[io^{u}]。依我观察，平声字讀[iu]，仄声字讀[iou]。

(丙) 北京的声调

现代北京的声调数目，和元明清的声调一樣，共有陰平、陽平、上、去四声；但是古入声字的分配，与前代有所不同。古入声字在现代北京話里，屬去声的最多，其次是陽平，又其次是陰平，最少的是上声。

入声的演变以次濁声字為最有规律

407

(431)

性。這類入声字，一律轉化為去声。從《中原音韵》、《等韵图经》、《五方元音》到现代北京話，沒有例外①。音韵學上，次濁字指的是喻母、疑母、泥母、娘母、明母、来母、日母。

古全濁入声字，一般轉化為陽平，也是比較有规律性的①。

至於古清音入声字轉化為陰陽上去，就不那麽有规律性了。大致說来，口語的字多轉入陰平、陽平，文言的字多轉入去声。

（二）吴語

（甲）苏州的声母

现代苏州共有二十七个声母，如下表：

① 近年北京把“膜”字讀入陽平，是例外。

② 近年北京把“突”字讀入陰平，是例外。

發音方法＼發音部位			双脣	脣齒	舌尖前	舌尖中	舌面前	舌根	喉
塞音	清	不送氣	1.p 幫			11.t 端		21.k 姑	25.ʔ 影
		送氣	2.pʻ 滂			12.tʻ 透		22.kʻ 枯	
	濁		3.b 並			13.d 定		23.g 狂	
鼻音			4.m 明			14.n 泥	16.ȵ 疑	24.ŋ 我	
边音						15.l 來			
塞擦音	清	不送氣			7.ts 精		17.tɕ 見		
		送氣			8.tsʻ 清		18.tɕʻ 溪		
	濁						19.dʑ 群		
擦音	清			5.f 非	9.s 心		20.ɕ 曉		26.h 呼
	濁			6.v 奉	10.z 邪				27.ɦ 匣

(1) 幫母 [p]

守温字母：幫　　　例字：奔班賓邊

(2) 滂母 [pʻ]

408

(432)

守温字母：滂　　例字：喷攀拼偏

(3)並母[b]

守温字母：並　　例字：盆盘贫便

守温字母：奉(一个字)　　例字：防

(4)明母[m]

守温字母：明　　例字：门蛮民眠

守温字母：微(白话)　　例字：闻问望味

(5)非母[f]

守温字母：非　　例字：非夫分方

守温字母：敷　　例字：菲敷芬芳

(6)奉母[v]

守温字母：奉　　例字：焚肥房扶

守温字母：微(文言)　　例字：文微亡无

(7)精母[ts]

守温字母：精　　例字：尊钻精尖

守温字母：知　　例字：珍猪中知

40×15=600 (1201)　北京市电车公司印刷厂出品 七六·一

守温字母：照（二等）　例字：臻鄒莊[illegible]

守温字母：照（三等）　例字：真珠鍾支

(8) 清母［ts'］

守温字母：清　例字：村竄清千

守温字母：徹　例字：超丑沖癡

守温字母：穿（二等）　例字：初　策

守温字母：穿（三等）　例字：春穿昌衝

(9) 心母［s］

守温字母：心　例字：新先孫宣

守温字母：審（二等）　例字：身羶書詩

守温字母：審（三等）　例字：生山疏師

(10) 邪母［z］

守温字母：邪　例字：尋涎徐隨

守温字母：從　例字：秦錢徂從

守温字母：澄　例字：長傳徐遲

409

(433)

守温字母：牀(二等)　例字：牀[illegible]鋤[illegible]事

守温字母：牀(三等)　例字：神示繩[illegible]船

守温字母：禪　例字：臣時常垂

守温字母：日(文言)　例字：人然仍柔

(11)端母[t]

守温字母：端　例字：登單敦端

(12)透母[tʻ]

守温字母：透　例字：吞貪聽天

(13)定母[d]

守温字母：定　例字：屯壇亭田

(14)泥母[n]

守温字母：泥(開合)　例字：能南奴農

(15)来母[l]

守温字母：来　例字：林連稜蘭

(16)疑母[ŋ]

守温字母：疑(齊撮)　例字：銀[illegible]牛疑

守温字母：娘　　　　例字：娘尼女濃

守温字母：泥（齊撮）　　例字：寧年鳥念

守温字母：日（白話）　　例字：人日讓兒

(17)見母［tɕ］

守温字母：見（齊撮）　　例字：京堅涓居

(18)溪母［tɕʻ］

守温字母：溪（齊撮）　　例字：輕牽圈器

(19)群母［dʑ］

守温字母：群（齊撮）　　例字：琴乾權渠

(20)曉母［ɕ］

守温字母：曉（齊撮）　　例字：興軒薰虚

(21)姑母［k］

守温字母：見（開合）　　例字：根干官姑

(22)枯母［kʻ］

守温字母：溪（開合）　　例字：坑堪寬枯

410

(434)

(23) 狂母 [g]

守溫字母：群(開合)　　例字：狂共葵匱

(24) 我母 [ŋ]

守溫字母：疑(開合)　　例字：傲原外梧

(25) 影母 [ʔ]

守溫字母：影　　例字：恩安因氲

(26) 呼母 [h]

守溫字母：曉(開合)　　例字：亨烘呼歡

(27) 匣母 [ɦ]

守溫字母：匣　　例字：行賢回胡

守溫字母：喻　　例字：盈延有雲①

守溫字母：疑(少)　　例字：危吳

①"行賢盈延有雲"等字也可以读为元音开头，不用[ɦ]。

北京市电车公司印刷厂出品　七六·一

40×15=600 (1201)

(乙) 苏州的韵部

现代苏州共有十九个韵部[1]，如下表：

韵类 / 元音	陰声	入声	陽声	
u	1. u 姑苏		16. uŋ 中东	
o	2. o 麻沙	11. oʔ 落柘	17. oŋ 康莊	
a ɑ	3. a 泰邪	12. aʔ 白石 13. ɑʔ 辣達	18. ɑŋ 相[illegible]	
æ	4. æ 追蓮			
e	5. e 言前			
ø	6. ø 桓歡			
ə		14. əʔ [illegible]		19. ən 人辰
Y	7. Y 由求			
y	8. y 居魚			
i	9. i 衣期	15. iʔ 一七		
ɿ, ʅ	10. ɿ, ʅ 支思			

[1] 我在《漢语音韵学》里，把苏州平上去声分為二十个韵部，入声分為五个韵部，共二十五个韵部。今依音位观点，合併為十九个韵部。

411

(435)

(1)姑苏[u]

开口呼[ɔu]① 切韵模 例字：烏都

~~切韵虞(脣) 例字：夫無~~

切韵魚(庄系) 例字：初疏

切韵虞(庄系) 例字：數

切韵歌 例字：多左

切韵戈 例字：科火

合口呼[u] 切韵模(脣) 例字：布暮

切韵虞(脣) 例字：夫無

切韵戈(帮滂並) 例字：波婆

(2)麻沙[o]

开口呼[o] 切韵麻(二等) 例字：巴沙

切韵麻(三等) 例字：車遮

切韵戈(明母) 例字：摩磨

① 赵元任標作[ɔu]，《汉语方音字汇》标作[ɔu]。

40×15

北京市电车公司印刷厂出品 七六・一

切韵佳(合)　例字：卦画
切韵麻(合)　例字：瓜花

齐齿[io]　切韵戈(一个字)

(3)泰部[a]①

开口[a]　切韵泰　例字：泰外②

切韵佳(喉牙白话)　例字：街鞋
切韵佳(舌齿唇)　例字：柴牌

切韵皆(舌齿唇)　例字：豺排
切韵夬　例字：败
齐齿[ia]　切韵佳(喉牙)　例字：佳

切韵皆(喉牙)　例字：介戒

切韵麻(喉牙)　例字：家爺
切韵麻(四等)　例字：斜谢

合口[ua]

切韵皆　例字：怪壊

切韵夬　例字：快

①实际读音是[ɒ]，依音位观点，可以標作[a]。

②"外"是合口字，转入开口。

412

(436)

(4)迤逶[æ]

开口[æ] 切韵豪 例字：好宝

切韵肴(舌齿唇) 例字：包梢

切韵肴(喉牙，白话) 例字：交教

~~齐齿[iæ] 切韵萧~~

切韵宵(知照系) 例字：超昭

齐齿[iæ] 切韵肴(喉牙) 例字：郊肴

切韵萧 例字：條尧

切韵宵 例字：逍遥

(5)言前[e]

开口[e][1] 切韵咍 例字：孩臺

切韵灰(唇) 例字：梅杯

切韵支(合) 例字：垂随

切韵脂(合) 例字：追谁

切韵祭(合) 例字：赘岁

[1] 实际读音[E]。

40×15=600 (1201)

北京市电车公司印刷厂出品 七六·一

切韵泰（合）　例字：贝沛

切韵寒（舌齿）　例字：残兰

切韵元（唇）　例字：烦番

切韵删（舌齿唇）　例字：删蛮
切韵删（喉牙，白话）　例字：晏
切韵山（舌齿）　例字：山产
切韵山（喉牙，白话）　例字：间眼
切韵咸（舌齿唇）　例字：馋
切韵咸（喉牙，白话）　例字：咸
切韵衔　例字：衫
切韵衔（喉牙白话）　例字：岩
切韵凡　例字：凡范

切韵谈（舌齿）　例字：谈蓝

齐齿[ie]①　切韵先　例字：先天

切韵仙　例字：迁延

切韵元　例字：言轩

切韵盐　例字：阎廉

切韵添　例字：添兼

---

① 实际读音[iɛ]或[ie]。

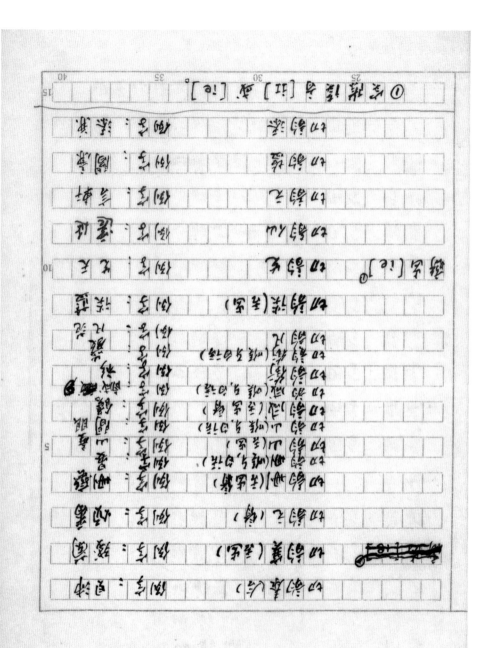

413

(437)

切韵删　　例字：関还

切韵山　　例字：鳏幻

切韵嚴　　例字：嚴儼

切韵凡(喉牙)　　例字：剑欠

切韵咸(喉牙)　　例字：咸陷

切韵衔(喉牙)　　例字：衔鉴

切韵删(喉牙)　　例字：颜晏

切韵山(喉牙)　　例字：閒闲

合口[ue]①　切韵灰　　例字：灰回

切韵泰(喉牙)　　例字：會

切韵支(喉牙)　　例字：為虧

切韵脂(喉牙)　　例字：葵位

切韵微(喉牙)　　例字：歸貴

切韵齊　　例字：圭惠

~~切韵~~(6)桓歡[ɒ]

開口[ɒ]　切韵桓　　例字：般酸

① 实际读音[uɛ]。

北京市电车公司印刷厂出品　七六·一

40×15=600 (1201)

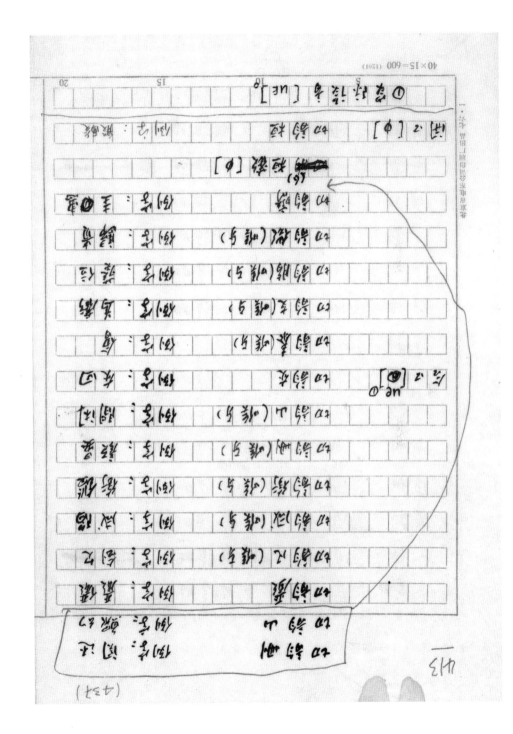

切韵寒（喉牙） 例字 寒干

切韵元（合） 例字：~~寒干~~ 元援

切韵仙（知照系） 例字：甄专

切韵覃 例字：蚕南

切韵谈（喉牙） 例字：甘敢

切韵盐（知照系） 例字：沾闪

（7）由求［Y］

闭口［ɸY］ 切韵尤 例字：刘周

切韵侯 例字：楼奏

切韵幽 例字：幽纠

（8）居鱼［y］

撮口［y］ 切韵鱼（喉牙） 例字：居鱼

切韵虞（喉牙） 例字：衢愚

~~撮口［ʮ］ 切韵鱼（知照系） 例字：書如~~

切韵支（白廾） 例字：跪

切韵脂（白，廾） 例字：龟櫃

切韵微（白，廾） 例字：鬼贵

414

(438)

撮口[y] 切韵魚(知照系) 例字：書如

切韵虞(知照系) 例字：主住

(9)衣期[i]

齊齒[i] 切韵支(喉牙) 例字：奇移

切韵脂(喉牙)(娘) 例字：祁夷

切韵之(喉牙) 例字：旗飴

切韵微(喉牙脣) 例字：祈肥

切韵齊 例字：低麗

切韵祭 例字：祭例

切韵廢(喉牙) 例字：刈

切韵魚(精系) 例字：徐蛆

切韵虞(精系) 例字：須趣

(10)支思[ɿ, ʅ]

開口[ɿ] 切韵支 例字：雌知

切韵脂 例字：私尸

切韵之　　例字：兹诗

开口[ɿ]　切韵支脂之(日母)　例字：儿耳

(11)落拓[oʔ]①

开口[oʔ]　切韵屋　例字：屋禄

切韵沃　例字：毒酷

切韵烛(知照系)　例字：烛赎

切韵觉(知照系)　例字：捉浊

切韵觉(喉牙、白)　例字：学觉

切韵铎(开)　例字：博作

切韵铎(合)　例字：郭扩

切韵黠(一个字)　例字：八

切韵麦(一个字)　例字：获

切韵德(一个字)　例字：北

齐齿[ioʔ]　切韵屋　例字：菊肉

①实际读音[ɔʔ]。

415

(439)

	切韵燭	例字：曲欲
	(12)白石[aʔ]	
開口[aʔ]	切韵陌(白話)	例字：白格
	切韵麥(白話)	例字：麥册
	切韵昔(白話)	例字：尺石
	切韵藥(知照系)	例字：芍若
齊齒[iaʔ]	切韵藥(喉牙音來母)	例字：脚略
	(13)辣達[aʔ]	
開口[aʔ]	切韵曷(舌齒)	例字：辣達
	切韵合(舌齒)	例字：苔沓
	切韵盍(舌齒)	例字：榻臘
	切韵黠	例字：拔殺
	切韵鎋	例字：刹瞎
	切韵洽	例字：夾插
	切韵狎	例字：甲鴨①

40×15=600

① "夾甲"都是白話音。

切韵月（廢） 例字：越伐

切韵乏 例字：法乏

齊齿[iaʔ] 切韵洽 例字：恰侠

切韵狎 例字：甲壓①

合口[uaʔ] 切韵麥（一个字） 例字：劃

切韵末（廾） 例字：栝

切韵黠 例字：滑猾

切韵鎋 例字：刮

(14)月字[ɔʔ]

開口[ɔʔ] 切韵曷（喉牙） 例字：渴葛

切韵末 例字：撥脫

切韵沒 例字：勃卒

切韵物（脣） 例字：物拂

切韵合 例字：合雜

切韵盍（喉牙） 例字：盍闔

①"甲壓"都是文言音。

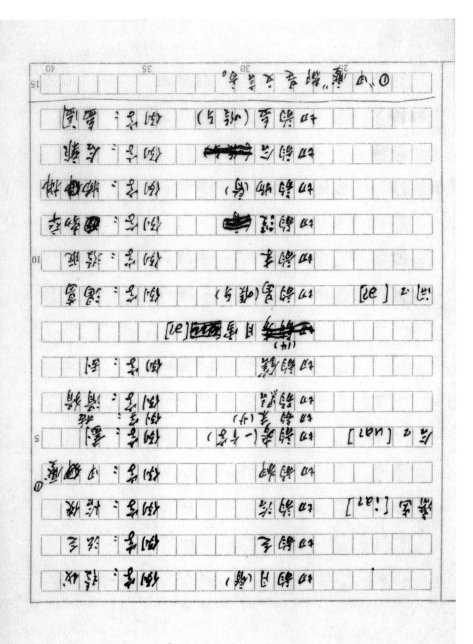

416

(440)

[illegible] 切韵德 例字：则黑

切韵職(知照系) 例字：食色

切韵質(知照系) 例字：室实

切韵術(知照系) 例字：述出

切韵櫛 例字：瑟栉

切韵緝(知照系) 例字：执入

切韵陌(文言) 例字：白额

切韵麦(文言) 例字：策册

齐齿[iəʔ] 切韵屑 例字：结噎

切韵薛 例字：傑孽

切韵月 例字：歇揭

切韵葉 例字：葉饁

切韵帖 例字：协惬

切韵業 例字：業劫

合口[uəʔ] 切韵没(喉牙) 例字：骨忽

40×15=600 (1201)

北京市电车公司印刷厂出品 七六·一

切韵末（喉牙） 例字：阔活

切韵德（喉牙） 例字：国惑

撮口[yə] 切韵月 例字：月越

切韵屑 例字：穴決

切韵薛 例字：悦缺

切韵物（喉牙） 例字：屈鬱

切韵術（喉牙） 例字：橘

（15）一七[iʔ]

齐齿[i]① 切韵質 例字：必七

切韵昔 例字：昔迹

切韵锡 例字：笛锡

切韵職 例字：逼力

切韵緝 例字：立習

切韵屑 例字：撇節

切韵薛 例字：别列

①实际读音[ɪ]。

切韵叶　例字：接捷

切韵帖　例字：贴叠

(16)中东[uŋ]①

合口[uŋ]

切韵东　例字：公中

切韵冬　例字：宗農

切韵鍾　例字：恭鐘

切韵耕(少)　例字：轟宏

切韵登(少)　例字：弘

撮口[iuŋ]

切韵东　例字：雄窮

切韵鍾　例字：兇胸

切韵庚(少)　例字：兄永

切韵清(少)　例字：瓊

切韵青(少)　例字：迥

(17)康莊[oŋ]

① 实际读音[oŋ]。

② 实际读音[ɔŋ]。

开口[oŋ]　切韵唐　例字：刚藏
切韵阳(庄系)　例字：庄霜
切韵阳(脣)　例字：旁方
切韵江(庄系)　例字：窗双
切韵江(喉牙)　例字：江降①
切韵江(脣)　例字：邦
齐齿[ioŋ]　切韵江(喉牙)　例字：江讲②
合口[uoŋ]　切韵唐　例字：光荒
切韵阳(喉牙)　例字：狂王

(18) 相羊[aŋ]③

开口[aŋ]　切韵阳(知照系)　例字：张常
切韵庚(喉牙白话)　例字：杏硬
切韵庚(舌齿脣、白话)　例字：打冷
切韵耕(白话)　例字：争棚
切韵登(白话)　例字：朋

---

①"江"读[koŋ]，白话音。
②"江讲"读[tɕioŋ]，文言音。
③实际读音[ãŋ]。

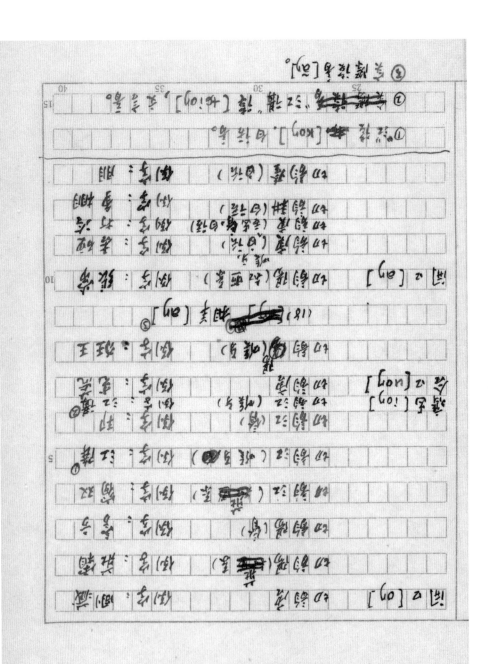

418

(442)

齊齒[iaŋ] 切韵陽(喉牙) 例字：姜香

切韵陽(精系) 例字：將箱

切韵陽(來母) 例字：良量

~~合~~ 切韵陽(日母,白) 例字：讓釀

合口[uaŋ] 切韵庚(白話,少) 例字：橫

(19)人辰[ən]

開口[ən] 切韵真(知照系) 例字：陳神

切韵諄 例字：倫脣

切韵臻 例字：臻詵

切韵文 例字：分文

切韵魂 例字：存屯

切韵痕 例字：根恩

切韵庚 例字：羹亨

切韵耕 例字：耕鏗

切韵清(知照系) 例字：声程

切韵登　例字：燈曾

切韵蒸（知照系）　例字：徵承

切韵侵（知照系）　例字：針深

齊齒[iən]　切韵真（喉牙）　例字：巾印

切韵真（日母，白）　例字：人認

切韵欣　例字：斤近

切韵庚（喉牙）　例字：行迎

切韵清（喉牙）　例字：頸傾

切韵青（喉牙）　例字：經形

切韵蒸（喉牙）　例字：興兢

切韵侵（喉牙）　例字：琴金

齊齒[in]　切韵真（舌齒唇）　例字：親民

切韵庚（舌齒唇）　例字：平明

切韵清（舌齒唇）　例字：精名

切韵青（舌齒唇）　例字：丁靈

切韵蒸（舌齒唇）　例字：懲陵

切韵侵（舌齿）　　例字：心林

合口[uən]　切韵魂（喉牙）　　例字：坤婚

撮口[yən]　切韵文（喉牙）　　例字：君群

切韵谆（喉牙）　　例字：均匀

（丙）蘇州的声调

现代苏州共有七个声调，即：1.陰平；2.陽平；3.陰上；4.陰去；5.陽去；6.陰入；7.陽入。

声调分陰陽，是受声母清濁的影響。清声母的字属陰调類，濁声母的字属陽调類。如"征"属陰平，"程"属陽平，"整"属陰上，"正"属陰去，"郑"属陽去，"織"属陰入，"直"属陽入。由于濁上变去，所以现代苏州话没有陽上。

次濁自為一類，它的上声没有变去，一般

变為陰上。如"老、柳、有"。

（三）閩語

（甲）廈門的声母

現代廈門共有十八个声母，如下表：

420

(444)

發音方法＼發音部位			双脣	舌尖前	舌尖中	舌根	喉
塞音	清	不送氣	1. p 幫		9. t 端	13. k 見	17. ʔ 影
		送氣	2. p' 滂		10. t' 透	14. k' 溪	
	濁		3. b (明)[illegible]			15. g (疑)[illegible]	
鼻音			4. m (毛)[illegible]		11. n 泥	16. ŋ [illegible](午)	
边音					12. l 來		
塞擦音	清	不送氣		5. ts 精			
		送氣		6. ts' 清			
	濁			7. dz (日)[illegible]			
擦音				8. s 心			18. h 曉

(1) 幫母[p]

守溫字母：幫　　例字：巴播百拜貝輟迫

守溫字母：並　　例字：拔薄白敗倍暴婆排

守溫字母：非(f)　　例字：糞

~~守溫字母、敷~~

守溫字母：奉(少)　例字：縛肥房飯

(2) 滂母 [p']

守溫字母：滂　例字：怕派配拋判盼披

守溫字母：幫(少)　例字：波博奔遍編

守溫字母：並　例字：被把伴拌鼻簿袍 盤盆朋皮

守溫字母：敷(少)　例字：覆

守溫字母：奉(少)　例字：浮

(3) 明母 [b]

守溫字母：明　例字：磨買眉帽謀滿門忙蒙米廟面民明木

守溫字母：微　例字：尾味微晚聞問文亡忘

(4) 毛母 [m]

守溫字母：明(少)　例字：毛門悶馬罵媽

(5) 精母 [ʦ]

守溫字母：精　例字：子則載早走薦足椒

守溫字母：從　例字：自賊造贈族坐罪寂才慈從

守溫字母：邪(少)　例字：謝①

①"謝"，文言[sia]，白話[ʦia]。

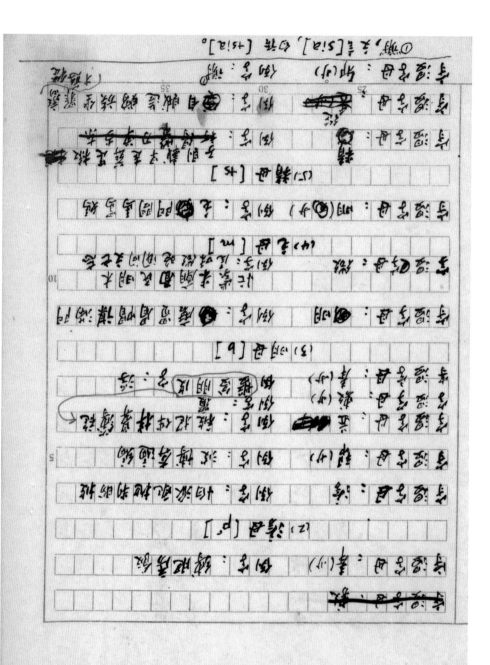

421

(445)

守温字母：照(二等)　例字：~~[struck through]~~ 詐債窄斬盞爭阻

守温字母：照(三等)　例字：制勝執折招周戰

守温字母：牀(二等)　例字：助狀饌

守温字母：牀(三等)　例字：蛇①繩①

守温字母：審(三等)　例字：水②

~~守温字母：禪　例字：~~

守温字母：澄(少)　例字：茶③

(6)清母[ts']

守温字母：清　例字：次蔡操蒼戚七切

守温字母：從　例字：慚蠶輯牆

守温字母：精(少)　例字：躁嘴

楚吹川

守温字母：穿(二等)　例字：策冊叉插察差抄初

守温字母：穿(三等)　例字：尺齒臭昌廠秤稱出

①"蛇"，文言[sia]，白話[tsua]；"繩"文言[siŋ]，白話[tsiŋ]。

②"水"，文言[sui]，白話[tsui]。

③"茶"，文言[tsa]，白話[te]。

守温字母：牀(二等)　例字：柴愁
守温字母：禪(廿)　例字：市
~~守温字母：審(二等)　例字：~~

守温字母：審(三等)　例字：翅深鼠

守温字母：徹(廿)　例字：趁

(7)日母[dz]

守温字母：日(文言)　例字：惹若茹兒而爾耳二
如儒乳汝柔蹂橈繞染任刃忍

守温字母：娘　例字：娘撓　然軟人仁認壤戎讓熱入日

守温字母：泥　例字：尿嫩

守温字母：喻　例字：銳榆愈諭

守温字母：精(廿)　例字：子①迹

守温字母：從(一个字)　例字：字②

守温字母：邪(廿)　例字：祥
守温字母：照(一个字)　例字：爪

(8)心母[s]

守温字母：心　例字：私艘桑孫相星須

①"子"，白話音。

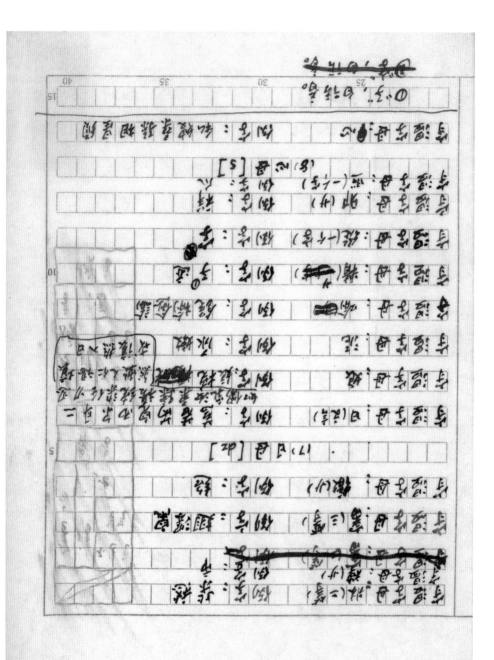

~~②"字"，白話音。~~

422

(446)

守温字母：邪　例字：辞詞飼似俗松随

守温字母：牀(二等)　例字：士事仕

守温字母：牀(三等)　例字：船示食实

守温字母：審(二等)　例字：產鏟史師使沙殺色

守温字母：審(三等)　例字：始室屍識釋湿施世

守温字母：禪　例字：成植臣晨常嘗乘承
垂純十石拾時是視氏瑞

(9)端母[t]

守温字母：端　例字：打得帶刀斗单东

守温字母：定　例字：大特代道豆但动
逃投谈彈堂

守温字母：知　例字：置摘晝展珍張豬

守温字母：澄　例字：直朝召陣長竹中塵

(10)透母[tʻ]

守温字母：透　例字：塔太討偷毯湯鐵

守温字母：定　例字：臺頭痰糖騰提甜亭

40×15=600 (1201)　北京市电车公司印刷厂出品　七六·一

守温字母：徹　　例字：徹抽暢畜
守温字母：澄　　例字：澄程儲鍾傳蟲
(11) 泥母 [n]
守温字母：泥(白話)　例字：[illegible]年[illegible]
守温字母：娘(白話)　例字：兩藍領
守温字母：来(白話)　例字：娘
守温字母：日　　例字：軟染
(12) 来母 [l]
守温字母：来　　例字：郎兩臘賴爭懶力
守温字母：泥　　例字：拿納奶内南能鳥
守温字母：娘　　例字：尼娘濃女
守温字母：日　　例字：熱擾饒肉柔然燃染任忍認人仁讓壤仍入如辱若弱軟潤
(13) 見母 [k]

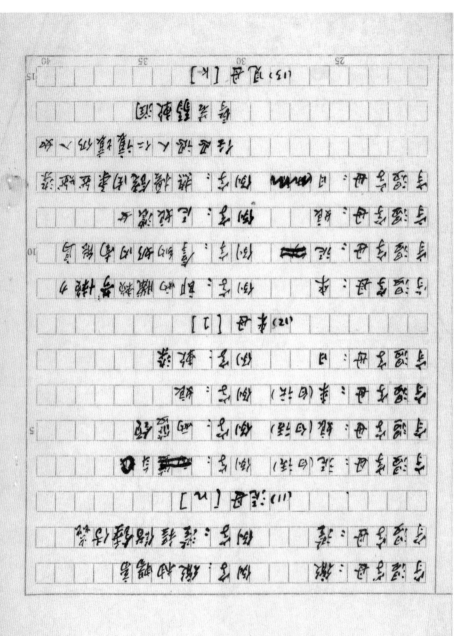

423

A27

(447)

守温字母：见　　例字：歌該狗激家結久

守温字母：群　　例字：跪櫃共極忌轎舊騎橋求強渠權群窮

(14)溪母[k']

守温字母：溪　　例字：科開肯欺巧

守温字母：群(少)　　例字：琴勤儉

守温字母：见(少)　　例字：脚

(15)疑母[ŋ]

守温字母：疑　　例字：疑宜義牙業眼驗顏嚴彥銀吴悟誤戲外偽危娱遇玉語月源元頑牛

(16)午母[ŋ]

守温字母：疑　　例字：乖迎我午五硬咬藕

(17)影母[ʔ][①]

守温字母：影　　例字：爱歐恩安淹威温

守温字母：喻　　例字：以也搖遊洋維位

守温字母：疑(少)　　例字：瓦頑玩

①包括零声母。

守温字母：匣(少)　　例字：丸完匣

(18)晓母[h]

守温字母：晓　　例字：海好漢希蝦顯許

守温字母：匣　　例字：河豪寒係下縣雄

守温字母：非　　例字：法髮飛否粉奮放

守温字母：敷　　例字：肺紡芳豐蜂副覆

守温字母：奉　　例字：佛繁凡憤逢婦服

[m]是[b]的变体，[n]是[l]的变体，[ŋ]是[g]的变体，实际上只有十五个声母。

(乙)厦门的韵部

现代厦门共有二十七个韵部①，如下表：

---

①我在《漢語音韵学》里把厦门音系分为平上去声二十六个韵部，入声分为十八个韵部，共四十四个韵部，文言音与白话音混在一起，是不科学的。现在只算文言音，共分二十七部。

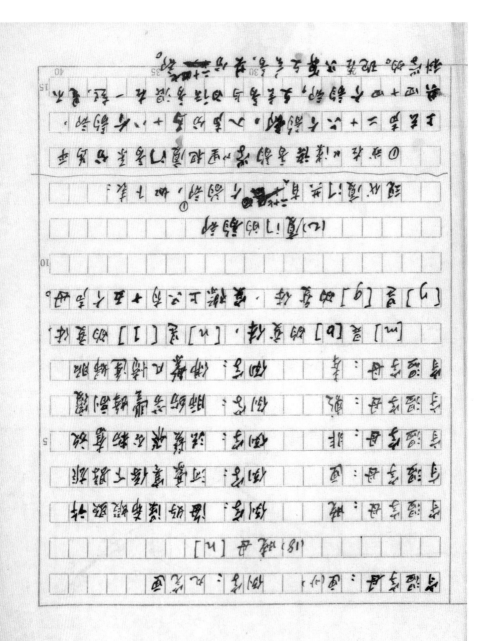

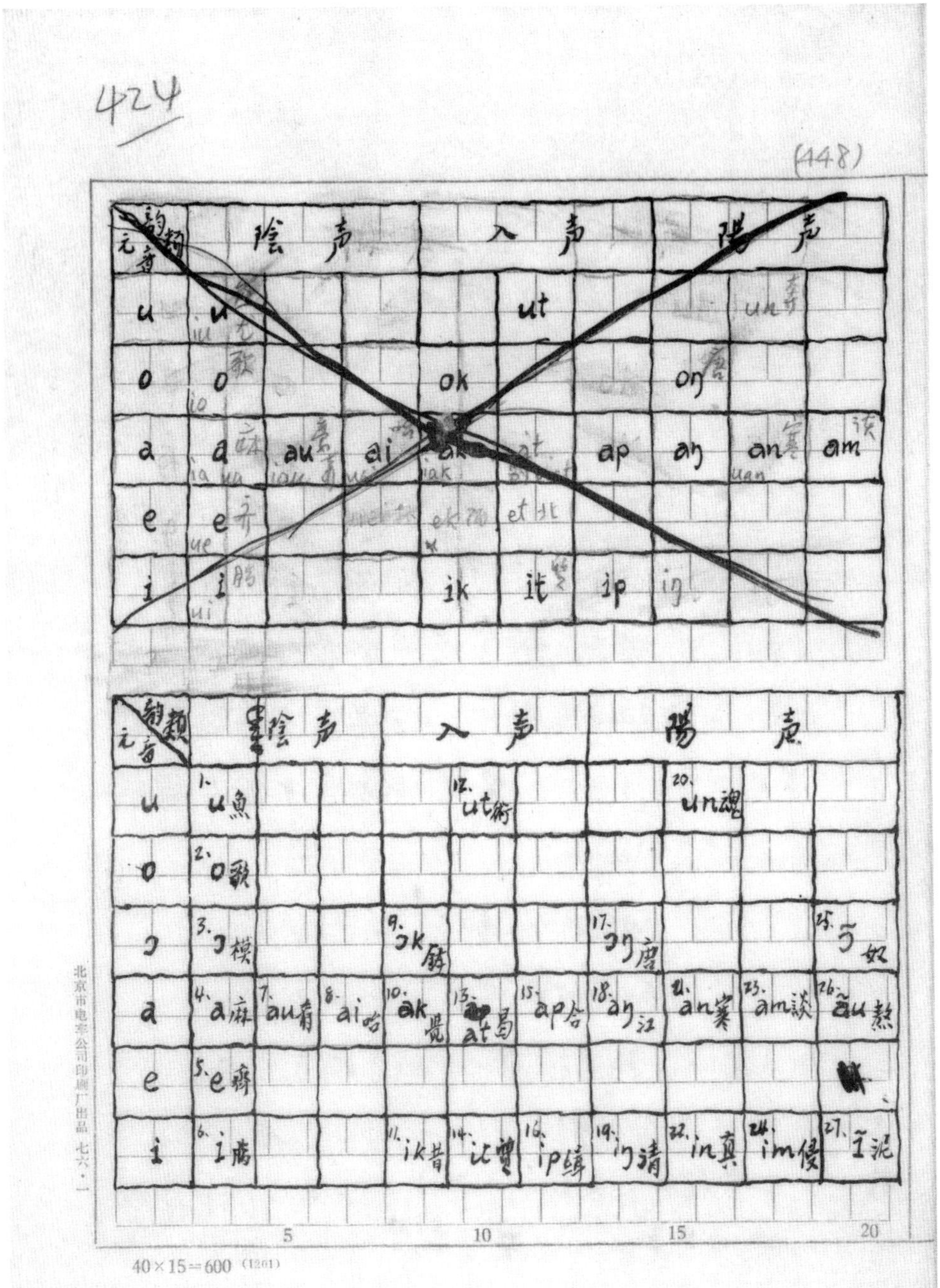

424

(448)

韵類 / 元音	陰声			入声			陽声		
u	u				ut			un	
o	o			ok			oŋ		
a	a	au	ai	ak	at	ap	aŋ	an	am
e	e								
i	i			ik	it	ip	iŋ		

韵類 / 元音	陰声			入声			陽声			
u	1. u魚				12. ut術			20. un魂		
o	2. o歌									
ɔ	3. ɔ模			9. ɔk鐸			17. ɔŋ唐			25. ɔ̃奴
a	4. a麻	7. au肴	8. ai咍	10. ak覺	13. at曷	15. ap合	18. aŋ江	21. an寒	23. am談	26. ãu熬
e	5. e齊									
i	6. i脂			11. ik昔	14. it質	16. ip緝	19. iŋ清	22. in真	24. im侵	27. ĩ泥

40×15=600 (1261)

北京市电车公司印刷厂出品 七六・一

(1)鱼部[u]

合口[u]　切韵鱼　例字：除渠鱼如

　切韵虞　例字：株拘愚儒

齐齿[iu]　切韵尤　例字：鸠流求柔

　切韵幽　例字：幽彪纠幼

(2)歌部[o]

开口[o]　切韵豪　例字：褒刀高糟

　切韵歌　例字：多歌荷磋

　切韵戈　例字：波戈科梭

~~齐齿[io]　切韵萧　例字：~~

~~切韵宵　例字：~~

~~切韵戈（一等）　例字：茄~~

(3)模部[ɔ]

开口[ɔ]　切韵模　例字：普土鲁古

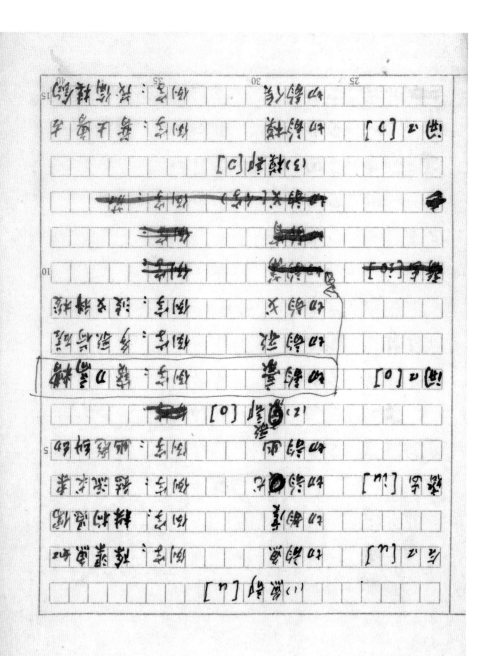

　切韵侯　例字：茂偷楼钩

425

(449)

切韵鱼(少) 例字：鋤臚助

切韵虞(少) 例字：數芻鏤

切韵尤(少) 例字：鄒浮驟

(4)麻部[a]

开口[a] 切韵麻 例字：家假詐霸

切韵佳(少) 例字：佳罷

齐齿[ia] 切韵麻 例字：爹車遮蛇

合口[ua] 切韵麻 例字：瓜誇花瓦

切韵佳(少) 例字：娃卦掛

(5)齐部[e]

开口[e] 切韵齐 例字：低雞妻西

切韵佳(少) 例字：街

切韵祭 例字：幣滯世祭

~~合口[ue]~~ 切韵脂(一个字) 例字：地

合口[ue] 切韵灰 例字：杯恢回

切韵泰　例字：貝會最外

切韵支(少)　例字：隳

切韵脂(少)　例字：衰帥

切韵廢　例字：穢廢

切韵祭　例字：贅稅歲衛

(6)脂部[i]

齊齒[i]　切韵支　例字：被知奇施

切韵脂　例字：悲鴟飢尸

切韵之　例字：醫笞其詩

切韵微　例字：機衣希祈

撮口[ui]　切韵支　例字：規虧吹萎

切韵脂　例字：追綏蕤龜

切韵微　例字：歸威非揮

切韵齊　例字：圭閨桂惠

切韵灰　例字：堆崔推雷

426

(450)

切韵废　←例字：肺吠

(7) 肴部[au]

开口[au]　切韵肴　←例字：包交饱教

齐齿[iau]　切韵萧　例字：雕调僚尧

切韵宵　例字：朝骄妖烧

(8) 咍部[ai]

开口[ai]　切韵咍　例字：臺开哀灾

切韵泰　例字：带泰盖蔡

切韵佳　例字：钗鞋解派

切韵皆　例字：阶排埋界

切韵夬　例字：败虿

合口[uai]　切韵皆　例字：乖歪蒯怪

切韵佳(少)　例字：拐

切韵夬　例字：夬快哙

切韵灰(一个字)　例字：块

(9)鐸部[ɔk]

开口[ɔk]　切韵铎　例字：薄鑿作郭

切韵屋　例字：卜谷屋速

切韵沃　例字：督酷鹄毒

切韵觉　例字：駁朔學濁

切韵德(少)　例字：國

齐齿[iɔk]　切韵藥　例字：酌略脚约

切韵屋　例字：竹菊粥叔逐

切韵燭　例字：曲觸局玉

切韵觉(少)　例字：捉

(10)觉部[ak]

开口[ak]　切韵觉　例字：握岳樂学①

(11)昔部[ik]②

齐齿[ik]　切韵陌　例字：百客泽額

①"学"有[hak][hɔk]两读。

②实际读音[ɪk]。

427

(451)

切韵麥　　例字：摘革厄策

切韵昔　　例字：碧適亦席

切韵錫　　例字：僻的激戚

切韵職　　例字：逼飭棘食

切韵德　　例字：德刻黑塞

切韵[illegible]（一个字）　例字：栗

（12）術部［ut］

合口［ut］　切韵術　　例字：術出率恤

切韵物　　例字：不屈鬱佛

（13）曷部［at］

開口［at］　切韵曷　　例字：達辣割擦

切韵黠　　例字：黠札察殺

切韵鎋　　例字：瞎刹

齊齿［iat］　切韵屑　　例字：[illegible] 蔑截血潔穴

切韵薛　　例字：別轍[illegible]傑悅

40×15=600 (1201)　北京市电车公司印刷厂出品 七六·一

合口[uat] 切韵末 例字：拨脱阔撮

切韵月 例字：阙发袜罚

切韵屑 例字：決玦缺

切韵薛 例字：缀劣说绝

切韵鎋(少) 例字：刮刷

切韵乏(少) 例字：法乏

(14)質部[it]

齐齿[it] 切韵質 例字：笔失实日

切韵迄 例字：乞迄肸

切韵職 例字：直食織職

(15)合部[ap]

开口[ap] 切韵合 例字：答鸽纳杂

切韵盍 例字：榻盍塔塌

切韵洽 例字：恰掐

切韵狎 例字 甲鸭壓狎

428

(452)

齐齿[iap] 切韵葉 例字：涉摄接妾

切韵怗 例字：贴蝶挟协

切韵業 例字：劫怯

切韵洽(廿) 例字：夹霎

切韵狎(卅) 例字：胛

切韵缉(廿) 例字：涩汁

切韵盍(廿) 例字：腊蜡

(16)缉部[ip]

齐齿[ip] 切韵缉 例字：急立邑執

(17)唐部[ɔŋ]

开口[ɔŋ] 切韵唐 例字：旁堂康光

切韵陽 例字：匡方霜狂

切韵江(庄系) 例字：樁窗双

切韵东 例字：蒙同公翁

切韵冬 例字：冬宗疼農

切韵鍾 例字：封縱逢濃

切韵庚(少)　例字：盲

切韵耕(少)　例字：宏

切韵登(少)　例字：弘

切韵凡(一个字)　例字：帆

齊齒[iuŋ]　切韵东　例字：中弓窮戎

切韵鍾　例字：鍾衝恭恐

切韵陽　例字：長良姜将

切韵江(少)　例字：腔

(18)江部[aŋ]

開口[aŋ]　切韵江　例字：江降(降落)講港

巷項降(投降)

(19)清部[iŋ]

齊齒[iŋ]　切韵庚　例字：兵更京兄

切韵耕　例字：繃耕鸚争

切韵清　例字：輕嬰精傾

429

(453)

切韵青　例字：丁經馨星

切韵蒸　例字：冰兢膺升

切韵登　例字：崩登增能

(20) 魂部 [un]

合口[un]　切韵魂　例字：門屯昏村

切韵文　例字：聞君雲分

切韵諄　例字：均倫脣純

切韵痕　例字：吞根恩痕

切韵欣(少)　例字：斤筋殷勤

切韵真(少)　例字：巾銀

(21) 寒部 [an]

開口[an]　切韵寒　例字：單难干餐

切韵删　例字：班顔删

切韵山　例字：艱間眼產

齊齿[ian]　切韵元　例字：軒言偃健

切韵先 例字：眠田见宴

切韵仙 例字：鞭遷遣衍

合口[uan] 切韵桓 例字：盘团官酸

切韵删 例字：关弯惯篡

切韵山 例字：鳏幻

切韵元 例字：冤阮远饭

切韵凡 例字：凡犯范梵

切韵仙 例字：卷软选撰

(22)真部[in]

齐齿[in] 切韵真 例字：宾珍邻仁

切韵臻 例字：臻莘

切韵先(一个字) 例字：怜

切韵欣 例字：谨靳

切韵侵(部) 例字：禀品

(23)谈部[am]

430

(454)

开口[am]　切韵覃　例字：贪堪南蠶

切韵谈　例字：甘三蓝惭

切韵咸　例字：谗鹹斬陷

切韵衔　例字：衫巖衔监

齐齿[iam]　切韵盐　例字：沾廉钳炎

切韵添　例字：添兼甜店

切韵严　例字：严俨

切韵凡(喉牙)　例字：剑欠

切韵咸(少)　例字：减

侵部[im]

齐齿[im]　切韵侵　例字：沈林禽壬

切韵欣(少)　例字：欣

奴部[ɔ]

开口[ɔ]　切韵模　例字：奴怒午误

切韵豪(少)　例字：毛冒帽

切韵歌(少)　例字：我

切韵戈　例字：磨魔摩磨

切韵侯(少)　例字：偶

(25)熬部[ɑu]

開口[ɑu]　切韵肴(少)　例字：貌

切韵豪(少)　例字：熬

(26)泥部[ĩ]

齊齿[ĩ]　切韵支(少)　例字：尔

切韵脂(少)　例字：尼

切韵之(少)　例字：耳你

切韵齊(少)　例字：泥禰

(丙)厦门的声调

现代厦门共(汶)有七个声(调)调，即1.陰平，2.陽平；3.陰上；4.(陰)陽去；5.陽去；6.陰入，7.陽數，8.陽入。調類大致与现代苏州话的调類相

431

(455)

当。浊上变去，也和苏州话近似。只有两种情况和苏州话不同。第一，苏州完整地保留浊音，厦门话则浊音大部分消失，只是古浊母字读阳调类（阳平，阳去，阳入），还保留着古浊母的痕迹。第二，苏州入声字一律收音於[ʔ]，厦门话则有[-k]，[-t]，[-p]三类，和《切韵》系统相当。

（四）粤语

（甲）广州话的声母

现代广州共有二十个声母，如下表：

發音方法 \ 發音部位		双脣	脣齒	舌尖	舌葉	舌根	舌根（圓脣）	喉
塞音	不送氣	1. p 帮		6. t 端		14. k 見	17. kʷ 君	19. ʔ 安
	送氣	2. pʻ 滂		7. tʻ 透		15. kʻ 溪	18. kʻʷ 群	
鼻音		3. m 明		8. n 泥		16. ŋ 吴		
边音				9. l 来				
塞擦音	不送氣				10. tʃ 照			
	送氣				11. tʃʻ 穿			
擦音			5. f 非		12. ʃ 審			20. h 曉
半元音		4. w 雲			13. j 喻			

注一：喻母[j]是舌面音。為簡化起見，表内歸入舌葉音。

注二：君母[kʷ]和群母[kʻʷ]是圓脣的舌根音。發音時舌根抵軟腭，同時圓脣，不是先發[k]後發[w]的複輔音。

432

(456)

(1) 幫母 [p]

守温字母：幫　例字：巴波班奔边兵

守温字母：並(仄)　例字：罷薄步避便病

守温字母：滂(一个字)　例字：品

(2) 滂母 [pʻ]

守温字母：滂　例字：怕破配判飄披

守温字母：並(平)　例字：爬婆盤貧瓢平

守温字母：並(上，一个字)　例字：抱

守温字母：幫(一个字)　例字：豹

(3) 明母 [m]

守温字母：明　例字：馬磨蠻門眠明

守温字母：微　例字：襪味尾萬聞望

守温字母：幫(一个字)　例字：剝

(4) 雲母 [w]

守温字母：影　例字：威衛湾温汪枉

守温字母：喻　例字：圍為維謂王旺

守温字母：匣　例字：華畫話劃滑禍獲或活壞惠回会换还黄

守温字母：疑(开)　　例字：顽玩

(5)非母[f]

守温字母：非　　例字：法飞否风方

守温字母：敷　　例字：纺芳敷菲丰[illegible]覆

守温字母：奉　　例字：伐佛凡肥防逢

守温字母：晓　　例字：虎呼化花霍火货悔灰徽挥欣婚荒

守温字母：溪　　例字：课科库裤苦枯阔快块宽款况

(6)端母[t]

守温字母：端　　例字：打带刀登店东

守温字母：定(仄)　　例字：大代道邓殿动

(7)透母[t‘]

守温字母：透　　例字：胎偷滩汤梯挑

守温字母：定(平)　　例字：台投坛堂题条

(8)泥母[n]①

①泥母倾向於消失，併入来母[l]。

守温字母：泥　　例字：纳奶内闹难能

守温字母：娘　　例字：女娘濃尼

(9)来母[l]

守温字母：来　　例字：赖朧力楼藍龍

(10)照母[tʃ]①

守温字母：知　　例字：摘朝珍张竹

守温字母：澄(仄)　　例字：泽趙陣丈鄭

守温字母：照　　例字：招罩周皱戰

守温字母：牀(仄)　　例字：棧助狀

守温字母：精　　例字：栽蘸葬姐煎將

守温字母：從(仄)　　例字：在造臟就漸淨

守温字母：邪(仄)　　例字：習席謝袖象序、续

(11)穿母[tʃʻ]

守温字母：徹　　例字：徹拆抽暢

守温字母：澄(平)　　例字：籌廛沉程廚

① 我在《漢語音韵学》里，把廣州声母照系和精系分为两類，前者讀[tʃ]等，後者讀[ts]等，那是错误的。

守温字母：穿　　例字：昌称吹春楚初
守温字母：牀（甲）　　例字：[illegible]鋤柴牀
守温字母：清　　例字：菜傪蒼妻槍親
守温字母：從（乎）　　例字：材蠶藏齊牆秦
守温字母：邪（乎）　　例字：辞詞[illegible]隨隋徐

(12) 審母 [ʃ]

守温字母：審　　例字：沙[illegible]烧扇深生山
守温字母：禅　　例字：時視十紹臣晨常嘗城成會純垂
守温字母：牀（三等）　　例字：船蛇食实绳愁神

(13) 喻母 [j]

守温字母：影　　例字：烟因腰一冤迂
守温字母：喻　　例字：延寅遠逸袁渝
守温字母：日　　例字：然人饒日軟儒
守温字母：疑　　例字：研業義迎遇月
守温字母：晓（廿）　　例字：休麻
守温字母：匣（廿）　　例字：嫌刑型形

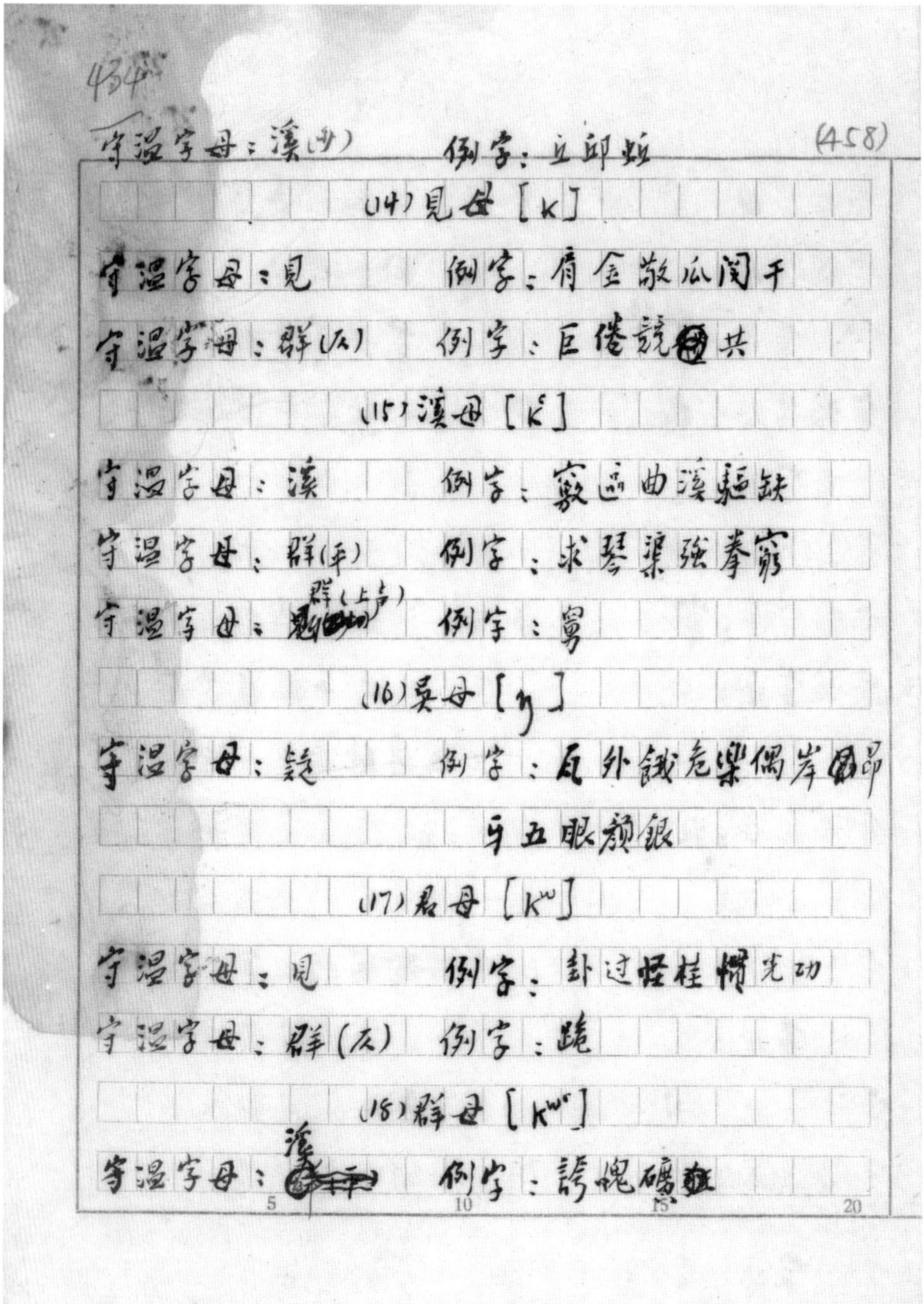

434

守温字母：溪(少)　　例字：丘卻蚯　　(458)

(14)見母[k]

守温字母：見　　例字：肩金敬瓜閔干

守温字母：群(仄)　　例字：巨倦競共

(15)溪母[kʻ]

守温字母：溪　　例字：敦區曲溪軀缺

守温字母：群(平)　　例字：求琴渠強拳窮

守温字母：群(上声)　　例字：舅

(16)疑母[ŋ]

守温字母：疑　　例字：瓦外餓危樂偶岸昂

平五眼顏銀

(17)君母[kʷ]

守温字母：見　　例字：卦过怪桂慣光功

守温字母：群(仄)　　例字：跪

(18)群母[kʷʻ]

守温字母：溪　　例字：誇愧礦

守温字母：群(平)　　例字：群葵夔携

守温字母　見(廿)　　例字：昆覡

(19)影母[ʔ]①

守温字母：影　　例字：愛矮穩安鞍暗

(20)晓母[h]

守温字母：晓　　例字：海黑好蝦喜血

守温字母：匣　　例字：河害豪霞限鹹

守温字母：溪　　例字：可克客開考口砍

看刊懇肯康坑哭匡况

孔恐空欺氣豈巧敲牵

謙久腔輕慶去券勸犬

(乙)廣州的韵部

①包括零声母。又常常混入疑母[ŋ]。

40×15=600　(1201)　　北京市电车公司印刷厂出品 76.12

435

(459)

現代廣州共有四十九个韵部，如下表①：

韵类 / 元音	陰声			入声			陽声		
u	1. u 姑部		12. ui 灰部	18. uk 屋部	24. ut 末部		34. uŋ 東部	40. un 桓部	
o	2. o 歌部	8. ou 模部	13. oi 咍部	19. ok 鐸部	25. ot 曷部		35. oŋ 唐部	41. on 寒部	
œ	3. œ 靴		14. œy 居部	20. œk 藥部	26. œt 術部		36. œŋ 陽部	42. œn 諄部	
a	4. a 麻	9. au 肴部	15. ai 佳部	21. ak 白部	27. at 發部	31. ap 狎部	37. aŋ 耕部	43. an 刪部	49. am 覃部
ɐ		10. ɐu 侯部	16. ɐi 齊部	22. ɐk 德部	28. ɐt 質部	32. ɐp 緝部	38. ɐŋ 庚部	44. ɐn 真部	48. ɐm 侵部
e	5. e 遮部		17. ei 微部						
i	6. i 支部	11. iu 蕭部		23. ik 職部	29. it 屑部	33. ip 葉部	39. iŋ 清部	45. in 先部	47. im 鹽部
y	7. y 魚部				30. yt 月部			46. yn 元部	

①参看黄锡凌《粤音韵彙》1—53页。黄書分為五十三个韵部，今依音位观点，合併為四十九个韵部。

(1)姑部[u]

切韵模(喉牙)　例字：乌胡苦库鼓故呼

切韵虞(脣)　例字：夫扶斧赋

切韵尤(脣)　例字：妇负

(2)歌部[o]①

切韵歌　例字：阿多左哥河可罗挪我

切韵戈　例字：波科戈磨坡蓑窝

切韵魚(莊系)　例字：助所疏初楚礎鋤

切韵虞(莊系)　例字：芻雛

(3)靴部[œ]

切韵戈(一个字)　例字：靴

切韵歌(一个字)　例字：朵②

(4)麻部[a]

切韵麻　例字：鸦巴查加霞夸马沙華瓜

①实際读音[ɔ]。

②白话音。

40×15=600　北京市电车公司印刷厂出品 76.12

436

(460)

切韵佳(合)　例字：卦桂娃蛙畫

切韵夬(合)　例字：話

(5)遮部[e][1]

切韵麻(三四等)　例字：嗟姐遮者斜野蛇社舍射爺夜

(6)支部[i]

切韵支　例字：猗貲兒支斯施馳

切韵脂　例字：伊咨二脂私師遲

切韵之　例字：醫茲而之司詩癡

切韵微　例字：衣依

(7)魚部[y]

切韵魚　例字：於如豫御豬書庶

切韵虞　例字：迂儒喻遇朱輸戍

~~(18)~~

①實際讀音[ɛ]。

(8) 模部 [ou]

切韵模（舌齿唇） 例字：模補度租祚魯路

切韵虞（微母） 例字：無武巫

切韵豪 例字：奥保道糟高號劳冒抱

切韵侯（唇） 例字：母

(9) 肴部 [au]

切韵肴 例字：拗包嘲交敲貓鼓稍抄

卯貌抛豹

切韵豪（少） 例字：考靠

(10) 侯部 [eu]

切韵侯 例字：歐斗溝够侯偷茂樓

切韵尤 例字：周鄒酒浮舊求抽秋谋牛

切韵幽 例字：幽幼虯繆

(11) 蕭部 [iu]①

① 蕭部[iu]的主要元音是[i]，韵尾是[u]。

437

(461)

切韵萧　　例字：幺尧雕凋辽鸟萧条

切韵宵　　例字：妖摇焦昭桥苗少笑

(12)灰部[ui][1]

切韵灰(喉牙唇)　例字：隈回杯灰梅贿背煤培

切韵泰(喉牙唇)　例字：会贝侩绘

(13)咍部 ~~[…]~~ [oi][2]

无注文

切韵咍　　例字：哀爱代该改碍灾台来腮开才菜耐

~~切韵泰(舌齿)　例字~~

切韵泰(舌齿)　例字：奈外蔡

切韵灰(泥母)　例字：内

(14)居部[œy]

切韵灰(舌齿)　例字：堆队雷碎催退

切韵鱼(喉牙)　例字：沮居车巨虚去许驴女徐

切韵虞(喉牙)　例字：具惧驱须趋拘俱聚

① 灰部[ui]主要元音是[u]，韵尾是[i]。

切韵支（舌齿合）　例字：嘴垂惢羸

切韵脂（舌齿合）　例字：追醉墜藟類綏紕

切韵祭（舌齿合）　例字：贅鋭歲

(15)佳部［ai］

切韵佳　例字：隘佳街鞋債蟹買賣崖釵柴

切韵皆　例字：拜怪界戒楷排齋埋懷

切韵泰　例字：賴艾太泰

切韵夬　例字：敗邁快

切韵咍　例字：猜乃態貸

(16)齊部［ei］

切韵齊　例字：閉低弟濟係契稽圭黎齊

切韵祭　例字：蔽祭制曳例

切韵微　例字：徽揮費沸貴

切韵支　例字：規闚虧詭毀

切韵脂　例字：龜晷季葵癸

40×15=600　(1201)　北京市电车公司印刷厂出品 76.12

438

(462)

切韵废　例字：废肺吠

(17)微部[ei]

切韵微　例字：非飞妃肥违机希

切韵支　例字：卑寄奇戏被避

切韵脂　例字：比地祁利尼死四丕婢

切韵之　例字：基棋起喜里

(18)屋部[uk]

切韵屋　例字：屋仆读竹福伏菊肉育秃

切韵沃　例字：督笃

切韵烛　例字：烛辱局蜀玉曲欲绿足

切韵觉(少)　例字：捉

(19)铎部[ok]①

切韵铎　例字：恶博作昨洛莫郭鄂索

切韵药(少)　例字：缚霍

切韵觉　例字：剥濯擢角觉确朔朴学

①实际读音[ɔk]。

切韵德（一个字）　　例字：國

(20) 藥部 [ɔk]

切韵藥　　例字：鹊雀酌着脚约若却略削

切韵觉　　例字：啄涿琢斲桌卓

(21) 白部 [ak]

切韵陌　　例字：白百帛格宅客拍隔

切韵麦　　例字：摘隔窄册策栅拆劃

切韵德　　例字：或國

(22) 德部 [ɐk]

切韵德　　例字：德得墨北特螣塞則

切韵陌　　例字：陌貊驀

切韵觉（影母）　　例字：握幄渥

切韵麦　　例字：麦脉厄扼軛阨

切韵職（庄系）　　例字：侧仄昃测恻

(23) 職部 [ik][1]

[1] 職部字多数有两读，白话读[ɛk]，文言读[ik]。今合併为[ik]，認為[ɛk]是[ik]的变体。

439

(463)

切韵職　例字：抑翼逼即亟極息式域

切韵昔　例字：益亦役碧璧夕昔僻籍

切韵錫　例字：壁的狄敵迪翟覡惕覓

切韵陌　例字：逆迫隙

(24)末部[ut]

切韵末　例字：活闊括末抹潑撥

切韵沒　例字：沒餑勃沒殁

(25)曷部[ɔt]①

切韵曷　例字：割葛喝渴褐

(26)術部[oet]

切韵術　例字：卒黜絀怵律率術述出卹戌

切韵質(一个字)　例字：栗

(27)發部[at]

①实际读音[ɔt]。

切韵黠　例字：八札擦察滑猾殺

切韵鎋　例字：刹

切韵月(骨)　例字：發髮伐襪

切韵狎(一个字)　例字：壓

切韵曷　例字：遏怛達辣撻

切韵乏　例字：法

(28)質部[ɐt]

切韵質　例字：畢弼疾質姪吉一實膝逸日

切韵櫛　例字：蝨瑟

切韵物　例字：不弗佛屈鬱

切韵沒　例字：突骨紇訖兀

切韵術(喉牙)　例字：橘聿遹

切韵迄　例字：乞迄訖屹汔

切韵黠　例字：黠

切韵鎋　例字：轄舝瞎

40×15=600　(1201)　北京市电车公司印刷厂出品 76.12

440

A28
(464)

切韵麦　例字：核覈翮

切韵昔　例字：覡檄

(29)屑部[it]

切韵屑　例字：咽噎跌節截結纈撇屑

切韵薛　例字：熱孽别折桀列滅薛徹

切韵月　例字：歇揭蝎碣

切韵質(一个字)　例字：必

切韵葉(少)　例字：捷睫

(30)月部[yt]

切韵月　例字：月越粤闕厥蕨

切韵質(一个字)　例字：乙

切韵薛　例字：雪説閲絶綴輟拙劣捋埒

切韵没(少)　例字：猝卒捽

切韵末(一个字)　例字：撮

切韵屑　例字：決玦缺闋

(31)狎部[ap]

切韵狎　例字：甲鴨荅塔[illegible]踏沓

切韵合　例字：雜納衲颯匝

切韵盍　例字：臘蠟榻塔蹋

(32)緝部[əp]

切韵緝　例字：汁急及合邑揖入立澀十級

切韵合　例字：合盒[illegible]

切韵洽　例字：恰洽

切韵盍　例字：嗑闔

(33)葉部[ip]

切韵葉　例字：葉接涉獵聶懾接

切韵帖　例字：帖協愜蝶牒疊燮

切韵業　例字：業怯劫醃

(34)东部[uŋ]

切韵东　例字：聾動總中紅都公窮風

441

(465)

切韵冬　例字：冬宗

切韵鍾　例字：從重恭蛩松衝用濃蜂

(35)唐部[ɔŋ]①

切韵唐　例字：帮当冈光抗忙黄郎藏桑

切韵陽　例字：方亡狂房匡王望放牀瘡

切韵江　例字：邦江降庞

(36)陽部[œŋ]

切韵陽　例字：将張疆香羊商強娘相長

切韵江(莊系)　例字：双窗

(37)耕部[aŋ]

切韵耕　例字：甖争箏諍耕睁

切韵庚　例字：生牲笙甥盲烹彭猛孟撑坑梗硬

(38)庚部[ɐŋ]

①实际读音[ɔŋ]。

切韵庚　　例字：庚更羹盟行航

切韵耕　　例字：莺甍宏萌

切韵登　　例字：曾层腾能朋肯弘恒

切韵蒸(廾)　　例字：凭凴

(39)清部 [iŋ]①

切韵庚　　例字：兵秉丙病平鸣京卿英

切韵清　　例字：饼併名令精静轻性盈

切韵青　　例字：并瓶丁定听亭宁灵星

切韵蒸　　例字：冰陵兴应膺兢

(40)桓部 [un]

切韵桓　　例字：桓萑丸盌浣换宽欢官观潘贯玩款般半伴叛瞒满潘盘

切韵魂(唇)　　例字：本门扪闷盆

切韵元(廾)　　例字：垣援爰

① 清部字多数有文白两读，白话读[ɛŋ]，文言读[iŋ]。今合併为[iŋ]，认为[ɛŋ]是[iŋ]的变体。

442

(466)

(41) 寒部 [on]①

切韵寒(喉牙) 例字：安干乾韩看刊寒汗漢侃罕焊翰岸

(42) 諄部 [œn]

切韵諄 例字：俊駿荀洵詢筍準旬遵諄倫舜純

切韵魂 例字：敦鈍遁論遜

切韵真 例字：津盡進晉信吝

切韵臻 例字：蓁榛溱臻

(43) 删部 [an]

切韵删 例字：删晏班頒颜雁攀弯顽閂慣還蠻綰

切韵山 例字：山扮盼辦盞棧眼綻間閑簡鰥

切韵寒(舌齿) 例字：丹单弹旦但赞蘭懒难炭歎坦壇餐粲

切韵元(脣) 例字：番藩繁烦樊反返飯販萬

① 实际读音[ɔn]。

切韵凡　　例字：凡帆汎泛犯範范梵

切韵仙(少)　　例字：撰纂

(44) 真部 [ən]

切韵真　　例字：申彬賓鄰真珍診振震僅
巾因人忍民貧新身臣

切韵文　　例字：分紛芬粉焚訓勛熏葷墳
君軍郡[illegible]群裙文雲云

切韵欣　　例字：勤謹斤芹

切韵魂　　例字：奔笨墩昏婚昆滾坤渾

切韵痕　　例字：根跟痕很狠恨

切韵侵(唇)　　例字：品稟

切韵諄(少)　　例字：均匀

(45) 先部 [iɛn]

切韵先　　例字：烟燃顛田片眠電天年練

切韵仙　　例字：延然边綿面蓮煎件錢乾

切韵元　　例字：言軒建健掀偃憲献

40×15=600　(1201)　　北京市电车公司印刷厂出品 76.12

443

(467)

(46)元部[yn]

切韵元　例字：元原源冤袁遠怨園援願 阮勸苑怨

切韵仙　例字：選員圓院軟專轉卷權傳捐拳
联恋宣旋船篆選全川穿泉

切韵先　例字：淵懸玄犬涓鵑蠲

切韵魂　例字：尊孫損遁豚臀村存寸

切韵桓　例字：完丸端短斷段鑽纂鸞暖乱
嫩酸算圓

(47)覃部[am]

切韵覃　例字：贪谭探男南函参惨蠶

切韵谈　例字：擔膽谈淡毯藍览濫三

切韵咸　例字：咸鹹減陷

切韵銜　例字：监鑑銜巖衫杉

(48)侵部[ɐm]

切韵侵　例字：浸針枕金欽任甚淫吟音錦

~~切韵覃~~　欽陰沈心深岑侵尋寢禁林臨

切韵覃　例字：庵暗堪含戡感坎砍

切韵谈　例字：甘柑敢酣

(49) 鹽部 [im]

切韻鹽　　例字：淹炎鹽檐閹簷染尖占詹

~~切韻~~　　黏拈僉蟾閃籤簽

切韻添　　例字：點店添甜恬忝舔簟

切韻嚴　　例字：嚴儼

(丙) 廣州的声調

廣州共有九个声調，如下：

(1) 陰平　　例字：夫因音堤烟英淹淵

(2) 陽平　　例字：扶寅淫含言炎鹽源

(3) 陰上　　例字：府隱飲坎偃影掩婉

(4) 陽上　　例字：婦引荏領演郢染遠

(5) 陰去　　例字：富印蔭勘燕應厭怨

(6) 陽去　　例字：父認任憾現勝驗院

(7) 陰入　　例字：福一邑恰乞益職則

40×15=600　(1201)　　北京市电车公司印刷厂出品 76.12

(8)中入　　例字：责百壁隻咽[illegible]乙①

(9)陽入　　例字：服日入合热翼叶悦

中入是陰入分化出来的。韵母为ɐk、ɐt、ɐp、œt、uk、ɪk者，读陰入；韵母为ak、ɛk、œk、it、ip、yt、ɔt者，读中入②。

(五)客家话

(甲)梅县的声母

现代梅县共有十八个声母，如下表：

①"壁隻"等字（職部字）白话音读中入，文言音读陰入。

②例外："必"[pit]读陰入。

发音方法 \ 发音部位		双唇	唇齿	舌尖前	舌尖中	舌面	舌根	喉
塞音	不送氣	p 帮			t 端		k 見	
	送氣	pʻ 滂			tʻ 透		kʻ 溪	
鼻音		m 明			n 泥	ȵ 日	ŋ 吴	
边音					l 来			
塞擦音	不送氣			ts 精				
	送氣			tsʻ 清				
擦音			f 非	s 心				h 晓
半元音		w 文				j 喻		

(1) 帮母 [p]

守温字母：帮　例字：巴波拜杯包班本比表

(2) 滂母 [pʻ]

守温字母：滂　例字：怕坡拍派配炮披飘偏

守温字母：並　例字：拔菩白败備暴排培飽盤朋皮瓢便贫平蒲

40×15=600　(1201)　北京市电车公司印刷厂出品　76.12

445

(469)

(3) 明母 [m]

守温字母：明　例字：馬磨埋眉毛謀門盲蒙

守温字母：微　例字：微尾問亡網襪

(4) 文母 [v]①

守温字母：影　例字：挖窩握烏屋歪委畏彎碗溫穩汪翁甕

守温字母：喻　例字：域爲維違圍惠偉衛位謂王往旺

守温字母：匣　例字：滑劃完黄

守温字母：微　例字：無舞務霧勿未味萬晚文忘望

(5) 非母 [f]

守温字母：非　例字：法飛分方風夫

守温字母：敷　例字：菲蜂芬芳豐覆

守温字母：奉　例字：罰佛繁扶伏浮

守温字母：曉　例字：虎花火悔歡婚荒

① 或读 [ʋ]。

守温字母：匣　例字：胡華活惠喚皇紅

(6)精母［ts］

守温字母：精　例字：資則栽早積姐椒酒尖

守温字母：照　例字：責至詐者指斬貞

守温字母：知　例字：摘朝沾張竹豬珍

(7)清母［tsʻ］

守温字母：清　例字：雌猜促村秋遷親青

守温字母：從　例字：慈才雜坐截賤漸齊前

守温字母：穿　例字：測察抄醜楚出

守温字母：牀　例字：助柴牀狀

守温字母：徹　例字：撤恥丑暢

守温字母：澄　例字：沉長潮橙陳陣丈重趙

守温字母：邪　例字：辭詞

守温字母：審(少)　例字：深

(8)心母［s］

守温字母：心　例字：

446

(470)

守温字母：審　例字：產師詩沙色山伸水

守温字母：禪　例字：臣晨常嘗城垂儕純時

守温字母：牀　例字：慈繩剩船示食實射士蛇

守温字母：邪　例字：習席斜邪謝詳祥序緒

(9)端母[t]

守温字母：端　例字：打德[illegible]刀斗當登底顛

(10)透母[t']

守温字母：透　例字：太胎討偷貪湯梯鐵

守温字母：定　例字：大特代道豆淡蕩鄧地[illegible]臺逃投徒堂騰提疊

(11)泥母[n]

守温字母：泥　例字：納奈內鬧男泥南寧奴怒暖農[illegible]

(12)來母[l]

守温字母：來　例字：臘來雷老蘭藍郎龍樓呂

李力了柳連林羅落

(13) 日母 [ʐ]

守温字母：日　例字：日熱饒繞肉染任忍認人仁入弱耳二

守温字母：娘　例字：你扭娘濃

守温字母：泥　例字：捏鳥尿

守温字母：疑　例字：虐月牛業驗顏眼玉嚴言銀元額

(14) 喻母 [j]

守温字母：影　例字：衣約憂淹因央英冤

守温字母：喻　例字：野藥油鹽寅羊盈園

守温字母：日　例字：擾柔然仁壤讓如乳辱褥若軟潤絨戎茸

(15) 見母 [k]

守温字母：見　例字：鞠家街交九劍金京居哥蓋狗甘根國耕古桂

447

(471)

(16) 溪母 [k']

守温字母：溪　例字：巧毅敲腔缺却確勸科課刻靠口肯康庫哭誇愧寬困曠

守温字母：群　例字：求渠拳權群窮期及極忌轎舅舊健儉近競具巨劇倦

(17) 疑母 [ŋ]

守温字母：疑　例字：鵝餓礙艾熬傲偶岸牙芽咬研硬吴午五伍誤悟瓦卧我外僞危頑玩魚樂

(18) 曉母 [h]

守温字母：曉　例字：係系喜希瞎血休欣香虚許海黑罕漢

守温字母：匣　例字：下夏霞械鞋閑限嫌項形杏幸荷賀孩害豪後候旱含寒恨航

（乙）梅县的韵部

现代梅县只有三十七个韵部，如下表：

元音＼韵类	陰声			入声			陽声		
u	u模部			uk屋部	ut物部		uŋ东部	un文部	
o	o歌部		oi咍部	ok鋒部	ot曷部		oŋ唐部	on寒部	
a	a麻部	au豪部	ai泰部	ak麥部	at黠部	ap合部	aŋ庚部	an删部	am谈部
e	e鞋部	eu侯部			et薛部	ep澀部		en先部	em添部
ə					ət質部	əp執部		ən真部	əm深部
i	i衣部	iu尤部			it昔部	ip缉部		in欣部	im侵部
ɿ	ɿ思部								

（1）模部［u］

切韵模　　例字：布普赌土奴鲁兔图呼

切韵虞　　例字：夫扶府腐树输主住舞朱

448

(472)

切韵鱼　　例字：豬著除處書舒鼠黍

切韵尤侯　　例字：婦負周柚綢仇醜收手受

切韵侯（一个字）　　例字：母

（2）歌部［o］①

切韵歌　　例字：歌可何娥多拖羅左駝挪

切韵戈　　例字：和科波坡磨妥騾梭瑣坐

切韵魚（少）　　例字：所

（3）麻部［a］

切韵麻　　例字：巴怕馬他拿炸加霞下鴉

亞牙瓜跨花華

①实际读音［ɔ］。

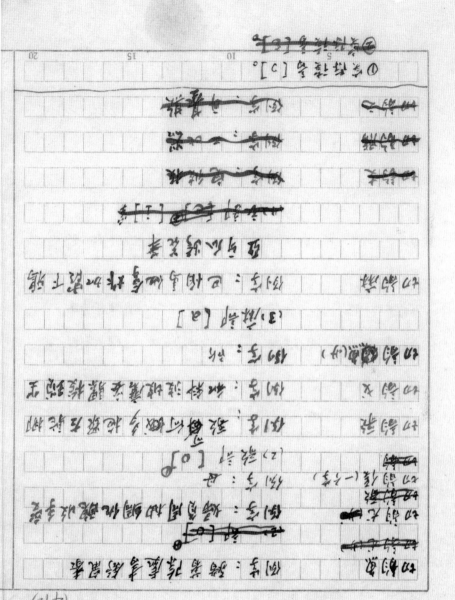

切韵微　　例字：既幾豈饑衣依

切韵齊　　例字：閉批迷米堤帝抵梯計妻

啟西

(4)鷄部[e]①

切韵齊　　例字：鷄蹄洗剃泥②

(5)衣部[i]

切韵支　　例字：知枝兒被皮戲

切韵脂　　例字：地梨利飢二比器四死

切韵之　　例字：狸吏記忌耳基欺

切韵祭　　例字：祭例厲

(6)思部[ɿ]

切韵支(精系)　　例字：紫雌斯此刺

切韵脂(精系)　　例字：資姿姊自私

切韵之(精系)　　例字：茲子辭祀似

①实际读音[ɛ]

②"鷄"又读[kai]，"蹄"又读[tʻai]，"剃"又读[tʻi]，"泥"又读[nai]。

449

473

切韵鱼(莊系)　例字：阻助鋤楚梳疏

切韵虞(莊系)　例字：数

切韵模(精系)　例字：祖组粗苏素

(7) 豪部 [au]

开口 [au]

切韵豪　例字：寶毛帽刀桃遭曹騷早嫂高

切韵肴　例字：飽豹拋茅卯貌鬧罩找爪教

切韵尤(一个字)　例字：矛

齊齿 [iau]

切韵萧　例字：刁釣吊鳥了料聊叫蕭曉

切韵宵　例字：貓鑣廟飄

切韵宵(知照系)　例字：朝招趙超潮少燒紹焦嬌

轎樵消

切韵幽(一个字)　例字：彪

(8) 侯部 [eu]①

① 实际读音 [ɛu]。

切韵侯　例字：斗豆头楼走奏钩
狗口寇侯厚后欧偶
切韵尤（庄系）　例字：邹搜骤愁瘦
切韵尤（唇，一个字）　例字：浮
(9)尤部［iu］
切韵尤　例字：柔牛扭流刘留柳酒九久
究舅旧秋丘休尤有右
切韵幽　例字：幽纠幼
(10)咍部［oi］
切韵咍　例字：贷代戴胎台来菜腮赛改
概开慨海碍爱
切韵泰（少）　例字：害
切韵皆（少）　例字：怀槐
(11)泰部［ai］
切韵泰　例字：太泰大带奈赖蔡盖外艾会①

①"会计"的"会"读［kuai］。

450

(474)

切韵咍　例字：栽戴待態乃耐災宰在才該

切韵皆　例字：拜排埋齋揩乖怪壞

切韵佳　例字：稗派牌買賣債曬柴篩矮

切韵夬　例字：敗邁快

(12)屋部[uk]

合口[uk]

切韵屋　例字：扑僕木牧福服復獨讀鹿

陸族速竹祝叔谷穀哭、縮

切韵沃　例字：毒督

切韵燭　例字：燭嘱觸贖屬

切韵覺(廿)　例字：濁鐲

撮口[iuk]

切韵屋　例字：陸宿菊育

切韵燭　例字：足錄俗粟局曲續玉辱欲

獄

(13)鐸部[ɔk]①

①實際讀音[ɔk]。

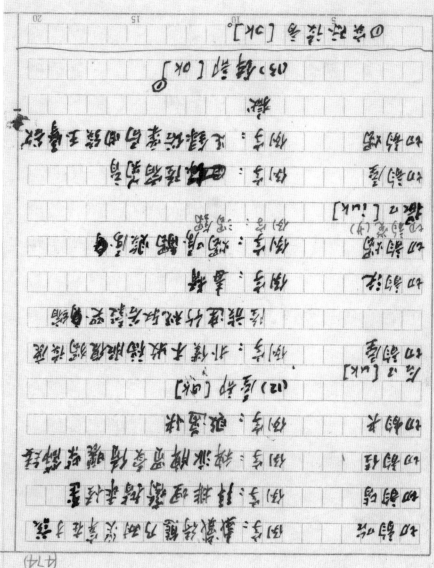

開口[ok]

切韵鐸　　例字：索閣各惡博莫託洛
　　　　　　　落昨鑿作

切韵藥(知照系)　例字：着綽爍勺

切韵覺　　例字：桌捉擢剝駁角嶽岳覺確樂

齊齒[iok]

切韵藥　　例字：若弱腳削藥瘧約鑰嚼
　　　　　　　虐略

合口[uok]

~~合口[uok]~~

切韵鐸　　例字：郭廓擴

切韵覺(少)　例字：握

(四)麥部[ak]

開口[ak]

切韵麥　　例字：麥脈隔革摘冊

切韵陌　　例字：百柏白伯宅窄客

切韵昔　　例字：尺赤石

北京市电车公司印刷厂出品 76.12

451

(475)

切韵昔(少)　例字：璧

齐齿[iak]

切韵锡(~~[illegible]~~少)　例字：锡壁

切韵藥(少)　例字：鹊雀

切韵陌(少)　例字：额逆

合口[uak]

切韵麥　例字：畫劃

(15)物部[ut]

切韵物　例字：不物勿佛弗拂

切韵没　例字：突卒骨忽没

切韵術　例字：出術~~[illegible]~~

(16)曷部[ot]①

切韵曷　例字：葛渴喝曷割

切韵末　例字：奪脱

切韵黠(少)　例字：刷

切韵薛(少)　例字：説劣

(17)黠部[at]

①实际该音[ɔt]。

開口[at]

切韵黠　　例字：八拔札紮扎殺

切韵鎋　　例字：瞎轄

切韵月(脣)　　例字：發髮罰伐

切韵末　　例字：末撥抹沫潑

切韵曷(舌齒)　　例字：達辣察擦

切韵薛　　例字：設徹折哲浙

合口[uat]

切韵黠　　例字：滑挖

齊齒[iat]　　~~屑部[et]~~

切韵薛　　例字：熱抗閱缺

切韵屑　　例字：缺決撅血

~~切韵月　　部[et]~~

切韵質(一个字)　　例字：乙

切韵月(喉牙)　　例字：月越

(18)薛部[et]①

切韵屑　　例字：撇跌鐵結節潔截切

切韵薛　　例字：絕薛雪鱉別滅列裂傑泄桀

切韵櫛　　例字：蝨

①實際讀音[ɛt]。

452

(476)

切韵月(少) 例字：歇

切韵德 例字：克刻墨默德得

切韵陌 例字：迫伯①

切韵麥 例字：核革②獲

(19) 質部[ət]

切韵質 例字：質失實室

切韵職(知照系) 例字：織直植食職式

切韵昔(知照系) 例字：隻[illegible]適

切韵櫛 例字：瑟

(20) 昔部[it]

切韵質 例字：畢筆栗疾吉七漆

切韵職 例字：力即極息熄億

切韵昔 例字：瘠[illegible]積脊籍迹蹟惜益易亦譯

①"伯"字有[pak][pet]兩讀。

②"革"字有[kak][ket]兩讀。

切韵锡　例字：劈的滴敵狄踢剔歷擊激绩析

(21)合部[ap]

開口[ap]

切韵合　例字：鴿合盒搭荅踏納雜

切韵盍　例字：塌塔臘蠟

切韵洽　例字：插恰

切韵狎　例字：闸甲匣鸭壓

齊齿[iap]

切韵洽　例字：夾裌

(22)澀部[ep]

切韵缉(莊系)　例字：澀

(23)執部[əp]

切韵缉(知照系)　例字：汁執濕十什拾

(24)缉部[ip]

切韵缉　例字：立粒集急级及给吸習襲邑挹泣

453

(477)

(25) 东部 [uŋ]

合口 [uŋ]

切韵东　例字：东通同蒙风蓬叢送中充蕻[?]崇公

切韵冬　例字：冬農膿宗鬆宋

切韵鍾　例字：蹤縱[illegible][illegible]誦鐘重逢封蜂

切韵江(庄系)　例字：樁窗双

切韵登(一个字)　例字：弘

撮口 [iuŋ]

切韵东　例字：龍戎絨融宮窮熊

切韵鍾　例字：濃從松茸容恭供共拱凶

胸勇用

切韵庚(一个字)　例字：兄

(26) 唐部 [oŋ]①

开口 [oŋ]

切韵唐　例字：榜旁忙湯堂狼桑剛康

① 实际读音[ɔŋ]。

切韵陽　例字：方房張長昌商上莊霜創皇

切韵江　例字：江缸肛杠港降巷项撞講

齊齿[iɔŋ]

切韵陽　例字：讓娘良羊將姜牆總繦

切韵江(卅)　例字：腔

合口[uɔŋ]

切韵唐　例字：光廣礦荒晃

切韵陽　例字：狂况王往枉望旺

(27)庚部[aŋ]

開口[aŋ]

切韵庚　例字：庚[illegible]冷撑更羹坑行硬

切韵清　例字：鄭城声

切韵青　例字：釘頂訂聽廳鈴伶

齊齿[iaŋ]

切韵庚　例字：秉丙命驚鏡迎影

切韵清　例字：餅名領嶺井頸淨晴請姓贏

切韵青　例字：瓶青腥醒　螢

合口[uaŋ]

切韵庚　例字：横

(28)文部[un]

合口[un]

切韵文　例字：文聞問分粉糞墳奮

454 切韵痕（一个字） 例字：吞

切韵魂 例字：敦屯論村存尊孫滾昆魂溫

撮口[iun] 切韵諄 例字：倫輪純春脣遵筍順俊旬

切韵文 例字：君群訓雲云韵運軍 (478)

(29) 寒部[on]①

切韵諄 例字：均閏潤匀

開口[on]

切韵寒 例字：干幹看寒韓漢旱汗安岸

切韵桓 例字：端短斷段團暖亂酸算歡換

齊齒[ion]

切韵仙 例字：軟

合口[uon]

例字：官冠觀貫灌寬碗

切韵仙 例字：專磚篆傳川椽船喘串釧

閂栓

(30) 刪部[an]

開口[an]

切韵刪 例字：棧刪顏攀蠻還環患宦

切韵山 例字：盞閑山產限盼

切韵仙(知照系) 例字：甎展戰纏扇善泉

①实际读音[ɔn]。

切韵先（一个字）　例字：研
切韵寒（舌齿）　例字：丹单弹濑炭蘭澜歎残散
切韵元（唇）　例字：烦反贩饭翻
切韵桓（唇）　例字：半伴潘盘判满瞒漫慢缓唤

齐齿[ian]

切韵仙　例字：然燃件铅乾虔延捐卷倦权

合口[uan]

切韵元　例字：晚挽萬
切韵删　例字：关闩惯弯
切韵山　例字：鳏
切韵桓（少）　例字：软玩

切韵删　例字：姦颜雁晏
切韵山　例字：间简拣涧眼艱
切韵桓（一个字）　例字：丸
切韵先　例字：坚肩繭見牵贤显年县烟玄燕
切韵元　例字：建健掀宪献言勸元冤远

先部[en]①

开口[en]

切韵庚　例字：生牲烹彭盟孟衡

齐齿[ien]

切韵先　例字：面编片眠颠典殿天填莲（練箋）
切韵仙　例字：鞭编边变辨便绵連聯恋

煎剪箭贱

切韵耕　例字：争筝睁耕棚橙能增層
切韵登　例字：崩朋登等鄧騰恒

① 实际读音[ɛn]

455

(32)真部[ən] (479)

切韵真(知照系) 例字：珍陈振尘陣身伸神肾慎

切韵清(知照系) 例字：贞正政呈程诚称

切韵蒸(知照系) 例字：称乘承升

切韵耕(知照系) 例字：橙

(33)欣部[in]

切韵真 例字：宾贫民邻吝津巾尽进亲因

切韵欣 例字：斤近勤欣殷隐

切韵庚 例字：兵平评明鸣京荆景敬杏英

切韵清 例字：聘併令精晶静清情婴盈

切韵青 例字：並屏萍鼎定亭庭灵经形萤

切韵蒸 例字：憑陵應膺膺

切韵侵(唇) 例字：品禀

切韵耕(少) 例字：幸

(34)谈部[am]

开口[am]
切韵覃 例字：贪谭探男南参蠶惨感堪坎砍含函暗

切韵谈　例字：擔膽毯談覽三甘敢喊

切韵咸　例字：站減鹹陷

切韵衔　例字：衫监

切韵凡　例字：凡帆

切韵盐(知照系)　例字：陕閃

齐齿[iam]

切韵盐　例字：染黏廉斂尖殲檢纖箝淹

切韵添　例字：點店添甜[illegible]念兼謙嫌

切韵咸(少)　例字：蘸

切韵凡(唇牙)　例字：劍欠

(35)森部[em]①

切韵侵(莊系)　例字：森岑參(人參)

~~(36)侵部[im]~~

~~切韵侵　例字：林賃今金襟禁侵琴寢心音陰飲浸沁任淫~~

①实际读音[ɛm]。

40×15=600　(1201)　北京市电车公司印刷厂出品 76.12

456

(480)

(36)深部[əm]

切韵侵(知照系)　例字：针斟枕沉深審瀋沈甚

(37)侵部[im]

切韵侵　例字：林赁今金襟禁侵琴寝心音阴饮浸沁任淫

(丙)梅县的声调

现代梅县共有六个声调，即：

(一)阴平　例字：夫因音堪烟英淹渊

(二)阳平　例字：扶寅淫含延盈盐源

(三)上声　例字：府引饮坎演影掩远

(四)去声　例字：父印荫堪燕应厌院

(五)阴入　例字：福一邑恰歇益蹩血

(六)阳入　例字：服逸入合悦翼叶越

梅县声调的特点是上去声不分阴阳，而入

声分陰陽。一部分本来收-k的入声字轉变為收-t，即-ik变為-it（"昔"sik→sit），-ək变為-ət（"職"tsək→tsət）。這和平声一部分本来收-ŋ的字轉变為收-n，即-iŋ变為-in（"兵"piŋ→pin），-əŋ变為-ən（"政"tsəŋ→tsən）是相对应的。

457

A29

(481)

第十章 歷代語音發展總表

(一)声母

(1)幫滂並明、非敷奉微

聲母／時代	幫	非	滂	敷	並(平)	並(仄)	奉	明	微
先秦	p	p	pʻ	pʻ	b	b	b	m	m
西漢	p	p	pʻ	pʻ	b	b	b	m	m
东漢	p	p	pʻ	pʻ	b	b	b	m	m
南北朝	p	p	pʻ	pʻ	b	b	b	m	m
隋唐	p	p	pʻ	pʻ	b	b	b	m	m
五代	p	f	pʻ	f	b	b	v	m	ɱ
宋	p	f	pʻ	f	pʻ	p	f	m	ɱ
元	p	f	pʻ	f	pʻ	p	f	m	v
明清	p	f	pʻ	f	pʻ	p	f	m	v
現代①	p	f	pʻ	f	pʻ	p	f	m	w

~~②按朱熹反切，並母併入帮滂，但非敷奉不分。在《中原音韵》里，也不完全依平仄而分~~

①現代指現代北京音系。

改为声母直排，时代横排……

~~(2)精清從心邪~~

~~| 聲母/時代 | 精 | 宗 | 清 | 聰 | 倩 | 叢 | 心 | 松 |~~

(2)精清從心邪

聲母/時代	精(臧)	精(將)	清(倉)	清(蹌)	從(藏)	從(牆)	從(臟)	從(匠)	心(桑)	心(相)	邪(隨)	邪(詳)
先秦	ts	ts	tsʻ	tsʻ	dz	dz	dz	dz	s	s	z	z
西漢	ts	ts	tsʻ	tsʻ	dz	dz	dz	dz	s	s	z	z
东漢	ts	ts	tsʻ	tsʻ	dz	dz	dz	dz	s	s	z	z
南北朝	ts	ts	tsʻ	tsʻ	dz	dz	dz	dz	s	s	z	z
隋唐	ts	ts	tsʻ	tsʻ	dz	dz	dz	dz	s	s	z	z
五代	ts	ts	tsʻ	tsʻ	dz	dz	dz	dz	s	s	z	z
宋	ts	ts	tsʻ	tsʻ	tsʻ	tsʻ	ts	ts	s	s	s	s
元	ts	ts	tsʻ	tsʻ	tsʻ	tsʻ	ts	ts	s	s	s	s
明清	ts	ts	tsʻ	tsʻ	tsʻ	tsʻ	ts	ts	s	s	s	s
现代	ts	tɕ	tsʻ	tɕʻ	tsʻ	tɕʻ	ts	tɕ	s	ɕ	s	ɕ

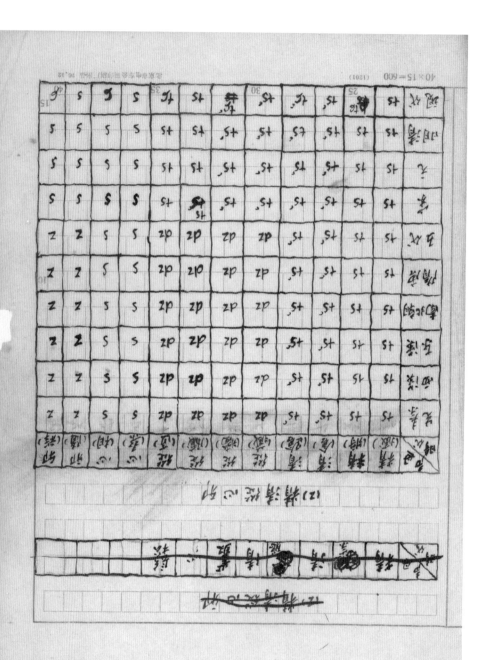

458a

(482)

(3) 端透定泥來知徹澄娘

声母＼时代	先秦	西汉	東汉	南北朝	隋唐	五代	宋	元	明清	现代
端	t	t	t	t	t	t	t	t	t	t
知(卓)	t	t	t	t	t	ȶ	tɕ	tʂ	tʂ	tʂ
知(竹)	t	t	t	t	t	ȶ	tɕ	tɕ	tʂ	tʂ
透	tʻ	tʻ	tʻ	tʻ	tʻ	tʻ	tʻ	tʻ	tʻ	tʻ
徹(逴)	tʻ	tʻ	tʻ	tʻ	tʻ	ȶʻ	tɕʻ	tʂʻ	tʂʻ	tʂʻ
徹(畜)	tʻ	tʻ	tʻ	tʻ	tʻ	ȶʻ	tɕʻ	tɕʻ	tʂʻ	tʂʻ
定(同)	d	d	d	d	d	d	tʻ	tʻ	tʻ	tʻ
定(獨)	d	d	d	d	d	d	t	t	t	t
澄(幢)	d	d	d	d	d	ȡ	tɕʻ	tʂʻ	tʂʻ	tʂʻ
澄(濁)	d	d	d	d	d	ȡ	tɕ	tʂ	tʂ	tʂ
澄(蟲)	d	d	d	d	d	ȡ	tɕʻ	tɕʻ	tʂʻ	tʂʻ
澄(逐)	d	d	d	d	d	ȡ	tɕ	tɕ	tʂ	tʂ
泥	n	n	n	n	n	n	n	n	n	n
娘	n	n	n	n	n	ȵ	n	n	n	n
来	l	l	l	l	l	l	l	l	l	l

接下页

40×15=600 (1201)　　北京市电车公司印刷厂出品 76.12

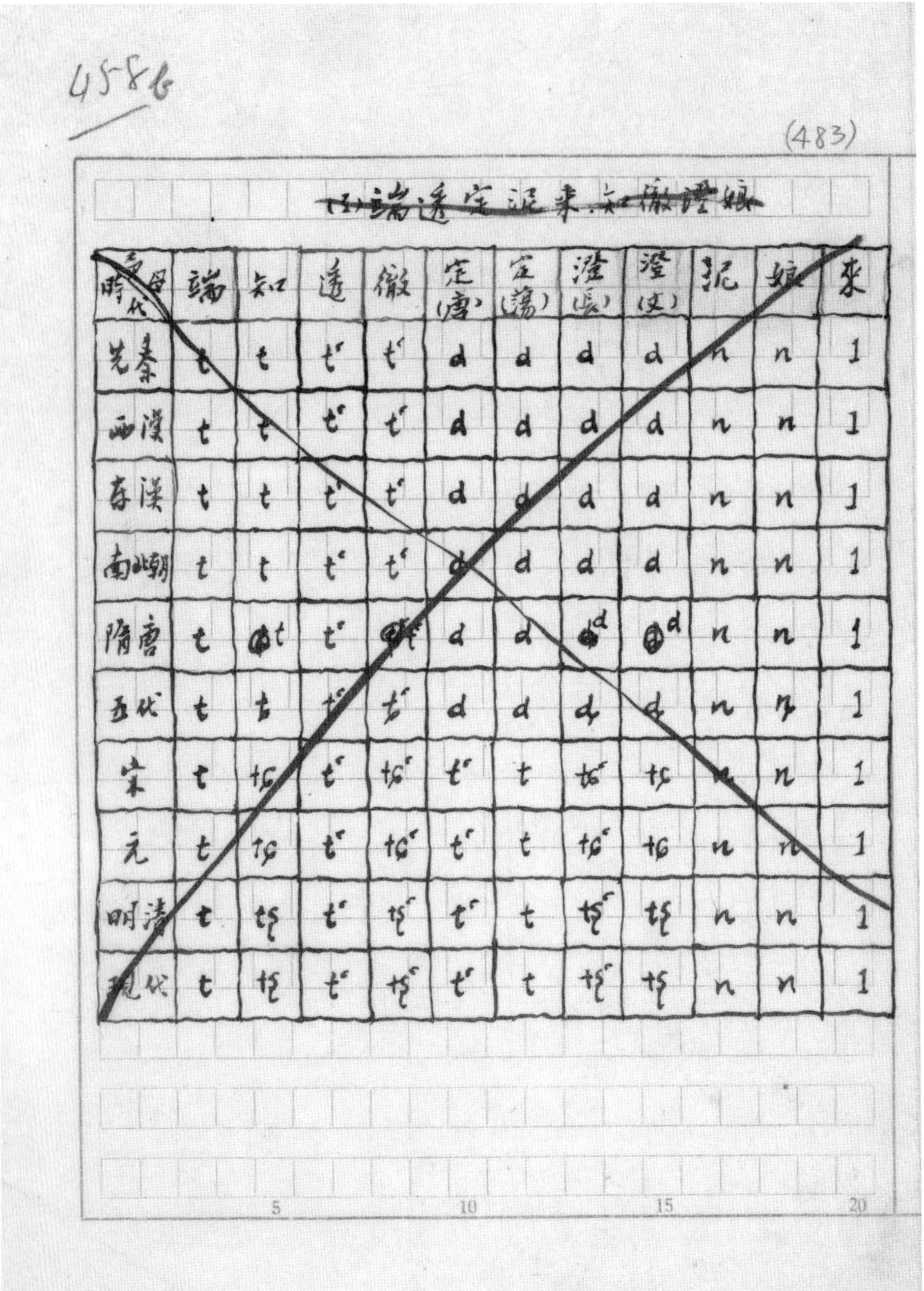

4586

(483)

(5)端透定泥来、知徹澄娘

字母 / 時代	端	知	透	徹	定(唐)	定(蕩)	澄(長)	澄(丈)	泥	娘	来
先秦	t	t	tʻ	tʻ	d	d	d	d	n	n	l
西漢	t	t	tʻ	tʻ	d	d	d	d	n	n	l
東漢	t	t	tʻ	tʻ	d	d	d	d	n	n	l
南北朝	t	t	tʻ	tʻ	d	d	d	d	n	n	l
隋唐	t	ȶ	tʻ	ȶʻ	d	d	ȡ	ȡ	n	n	l
五代	t	ȶ	tʻ	ȶʻ	d	d	ȡ	ȡ	n	ȵ	l
宋	t	tɕ	tʻ	tɕʻ	tʻ	t	tɕʻ	tɕ	n	n	l
元	t	tɕ	tʻ	tɕʻ	tʻ	t	tɕʻ	tɕ	n	n	l
明清	t	tʂ	tʻ	tʂʻ	tʻ	t	tʂʻ	tʂ	n	n	l
現代	t	tʂ	tʻ	tʂʻ	tʻ	t	tʂʻ	tʂ	n	n	l

~~(4)庄初床山俟~~

(4)庄初床山俟

时代＼声母	庄	初	床(鉏)	床(助)	床(士)	山	俟
先秦	tʃ	tʃʻ	dʒ	dʒ	dʒ	ʃ	ʒ
西汉	tʃ	tʃʻ	dʒ	dʒ	dʒ	ʃ	ʒ
东汉	tʃ	tʃʻ	dʒ	dʒ	dʒ	ʃ	ʒ
南北朝	tʃ	tʃʻ	dʒ	dʒ	dʒ	ʃ	ʒ
隋唐	tʃ	tʃʻ	dʒ	dʒ	dʒ	ʃ	ʒ
五代	tʃ	tʃʻ	ʒ	ʒ	ʒ	ʃ	z
宋	tɕ	tɕʻ	tɕʻ	tɕ	ɕ	ɕ	ɕ
元	tʂ	tʂʻ	tʂʻ	tʂ	ʂ	ʂ	s
明清	tʂ	tʂʻ	tʂʻ	tʂ	ʂ	ʂ	s
现代	tʂ	tʂʻ	tʂʻ	tʂ	ʂ	ʂ	s

40×15=600 (1201) 北京市电车公司印刷厂出品 76.12

459

(484)

(5) 照穿神審禪日

時代 \ 声母	照(支)	照(章)	穿(蚩)	穿(昌)	神(船)	神(繩)	審(詩)	審(商)	禪(時)	禪(常)	禪(尚)	日
先秦	ȶ	ȶ	ȶʻ	ȶʻ	ȡ	ȡ	ɕ	ɕ	ʑ	ʑ	ʑ	ȵ
西漢	ȶ	ȶ	ȶʻ	ȶʻ	ȡ	ȡ	ɕ	ɕ	ʑ	ʑ	ʑ	ȵ
东漢	ȶ	ȶ	ȶʻ	ȶʻ	ȡ	ȡ	ɕ	ɕ	ʑ	ʑ	ʑ	ȵ
南北朝	tɕ	tɕ	tɕʻ	tɕʻ	dʑ	dʑ	ɕ	ɕ	ʑ	ʑ	ʑ	ȵ
隋唐	tɕ	tɕ	tɕʻ	tɕʻ	dʑ	dʑ	ɕ	ɕ	ʑ	ʑ	ʑ	ȵ
五代	tɕ	tɕ	tɕʻ	tɕʻ	ʑ	ʑ	ɕ	ɕ	ʑ	ʑ	ʑ	r
宋	tɕ	tɕ	tɕʻ	tɕʻ	tɕʻ	ɕ	ɕ	ɕ	ɕ	tɕʻ	ɕ	r
元	tʂ	tɕ	tʂʻ	tɕʻ	tʂʻ	ɕ	ɕ	ɕ	ʂ	tɕʻ	ɕ	r
明清	tʂ	tʂ	tʂʻ	tʂʻ	tʂʻ	ʂ	ʂ	ʂ	ʂ	tʂʻ	ʂ	ʐ
現代	tʂ	tʂ	tʂʻ	tʂʻ	tʂʻ	ʂ	ʂ	ʂ	ʂ	tʂʻ	ʂ	ʐ

~~(6)見溪群疑~~

~~声母 / 時代~~	~~見(剛)~~	~~見(姜)~~	~~溪(康)~~	~~溪(羌)~~	~~群(狂)~~				

(6)見溪群疑

声母 / 時代	見(剛)	見(姜)	溪(康)	溪(羌)	群(狂)	群(共)	群(強)	群(乾)	疑(昂)	疑(語)	疑(迎)	疑(牛)	疑(孽)
先秦	k	k	kʻ	kʻ	g	g	g	g	ŋ	ŋ	ŋ	ŋ	ŋ
西漢	k	k	kʻ	kʻ	g	g	g	g	ŋ	ŋ	ŋ	ŋ	ŋ
东漢	k	k	kʻ	kʻ	g	g	g	g	ŋ	ŋ	ŋ	ŋ	ŋ
南北朝	k	k	kʻ	kʻ	g	g	g	g	ŋ	ŋ	ŋ	ŋ	ŋ
隋唐	k	k	kʻ	kʻ	g	g	g	g	ŋ	ŋ	ŋ	ŋ	ŋ
五代	k	k	kʻ	kʻ	g	g	g	g	ŋ	ŋ	ŋ	ŋ	ŋ
宋	k	k	kʻ	kʻ	kʻ	k	kʻ	k	ŋ	ŋ	ŋ	ŋ	ŋ
元	k	k	kʻ	kʻ	kʻ	k	kʻ	k	0	w	j	j	n
明清	k	k	kʻ	kʻ	kʻ	k	kʻ	k	0	w	j	j	n
現代	k	tɕ	kʻ	tɕʻ	kʻ	k	tɕʻ	tɕ	0	w	j	n①	n

40×15=600 (1201) 北京市电车公司印刷厂出品 76.12

①疑母字读[n]，是由[ŋ]直接变来，不经过[j]的阶段。

460

(485)

~~(7) 影晓匣喻~~

~~声母 / 時代~~	~~影(安)~~	~~影(烟)~~	~~影(湾)~~	~~晓(漢)~~	~~晓(献)~~	~~匣(寒)~~	~~匣(贤)~~	~~喻(于)~~	~~喻(余)~~	~~喻~~

(7) 影晓匣喻

声母 / 時代	影(安)	影(烟)	影①(湾)	晓(漢)	晓(献)	匣(寒)	匣(完)	匣(贤)	喻(于)	喻(余)	喻(为)	喻(维)
先秦	ʔ	j	w	x	x	ɣ	ɣ	ɣ	ɣ	ʎ	ɣ	ʎ
西漢	0	j	w	x	x	ɣ	ɣ	ɣ	ɣ	ʎ	ɣ	ʎ
东漢	0	j	w	x	x	ɣ	ɣ	ɣ	ɣ	ʎ	ɣ	ʎ
南北朝	0	j	w	x	x	ɣ	ɣ	ɣ	ɣ	j	ɣ	j
隋唐	0	j	w	x	x	ɣ	ɣ	ɣ	ɣ	j	ɣ	j
五代	0	j	w	h	h	ɦ	ɦ	ɦ	j	j	j	j
宋	0	j	w	h	h	h	h	h	j	j	j	j
元	0	j	w	h	h	h	h	h	j, w	j, w	j, w	j, w
明清	0	j	w	x	x	x	x	x	j, w	j, w	j, w	j, w
现代	0	j	w	x	ɕ	x	x	ɕ	j, w	j, w	j, w	j, w

① 影母字，有時标作[ʔ]，有時标作[0]，但從音位观点看，[j]、[w]、[redacted][0]都是[ʔ]的变体。

(二) 韵部

(1) 之部

韵母/时代	开一(该)	开一(埋)	合一(梅)	合一(母)	合一(怪)	开三(基)	开三(丕)	开三(思)	开三(之)	开三(而)	合三(牛)	合三(龟)
先秦	ə	ə	uə	uə	uə	ĭə	ĭə	ĭə	ĭə	ĭə	ĭuə	ĭuə
西汉	ə	ə	uə	uə	uə	ĭə	ĭə	ĭə	ĭə	ĭə	ĭuə	ĭuə
东汉	ə	ə	uə	uə	uə	ĭə	ĭə	ĭə	ĭə	ĭə	ĭuə	ĭuə
南北朝	ɐi	eɐi	uɐi	u	oɐi	ĭə	ĭɐi	ĭə	ĭə	ĭə	ĭu	ĭuei
隋唐	ai	ai	uai	ou	oai	i	i	i	i	i	ĭou	ĭui
五代	ai	ai	uɐi	ou	oai	i	i	ɿ	i	i	ĭou	ĭui
宋	ai	ai	uɐi	u	uai	i	i	ɿ	i	i	ĭəu	ĭui
元	ai	ai	əi	u	uai	i	i	ɿ	ʅ	ʅ	ĭəu	yi
明清	ai	ai	əi	u	uai	i	əi	ɿ	ʅ	ɚ	ĭəu	uəi
现代	ai	ai	əi	u	uai	i	əi	ɿ	ʅ	ɚ	ĭəu	uəi

改为韵母直排，时代横排，下仿此。

改为韵母直排，时代横排，下仿此。

461

(486)

(2) 支部

韵母 / 時代	開二(佳)	開二(街) [開二(柴)]	合二(卦)	開三(岐)	開三(卑)	開三(斯)	開三(支)	開三(兒)	合三(規)	開四(雞)	合四(圭)	合四(携)	合四(畦)
先秦	e	e e	ue	ie	ie	ie	ie	ie	iue	ie	iue	iue	iue
西漢	e	e e	ue	ie	ie	ie	ie	ie	iue	ie	iue	iue	iue
东漢	e	e e	ue	ie	ie	ie	ie	ie	iue	ie	iue	iue	iue
南北朝	eai	eai eai	oai	ie	ie	ie	ie	ie	iue	iæi	iuæi	iuæi	iuæi
隋唐	ai	ai ai	uai	i	i	i	i	i	iui	iæi	iuæi	iuæi	iuæi
五代	ai	ai ai	uai	i	i	i	i	i	iui	iæi	iuæi	iuæi	iuæi
宋	ai	ai ai	uai	i	i	ɿ	i	i	iui	i	iui	iui	iui
元	ia①	ai ai	ua	i	ai	ɿ	ɿ	ɿ	yi	i	yi	i	i
明清	ia	iai ai	ua	i	ai	ɿ	ɿ	ə	uai	i	uai	i	i
现代	ia	ie ai	ua	i	ai	ɿ	ɿ	ɚ	uai	i	uai	ie	i

①"佳"字，南北朝诗人就有读入麻韵的。

（3）鱼部

韵母 時代	开一（姑）	开一（图）	合一（孤）	合一（補）	开三（鱼）	开三（庐）	开三（锄）	~~开~~合三（雨）	合三（夫）	~~合三~~	开四（野）	开二 合二 （马）（瓜）
先秦	a	a	ua	ua	i̯a	i̯a	i̯a	i̯ua	i̯ua	~~i̯ua~~	ia	ea oa
西汉	ɔ	ɔ	uɔ	uɔ	i̯ɔ	i̯ɔ	i̯ɔ	i̯uɔ	i̯uɔ	~~i̯ɔ~~	ia	ea oa
东漢	ɔ	ɔ	uɔ	uɔ	i̯ɔ	i̯ɔ	i̯ɔ	i̯uɔ	i̯uɔ	~~i̯ɔ~~	i̯a	ea oa
南北朝	o	o	o	o	i̯ɔ	i̯ɔ	i̯ɔ	i̯o	i̯o	~~[illegible]~~	i̯a	ea oa
隋唐	u	u	u	u	i̯o	i̯o	i̯o	i̯u	i̯u	~~[illegible]~~	i̯a	a ua
五代	u	u	u	u	i̯u	i̯u	i̯u	i̯u	i̯u	~~[illegible]~~	i̯a	a ua
宋	u	u	u	u	i̯u	i̯u	i̯u	i̯u	i̯u	~~[illegible]~~	i̯a	a ua
元	u	u	u	u	i̯u	i̯u	i̯u	i̯u	u	~~[illegible]~~	i̯a	i̯a ua
明清	u	u	u	u	y	y	u	y	u	~~[illegible]~~	i̯e	i̯a ua
现代	u	u	u	u	y	u	u	y	u	~~u~~	i̯e	i̯a ua

(4) 侯部

時代 \ 韻母	開一(侯)	開三(驹)	開三(株)	開三(蜀)
先秦	ɔ	ĭ̯ɔ	ĭ̯ɔ	ĭ̯ɔ
西漢	u	ĭ̯uɔ	ĭ̯uɔ	ĭ̯uɔ
東漢	u	ĭ̯uɔ	ĭ̯uɔ	ĭ̯uɔ
南北朝	u	ĭ̯o	ĭ̯o	ĭ̯o
隋唐	ou	ĭu	ĭu	ĭu
五代	əu	ĭu	ĭu	ĭu
宋	əu	ĭu	ĭu	ĭu
元	əu	ĭu	ĭu	ĭu
明清	əu	y	u	u
現代	əu	y	u	u

(5) 宵部

韵母／時代	开一(豪)	开二(交)	开二(巢)	开三(骄)	开三(昭)	开四(萧)
先秦	o	eo	eo	i̯o	i̯o	io
西漢	o	eo	eo	i̯o	i̯o	io
东漢	o	eo	eo	i̯o	i̯o	io
南北朝	ou	eou	eou	i̯ou	i̯ou	iou
隋唐	au	au	au	i̯æu	i̯æu	iæu
五代	au	au	au	i̯æu	i̯æu	iæu
宋	au	i̯au	au	i̯æu	i̯æu	iæu
元	au	i̯au	au	i̯au	i̯æu	iau
明清	au	i̯au	au	i̯au	au	i̯au
現代	au	i̯au	au	i̯au	au	i̯au

40×15=600 (1201) 北京市电车公司印刷厂出品 76.12

463

(488)

(6) 幽部

時代＼韵母	合一(曹)	合二(膠)	合二(包)	合三(求)	合三(周)	合三(搜)	合三(縐)	合三(幽)	合四(蕭)
先秦	u	eu	eu	i̯u	i̯u	i̯u	i̯u	i̯u	i̯u
西漢	o	eo	eo	i̯u	i̯u	i̯u	i̯u	iu	io
東漢	o	eo	eo	i̯u	i̯u	i̯u	i̯u	iu	io
南北朝	ou	eou	eou	i̯u	i̯u	i̯u	i̯u	iu	iou
隋唐	au	au	au	i̯ou	i̯ou	i̯ou	i̯ou	iou	iæu
五代	au	au	au	i̯əu	i̯əu	i̯əu	~~i̯əu~~ u	i̯əu	iæu
宋	au	i̯au	au	i̯əu	i̯əu	i̯əu	~~i̯əu~~ u	i̯əu	iæu
元	au	i̯au	au	i̯əu	i̯əu	i̯əu	~~i̯əu~~ u	i̯əu	i̯au
明清	au	i̯au	au	i̯əu	əu	əu	~~i̯əu~~ u	i̯əu	i̯au
現代	au	i̯au	au	i̯əu	əu	əu	~~i̯əu~~ u	i̯əu	i̯au

合一(雷) (7) 微部

韵目 时代	开一(哀)	合一(回)	合一(火)	开二(排)	合二(怀)	开三(衣)	合三(非)	合三(归)	合三(季)	合三(追)
先秦	əi	uəi uəi	uəi	eəi	oəi	i̯əi	i̯uəi	i̯uəi	i̯uəi	i̯uəi
西汉	əi	uəi uəi	uəi	eəi	oəi	i̯əi	i̯uəi	i̯uəi	i̯uəi	i̯uəi
东汉	əi	uəi uəi	ua	eəi	oəi	i̯əi	i̯uəi	i̯uəi	i̯uəi	i̯uəi
南北朝	ɐi	uɐi uɐi	ua	eɐi	oɐi	i̯ai	i̯uəi	i̯uəi	i̯u[illegible]i	i̯uei
隋唐	ai	uɑ uai	ua	ai	uai	i̯əi	i̯uəi	i̯uəi	i̯ui	i̯ui
五代	ai	uɐi ~~uai~~ uɐi	ua	ai	uai	i	i̯ui	i̯ui	i̯ui	i̯ui
宋	ai	uɐi uɐi	uɔ	ai	uai	i	i̯ui	i̯ui	i̯ui	i̯ui
元	ai	ui ~~uai~~ ui	uɔ	ai	uai	i	yi	yi	[illegible] i	yi
明清	ai	uai ai	uɔ	ai	uai	i	əi	uəi	i	uəi
现代	ai	uai ai	uo	ai	uai	i	əi	uəi	i	uəi

40×15=600 (1201) 北京市电车公司印刷厂出品 76.12

464

(489)

(8) 脂部

韵母／時代	開二（皆）	開三（伊）	開三（眉）	開三（私）	開三（師）	開三（尸）	合三（癸）	開四（齊）
先秦	ei	i̭ei	i̭ei	i̭ei	i̭ei	i̭ei	i̭uei	iei
西漢	ei	i̭ei	i̭ei	i̭ei	i̭ei	i̭ei	i̭uei	iei
东漢	ei	i̭ei	i̭ei	i̭ei	i̭ei	i̭ei	i̭uei	iei
南北朝	ɐi	i̭ei	i̭ei	i̭ei	i̭ei	i̭ei	i̭uei	iei
隋唐	ai	i	i	i	i	i	i̭ui	iəi
五代	ai	i	i	i	i	i	i̭ui	iəi
宋	ai	i	i	ɿ	i	i	i̭ui	i
元	ai	i	əi	ɿ	ʅ	ʅ	yi	i
明清	i̭ai	i	əi	ɿ	ʅ	ʅ	uəi	i
現代	i̭e	i	əi	ɿ	ʅ	ʅ	uəi	i

(9) 歌部

(合三(靴))

時代＼韵母	开一(河)	开一(多)	合一(过)	合一(科)	开二(加)	开二(麻)	合二(瓦)	开三(儀)	开三(池)	开三(地)	开三(尔)	合三(为)	合三(吹)	开四(嗟)	开四(蛇)
先秦	ai	ai	uai	uai	eai	eai	oai	i̯ai	i̯ai	i̯ai	i̯ai	i̯uai	i̯uai	iai	iai
西漢	a	a	ua	ua	ea	ea	oa	i̯e	i̯e	i̯e	i̯e	i̯ue	i̯ue	i̯a	i̯a
东漢	a	a	ua	ua	ea	ea	oa	i̯e	i̯e	i̯e	i̯e	i̯ue	i̯ue	i̯a	i̯a
南北朝	a	a	ua	ua	ea	ea	oa	i̯e	i̯e	i̯ei	i̯e i̯ua	i̯ue	i̯ue	i̯a	i̯a
隋唐	a	a	ua	ua	a	a	ua	i	i	i	i i̯ua	i̯ui	i̯ui	i̯a	i̯a
五代	a	a	ua	ua	a	a	ua	i	i	i	i i̯ua	i̯ui	i̯ui	i̯a	i̯a
宋	ɔ	ɔ	uɔ	uɔ	a	a	ua	i	i	i	i i̯ua	i̯ui	i̯ui	i̯a	i̯a
元	ɔ	ɔ	uɔ	uɔ	i̯a	a	ua	i	ʅ	i	ʅ yæ	yi	yi	i̯æ	i̯æ
明清	ɔ	ɔ	uɔ	uɔ	i̯a	a	ua	i	ʅ	i	ɚ ye	uəi	uəi	i̯e	e
现代	ə	uo	uo	ə	i̯a	a	ua	i	ʅ	i	ɚ ye	uəi	uəi	i̯e	ə

465

(490)

(10) 職部

時代＼韵母	開一（德）	開一（革）	開一（戒）	合一（國）	合一（馘）	開三（億）	開三（側）	開三（式）	開三（意）	合三（域）	合三（或）	合三（牧）	合三（福）	合三（富）
先秦	ək	ək	ək	uək	uək	ĭək	ĭək	ĭək	ĭək	ĭuək	ĭuək	ĭuək	ĭuək	ĭuə:k
西漢	ək	ək	ə:k	uək	uək	ĭək	ĭək	ĭək	ĭə:k	ĭuək	ĭuək	ĭuək	ĭuək	ĭuə:k
东漢	ək	ək	ə:k	uək	uək	ĭək	ĭək	ĭək	ĭə:k	ĭuək	ĭuək	ĭuək	ĭuək	ĭuək
南北朝	ɐk	ək	ei	uək	uək	ĭək	ĭək	ĭək	ĭə	ĭuək	ĭok	ĭok	ĭok	ĭu
隋唐	ək	ɐk	ai	uək	uɐk	ĭək	ĭək	ĭək	i	ĭuək	ĭok	ĭok	ĭok	ĭou
五代	ək	ək	ai	uək	uək	ĭək	ĭək	ĭək	i	ĭuək	ĭuk	ĭuk	ĭuk	u
宋	ək	ək	ai	uək	uək	iʅ	ək	iʅ	i	ĭuit	ĭuk	ĭuk	ĭuk	u
元	ai	ai	ĭai	uəi	uəi	i	i	i	i	i	ĭu	u	u	u
明清	e	e	ĭai	ue	ue	i	e	ʅ	i	y	y	u	u	u
現代	ə	ə	ĭe	uo	uo	i	ə	ʅ	i	y	y	u	u	u

(11)锡部

韵母 时代	开二(策)	开二(隘)	合二(画)	合二(画)	开三(益)	开三(适)	开三(辟)	开三(赐)	合三(役)	开四(析)	开四(帝)	合四(鹝)
先秦	ek	e:k	oek	oe:k	ǐek	ǐek	ǐe:k	ǐe:k	ǐuek	iek	ie:k	iuek
西汉	ek	e:k	oek	oe:k	ǐek	ǐek	ǐe:k	ǐe:k	ǐuek	iek	ie:k	iuek
东汉	ek	e:k	oek	oe:k	ǐek	ǐek	ǐe:k	ǐe:k	ǐuek	iek	ie:k	iuek
南北朝	ek	ɐai	oek	oai	ǐek	ǐek	ǐe	ǐe	ǐuek	iek	iæi	iuek
隋唐	ɐk	ai	uɐk	uai	ǐɛk	ǐɛk	i	i	ǐuɛk	ik	iæi	iuik
五代	ək	ai	uək	uai	ǐək	ǐək	i	i	ǐuək	iək	iæi	ǐuək
宋	ək	ai	uək	uai	it	it	i	ʅ	ǐuit	it	i	ǐuit
元	ai	ai	ua	ua	i	i	i	ʅ	i	i	i	i
明清	e	ai	ua	ua	i	ʅ	i	ʅ	i	i	i	y
现代	ə	ai	ua	ua	i	ʅ	i	ʅ	i	i	i	y

40×15=600 (1201) 北京市电车公司印刷厂出品 76.12

(491)

466

开一(各)

(12) 铎部

三

韵母 / 時代	开一(洛)	开一(路)	合一(郭)	开二(白)	开二(泽)	合二(获)	开三(略)	开四(戟)	开四(剧)	开四(昔)	开四(石)	开三(庶)	开四(夜)	开四(射)	合三(矍)	合三(缚)
先秦	ak ɑk	ɑ:k	uak	eak	eak	oak	i̯ak	i̯ak	i̯ak	iak	iak	i̯a:k	ia:k	ia:k	i̯uak	i̯uak
西漢	ak ɑk	a:k	uak	eak	eak	oak	i̯ak	i̯ak	i̯ak	i̯ak	i̯ak	i̯a:k	ia:k	ia:k	i̯uak	i̯uak
东漢	ak ɑk	a:k	uak	eak	eak	oak	i̯ak	i̯ak	i̯ak	i̯ak	i̯ak	i̯a:k	ia:k	ia:k	i̯uak	i̯uak
南北朝	ak ɑk	o	uak	ek	ek	oek	i̯ak	i̯ek	i̯ek	i̯ek	i̯ek	i̯ɔ	i̯a	i̯a	i̯uak	i̯uak
隋唐	ak ɑk	u	uak	ɐk	ɐk	uɐk	i̯ak	i̯ɛk	i̯ɛk	i̯ɛk	i̯ɛk	i̯o	i̯a	i̯a	i̯uak	i̯uak
五代	ak ɑk	u	uak	ək	ək	uək	i̯ak	i̯ək	i̯ək	i̯ək	i̯ək	i̯u	i̯a	i̯a	i̯uak	i̯uak
宋	ak ɑk	u	uak	ək	ək	uək	i̯ak	it	it	it	it	i̯u	i̯a	i̯a	i̯uak	i̯uak
元	ɔ ɔ	u	uɔ	ai	ai	uai	i̯au	i	i	i	i	i̯u	i̯æ	i̯æ	yɔ	ɔ
明清	ɔ ɔ	u	uo	ai	ai	uai	ye	i	i	i	ʅ	y	i̯e	i̯e	yɔ	ɔ
現代	ə uo	u	uo	ai	ə	uo	ye	i	y	i	ʅ	u	i̯e	i̯e	ye	u

(13) 屋部

开三（绿）

韵母 / 時代	开一（木）	开一（奏）	开二（角）	开二（握）	开二（濁）	开三（局）	开三（足）	开三（裕）
先秦	ɔk	ɔ:k	eɔk	eɔk	eɔk	i̯ɔk	i̯ɔk i̯ɔk	i̯ɔ:k
西漢	ɔk	ɔ:k	eɔk	eɔk	eɔk	i̯ɔk	i̯ɔk i̯ɔk	i̯ɔ:k
东漢	ɔk	ɔ:k	eɔk	eɔk	eɔk	i̯ɔk	i̯ɔk i̯ɔk	i̯ɔ:k
南北朝	ok	u	euk	euk	euk	i̯uk	i̯uk i̯uk	i̯o
隋唐	ok	ou	ɔk	ɔk	ɔk	i̯uk	i̯uk i̯uk	i̯o
五代	uk	əu	ɔk	ɔk	ɔk	i̯uk	i̯uk i̯uk	i̯u
宋	uk	əu	eak	eak	eak	i̯uk	i̯uk i̯uk	i̯u
元	u	əu	i̯au	i̯au	ɔ	i̯u	i̯u y	i̯u
明清	u	əu	i̯ɔ	uɔ	uɔ	y	y y	y
现代	u	əu	ye	uo	uo	y	u y	y

(492)

467

(14)沃部

時代＼韵母	開一(沃)	開一([illegible])	開一(鑿)	開二(暴)	開二([illegible])	開二([illegible])	開三([illegible])	開三(藥)	開三([illegible])	開三([illegible])	開四(的)	開四(弔)
先秦	ok	ok	ok	o:k	eok	eok	eo:k	i̯ok	i̯ok	i̯o:k	iok	io:k
西漢	ɔk	ɔk	ɔk	ɔ:k	eɔk	eɔk	eɔ:k	i̯ɔk	i̯ɔk	i̯ɔ:k	iɔk	iɔ:k
東漢	ɔk	ɔk	ɔk	ɔ:k	eɔk	eɔk	eɔ:k	i̯ɔk	i̯ɔk	i̯ɔk	iɔk	iɔ:k
南北朝	uk	uk	ak	ou	euk	euk	eou	i̯ak	i̯ak	i̯ou	iek	iou
隋唐	uk	uk	ak	au	ɔk	ɔk	au	i̯ak	i̯ak	i̯æu	iɛk	iæu
五代	uk	uk	ak	au	ɔk	ɔk	au	i̯ak	i̯ak	i̯æu	iək	i̯æu
宋	uk	uk	ak	au	eak	eak	eau	i̯ak	i̯ak	i̯æu	it	i̯æu
元	u	au	au	au	i̯au	au	au	i̯au	i̯au	i̯au	i	i̯au
明清	u	au	au	au	i̯au	uɔ	au	i̯au	i̯ɔ	i̯au	i	i̯au
現代	uo	ə	au	au	ye	uo	au	i̯au	ye	i̯au	i	i̯au

5 10 15 20

(15)覺部

韵目 / 時代	合一(鵠)	合一(告)	合二(覺)	合二(覺)	合三(匊)	合三(肅)	合三(叔)	合三(肉)	合三(六)	合四(戚)	合四(糴)
先秦	uk	u:k	euk	eu:k	i̯uk	i̯uk	i̯uk	i̯uk	i̯uk	iuk	iu:k
西漢	uk	u:k	euk	eu:k	i̯uk	i̯uk	i̯uk	i̯uk	i̯uk	iuk	iu:k
东漢	uk	u:k	euk	eu:k	i̯uk	i̯uk	i̯uk	i̯uk	i̯uk	iuk	iu:k
南北朝	uk	ou	euk	eou	i̯ok	i̯ok	i̯ok	i̯ok	i̯ok	iok	iou
隋唐	uk	au	~~euk~~ ɔk	au	i̯ok	i̯ok	i̯ok	i̯ok	i̯ok	ik	iæu
五代	uk	au	ɔk	au	i̯uk	i̯uk	i̯uk	i̯uk	i̯uk	i̯ək	i̯æu
宋	uk	au	ak	au	i̯uk	i̯uk	i̯uk	i̯uk	i̯uk	it	i̯æu
元	u	au	i̯au	i̯au	y	y	i̯u	əu	i̯əu	i	i̯au
明清	u	au	i̯au	i̯au	y	y	u	əu	i̯əu	i	i̯au
現代	u	au	ye	i̯au	y	u	u	əu	i̯əu	i	i̯au

40×15=600 (1201) 北京市电车公司印刷厂出品 76.12

468

(493)

(16) 物部

韵母 / 时代	开一(纥)	开一(爱)	合一(忽)	合一(没)	合一(退)	合一(内)	开三(乞)	开三(气)	合三(聿)	合三(出)	合三(贵)	合三(费)	合三(位)	合三(遂)
先秦	ət	ə:t	uət	uət	uə:t	uə:t	i̯ət	i̯ə:t i̯uət	i̯uət	i̯uət	i̯uə:t	i̯uə:t	i̯uə:t	i̯uə:t
西汉	ət	ə:t	uət	uət	uə:t	uə:t	i̯ət	i̯ə:t i̯uət	i̯uət	i̯uət	i̯uə:t	i̯uə:t	i̯uə:t	i̯uə:t
东汉	ət	ə:t	uət	uət	uə:t	uə:t	i̯ət	i̯ə:t i̯uət	i̯uət	i̯uət	i̯uə:t	i̯uət	i̯uə:t	i̯uə:t
南北朝	ɐt	ɐi	uɐt	uɐt	uɐi	uɐi	i̯ət	i̯əi i̯uət	i̯uət	i̯uət	i̯uəi	i̯uəi	i̯uei	i̯uei
隋唐	ɐt	ai	uɐt	uɐt	uai	uai	i̯et	i̯əi i̯uət	i̯uit	i̯uit	i̯uəi	i̯uəi	i̯uei	i̯uei
五代	ɐt	ai	uɐt	uɐt	uɐi	uɐi	i̯ət	i i̯uit	i̯uət	i̯uət	i̯ui	i̯ui	i̯ui	i̯ui
宋	ɐt	ai	uɐt	uɐt	uɐi	uɐi	it	i i̯uit	i̯uit	i̯uit	i̯ui	i̯ui	i̯ui	i̯ui
元	ɔ	ai	u	u	uəi	uəi	i	i u	y	y	yi	yi	yi	yi
明清	ɔ	ai	u	uɔ	uəi	uəi	i	i u	y	u	uəi	əi	uəi	uəi
现代	ə	ai	u	uo	uəi	əi	i	i u	y	u	uəi	əi	uəi	uəi

(17) 質部

韵母 / 時代	开二(黠)	开二(八)	开二(瑟)	开四(迄)	开三(吉)	开三(室)	开三(栉)	开三(利)	开三(四)	开四(節)	开四(即)	开四(棣)	合四(穴)	合四(惠)
先秦	et	et	et	e:t	i̯et	i̯et	i̯et	i̯e:t	i̯e:t	iet	iet	ie:t	iuet	iue:t
西漢	et	et	et	e:t	i̯et	i̯et	i̯et	i̯e:t	i̯e:t	iet	iet	ie:t	iuet	iue:t
东漢	et	at	et	e:t	i̯et	i̯et	i̯et	i̯e:t	i̯e:t	iet	iet	ie:t	iuet	iue:t
南北朝	eat	eat	et	eəi	i̯et	i̯et	i̯ək	i̯ei	i̯ei	iet	iək	iæi	iuet	iuæi
隋唐	at	at	it	ai	it	it	i̯ək	i	i	iæt	i̯ək	iæi	iuæt	iuæi
五代	at	at	i̯ət	ai	i̯ət	i̯ət	i̯ək	i	i	iæt	i̯ək	iæi	iuæt	iuæi
宋	eat	eat	it	ai	it	it	it	i	ɿ	i̯æt	it	i	i̯uæt	i̯ui
元	i̯a	a	ʅ	i̯ai	i	i	i	i	ɿ	i̯æ	i	i	yæ	yi
明清	i̯a	a	ʅ	i̯ai	i	ʅ	i	i	ɿ	i̯e	i	i	ye	uəi
現代	i̯a	a	ə	i̯e	i	ʅ	i	i	ɿ	i̯e	i	i	ye	uəi

469

(494)

(18) 月部

韵部 \ 时代	先秦	西汉	东汉	南北朝	隋唐	五代	宋	元	明清	现代
开一(曷)	at	at	at	at	at	at	at	ɔ	ɔ	ə
开一(害)	a:t	a:t	a:t	ai	ai	ai	ai	ai	ai	ai
开一(大)	a:t	a:t	a:t	ai	ai①	ai	ai	ai	ai	a
合一(阔)	uat	uat	uat	uat	uat	uat	uat	uɔ	uɔ	uo
合一(外)	ua:t	ua:t	ua:t	uai	uai	uai	uai	uai	uai	uai
合一(兑)	ua:t	ua:t	ua:t	uai	uai	uai	uai	ui	ui	ui
开二(辖)	eat	eat	eat	eat	at	at	eat	i̯a	i̯a	i̯a
开二(败)	ea:t	ea:t	ea:t	eæi	ai	ai	ai	ai	ai	ai
开二(迈)	ea:t	ea:t	ea:t	eæi	ai	ai	ai	ai	ai	ai
开二(拜)	ea:t	ea:t	ea:t	eɐi	ai	ai	ai	ai	ai	ai
合二(刮)	oat	oat	oat	oat	uat	uat	oat	ua	ua	ua
合二(夬)	oa:t	oa:t	oa:t	oæi	uai	uai	oai	uai	uai	uai
合二(话)	oa:t	oa:t	oa:t	oæi	uai	uai	oai	ua	ua	ua
开三(孽)	i̯at	i̯at	i̯at	i̯æt	i̯æt	i̯æt	i̯æt	i̯e	i̯e	i̯e
开三(舌)	i̯at	i̯at	i̯at	i̯æt	i̯æt	i̯æt	i̯æt	i̯e	i̯e	ə
开三(厉)	i̯a:t	i̯a:t	i̯a:t	i̯æi	i̯æi	i̯æi	i	i	i	i
开三(世)	i̯a:t	i̯a:t	i̯a:t	i̯æi	i̯æi	i̯æi	i	i	ʅ	ʅ
合三(月)	i̯uat	i̯uat	i̯uat	i̯uɐt	i̯uɐt	i̯uæt	i̯uæt	ye	ye	ye
(伐) 合三(发)	i̯uat	i̯uat	i̯uat	i̯uɐt	i̯uɐt	i̯uæt	at	a	a	a
(雪) 合三(说)	i̯uat	i̯uat	i̯uat	i̯uæt	i̯uæt	i̯uæt	i̯uæt	ye	ye	ye
(锐) 合三(税)	i̯ua:t	i̯ua:t	i̯ua:t	i̯uai	i̯uæt	i̯uæi	i̯ui	i̯ui	i̯ui	uəi
合三(吠)	i̯ua:t	i̯ua:t	i̯ua:t	i̯uɐi	i̯uæt	i̯uæi	i̯ui	əi	ei	əi
开四(结)	iat	iat	iat	iæt	i̯æt	i̯æt	i̯uæt	i̯e	i̯e	i̯e
开四(契)	ia:t	ia:t	ia:t	iæi	iæi	i̯æi	i	i	i	i
合四(决)	iuat	iuat	iuat	iuæt	iuæt	i̯uæt	i̯uæt	ye	ye	ye
合四(慧)	iua:t	iua:t	iua:t	iuæi	iuæi	i̯uæi	i̯ui	i̯ui	i̯ui	uəi

①"大"字，广韵有唐盖、唐佐二切，大概很早就有[a]音。但明代以前，仍以唐盖切为正读。

(19) 缉部

时代 / 韵母	先秦	西汉	东汉	南北朝	隋唐	五代	宋	元	明清	现代
開一(合)	əp	əp	əp	ap	ap	ap	ap	ɔ	ɔ	ə
開一(雜)	əp	əp	əp	ap	ap	ap	ap	a	a	a
合一(納)	uəp	əp	əp	ap	ap	ap	ap	a	a	a
開二(洽)	eəp	eəp	eəp	eap	ap	ap	eap	i̯a	i̯a	i̯a
開三(及)	i̯əp	i̯əp	i̯əp	i̯əp	i̯əp	i̯əp	ip	i	i	i
開三(澀)	i̯əp	i̯əp	i̯əp	i̯əp	i̯əp	i̯əp	ip	i	ʅ	ʅ
開三(入)	i̯əp	i̯əp	i̯əp	i̯əp	i̯əp	i̯əp	ip	i̯u	u	u
合三(立)	i̯uəp	i̯əp	i̯əp	i̯əp	i̯əp	i̯əp	ip	i	i	i

40×15=600 (1201) 北京市电车公司印刷厂出品 76.12

470

(495)

(20) 盍部

韵母＼时代	先秦	西汉	东汉	南北朝	隋唐	五代	宋	元	明清	现代
开一(盍)	ap	ap	ap	æp	ap	ap	ap	ɔ	ɔ	ə
开一(臘)	ap	ap	ap	æp	ap	ap	ap	a	a	a
开二(甲)	eap	eap	eap	eæp	ap	ap	eap	i̯a	i̯a	i̯a
开三(葉)	i̯ap	i̯ap	i̯ap	i̯æp	i̯æp	i̯æp	i̯æp	i̯æ	i̯e	i̯e
开三(業)	i̯ap	i̯ap	i̯ap	i̯ɐp	i̯ɐp	i̯æp	i̯æp	i̯æ	i̯e	i̯e
合三(法)	i̯uap	i̯uap	i̯uap	i̯uɐp	i̯uɐp	i̯uæp	ap	a	a	a
开四(協)	iap	iap	iap	iæp	iæp	iæp	i̯æp	i̯æ	i̯e	i̯e

(21) 蒸部

时代 / 韵母	先秦	西汉	东汉	南北朝	隋唐	五代	宋	元	明清	现代
开一(恒)	əŋ	əŋ	əŋ	əŋ	əŋ	əŋ	əŋ	əŋ	əŋ	əŋ
开二(朋)	əŋ	əŋ	əŋ	əŋ	əŋ	əŋ	əŋ	uŋ	uŋ	əŋ
合一(肱)	uəŋ	uəŋ	uəŋ	uəŋ	uəŋ	uəŋ	uəŋ	uŋ	uŋ	uŋ
开三(兴)	i̯əŋ	i̯əŋ	i̯əŋ	i̯əŋ	i̯əŋ	i̯əŋ	i̯əŋ	i̯əŋ	iŋ	iŋ
开三(升)	i̯əŋ	i̯əŋ	i̯əŋ	i̯əŋ	i̯əŋ	i̯əŋ	i̯əŋ	i̯əŋ	əŋ	əŋ
合三(弓)	i̯uəŋ	i̯uəŋ	i̯uəŋ	i̯oŋ	i̯oŋ	i̯uŋ	i̯uŋ	uŋ	uŋ	uŋ
合三(梦)	i̯uəŋ	i̯uəŋ	i̯uəŋ	i̯oŋ	i̯oŋ	i̯uŋ	i̯uŋ	uŋ	uŋ	əŋ
合三(穷)	i̯uəŋ	i̯uəŋ	i̯uəŋ	i̯oŋ	i̯oŋ	i̯uŋ	i̯uŋ	yŋ	yŋ	yŋ

471

(496)

(22) 耕部

韵母 \ 時代	先秦	西漢	东漢	南北朝	隋唐	五代	宋	元	明清	现代
開二(耕)	eŋ	eŋ	eŋ	eŋ	ɐŋ	ɐŋ	ɐŋ	əŋ	əŋ	əŋ
合二(轟)	oeŋ	oeŋ	oeŋ	oeŋ	uɐŋ	uɐŋ	uɐŋ	uŋ	uŋ	uŋ
開三(驚)	i̭eŋ	i̭eŋ	i̭eŋ	i̭eŋ	i̭ɐŋ	i̭ɐŋ	iŋ	iŋ	iŋ	iŋ
開三(征)	i̭eŋ	i̭eŋ	i̭eŋ	i̭eŋ	i̭ɐŋ	i̭ɐŋ	iŋ	iŋ	əŋ	əŋ
開三(貞)	i̭eŋ	i̭eŋ	i̭eŋ	i̭eŋ	i̭ɐŋ	i̭ɐŋ	iŋ	iŋ	əŋ	ən
開三(勁)	i̭eŋ	i̭eŋ	i̭eŋ	i̭eŋ	i̭ɐŋ	i̭ɐŋ	iŋ	iŋ	iŋ	in
合三(瓊)	i̭ueŋ	i̭ueŋ	i̭ueŋ	i̭ueŋ	i̭uɐŋ	i̭uɐŋ	i̭uiŋ	yŋ	yŋ	yŋ
合三(傾)	i̭ueŋ	i̭ueŋ	i̭ueŋ	i̭ueŋ	i̭uɐŋ	i̭uɐŋ	i̭uiŋ	yŋ	yŋ	# iŋ
開四(丁)	ieŋ	ieŋ	ieŋ	ieŋ	iɐŋ	iɐŋ	iŋ	iŋ	iŋ	iŋ
合四(迥)	iueŋ	iueŋ	iueŋ	iueŋ	iuɐŋ	iuɐŋ	i̭uiŋ	yŋ	yŋ	yŋ

（23）陽部

韵母 \ 時代	先秦	西漢	东漢	南北朝	隋唐	五代	宋	元	明清	現代
開一（剛）	aŋ	aŋ	aŋ	aŋ	aŋ	aŋ	aŋ	aŋ	aŋ	aŋ
合一（光）	uaŋ	uaŋ	uaŋ	uaŋ	uaŋ	uaŋ	uaŋ	uaŋ	uaŋ	uaŋ
開二（衡）	eaŋ	eaŋ	eŋ	eŋ	ɐŋ	ɐŋ	ɐŋ	əŋ	əŋ	əŋ
開二（行）	eaŋ	eaŋ	eŋ	eŋ	ɐŋ	ɐŋ	ɐŋ	əŋ	əŋ	iŋ
合二（觥）	oaŋ	oaŋ	oeŋ	oeŋ	uɐŋ	uɐŋ	uɐŋ	uŋ	uŋ	uŋ
開三（良）	i̯aŋ	i̯aŋ	i̯aŋ	i̯aŋ	i̯aŋ	i̯aŋ	i̯aŋ	i̯aŋ	i̯aŋ	i̯aŋ
開三（傷）	i̯aŋ	i̯aŋ	i̯aŋ	i̯aŋ	i̯aŋ	i̯aŋ	i̯aŋ	i̯aŋ	aŋ	aŋ
開三（霜）	i̯aŋ	i̯aŋ	i̯aŋ	i̯aŋ	i̯aŋ	i̯aŋ	i̯aŋ	uaŋ ~~i̯aŋ~~	uaŋ ~~i̯aŋ~~	uaŋ
合三（房）	i̯uaŋ	i̯uaŋ	i̯uaŋ	i̯uaŋ	i̯uaŋ	i̯uaŋ	i̯uaŋ	[illegible]aŋ	aŋ	aŋ
合三（狂）	i̯uaŋ	i̯uaŋ	i̯uaŋ	i̯uaŋ	i̯uaŋ	i̯uaŋ	i̯uaŋ	i̯uaŋ	uaŋ	uaŋ
開四（京）	iaŋ	iaŋ	i̯eŋ	i̯eŋ	i̯ɐŋ	i̯ɐŋ	iŋ	i̯əŋ	iŋ	iŋ
合四（兄）	iuaŋ	iuaŋ	i̯ueŋ	i̯ueŋ	i̯uɐŋ	i̯uɐŋ	i̯uiŋ	i̯uŋ	yŋ	yŋ
合二（横）	oaŋ	oaŋ	oeŋ	oeŋ	uɐŋ	uɐŋ	uɐŋ	uŋ	uŋ	əŋ

472

(497)

(24) 东部

韵母＼时代	先秦	西漢	东漢	南北朝	隋唐	五代	宋	元	明清	现代
闭一(公)	ɔŋ	oŋ	oŋ	oŋ	oŋ	uŋ	uŋ	uŋ	uŋ	uŋ
闭一(蒙)	ɔŋ	oŋ	oŋ	oŋ	oŋ	uŋ	uŋ	uŋ	uŋ	əŋ
闭二(江)	eɔŋ	eoŋ	eoŋ	euŋ	ɔŋ	ɔŋ	eaŋ	ĭaŋ	ĭaŋ	ĭaŋ
闭二(双)	eɔŋ	eoŋ	eoŋ	euŋ	ɔŋ	ɔŋ	eaŋ	uaŋ	uaŋ	uaŋ
闭三(龙)	ĭɔŋ	ĭoŋ	ĭoŋ	ĭoŋ	ĭoŋ	ĭuŋ	ĭuŋ	ĭuŋ	ĭuŋ	uŋ
闭三(凶)	ĭɔŋ	ĭoŋ	ĭoŋ	ĭuŋ	ĭuŋ	ĭuŋ	ĭuŋ	ĭuŋ	ĭuŋ	yŋ
闭三(从)	ĭɔŋ	ĭoŋ	ĭoŋ	ĭuŋ	ĭuŋ	ĭuŋ	ĭuŋ	ĭuŋ	uŋ	uŋ
闭三(丰)	ĭɔŋ	ĭoŋ	ĭoŋ	ĭuŋ	ĭuŋ	ĭuŋ	ĭuŋ	ĭuŋ	uŋ	əŋ
闭三(钟)	ĭɔŋ	ĭoŋ	ĭoŋ	ĭuŋ	ĭuŋ	ĭuŋ	ĭuŋ	ĭuŋ	uŋ	uŋ

接下页

40×15=600 (1201) 北京市电车公司印刷厂出品 76.12

473

(498)

(25) 文部

韵母＼时代	先秦	西汉	东汉	南北朝	隋唐	五代	宋	元	明清	现代
開一(根)	ən	ən	ən	ɐn	ɐn	ɐn	ɐn	ən	ən	ən
合一(昆)	uən	uən	uən	uɐn	uɐn	uɐn	ɐn	uən	uən	uən (un)
開二(艱)	eən	eən	eən	eɐn	an	an	ean	i̯an	i̯an	i̯an
開二(盼)	eən	eən	eən	eɐn	an	an	an	an	an	an
開二(詵)	eən	eən	eən	en	in	i̯ən	i̯ən	i̯ən	ən	ən
合二(鰥)	oən	oən	oən	oɐn	uan	uan	uan	uan	uan	uan
開三(巾)	i̯ən	i̯ən	i̯ən	i̯en	in	i̯ən	i̯ən	i̯ən	in	in
開三(辰)	i̯ən	i̯ən	i̯ən	i̯en	in	i̯ən	i̯ən	i̯ən	ən	ən
開三(斤)	i̯ən	i̯ən	i̯ən	iən	in	i̯ən	i̯ən	i̯ən	in	in
開三(旂)	i̯ən	i̯əi	i̯əi	i̯əi	i̯əi	i	i	i	i	i
合三(麕)	i̯uən	i̯uən	i̯uən	i̯uen	iuin	i̯uən	i̯uən	yən	yən	yən
合三(群)	i̯uən	i̯uən	i̯uən	i̯uən	i̯uən	i̯uən	i̯uɐn	yən	yən	yən
合三(聞)	i̯uən	i̯uən	i̯uən	i̯uən	i̯uən	i̯uən	ɐn	ən	ən	ən
合三(春)	i̯uən	i̯uən	i̯uən	i̯uen	i̯uen	i̯uən	i̯uən	yən	yən	yən
合三(煇)	i̯uən	i̯uəi	i̯uəi	i̯uəi	i̯uəi	i̯ui	i̯ui	uəi	uəi	uəi
合三(川)	i̯uən	i̯uan	i̯uan	i̯uan	i̯uan	i̯uan	i̯uan	i̯uan	uan	uan

(26) 真部

时代 韵母	先秦	西汉	东汉	南北朝	隋唐	五代	宋	元	明清	现代
开二(臻)	en	en	en	en	in	ən	ən	ən	ən	ən
开三(民)	i̯en	i̯en	i̯en	i̯en	in	i̯ən	i̯ən	i̯ən	i̯ən	in
开三(真)	i̯en	i̯en	i̯en	i̯en	in	i̯ən	i̯ən	i̯ən	[illegible]ən	ən
合三(均)	i̯uen	i̯uen	i̯uen	i̯uen	i̯uin	i̯uən	i̯uən	yən	yən	yn
合三(旬)	i̯uen	i̯uen	i̯uen	i̯uen	i̯uin	i̯uən	i̯uən	yən	yən	yn
开四(天)	ien	ien	ien	iæn	iæn	iæn	i̯an	i̯an	i̯an	i̯an
合四(玄)	iuen	iuen	iuen	iuæn	iuæn	iuæn	i̯uan	yan	yan	yan

40×15=600 (1201) 北京市电车公司印刷厂出品 76.12

474　　(499)

合一(盤) uan uan uan uan uan uan uan uɔn an an

九

(17)元部

韵母＼时代	先秦	西漢	东漢	南北朝	隋唐	五代	宋	元	明清	现代
開一(干)	an	an	an	an	an	an	an	an	an	an
開一(殘)	an	an	an	an	an	an	an	an	an	an
合一(冠)	uan	uan	uan	uan	uan	uan	uan	uɔn	uan	uan
合一(寬)	uan	uan	uan	uan	uan	uan	uan	uɔn	uan	uan
開二(姦)	ean	ean	ean	ean	an	an	ean	i̯an	i̯an	i̯an
開二(刪)	ean	ean	ean	ean	an	an	oan	an	an	an
開二(間)	ean	ean	ean	eɐn	an	an	ean	i̯an	i̯an	i̯an
開二(山)	ean	ean	ean	eɐn	an	an	ean	an	an	an
合二(關)	oan	oan	oan	oan	uan	uan	oan	uan	uan	uan
開三(言)	i̯an	i̯an	i̯an	i̯ɐn	i̯ɐn	iæn	iæn	i̯æn	i̯an	i̯an
開三(軒)	i̯an	i̯an	i̯an	i̯ɐn	i̯ɐn	i̯æn	i̯æn	i̯æn	i̯an	yan
開三(彥)	i̯an	i̯an	i̯an	i̯æn	i̯æn	i̯æn	i̯æn	i̯æn	i̯an	i̯an
開三([illegible])	i̯an	i̯an	i̯an	i̯æn	i̯æn	i̯æn	i̯æn	i̯æn	an	an
合三(袁)	i̯uan	i̯uan	i̯uan	i̯uɐn	i̯uɐn	i̯uæn	i̯uæn	yæn	yan	yan
合三(垣)	i̯uan	i̯uan	i̯uan	i̯uɐn	i̯uɐn	i̯uæn	i̯uæn	yæn	yan	yan
合三(藩)	i̯uan	i̯uan	i̯uan	i̯uɐn	i̯uɐn	i̯uæn	an	an	an	an
合三(選)	i̯uan	i̯uan	i̯uan	i̯uæn	i̯uæn	i̯uæn	iuæn	yæn	yan	yan
合三(轉)	i̯uan	i̯uan	i̯uan	i̯uæn	i̯uæn	i̯uæn	iuæn	yæn	uan	uan
開四(肩)	ian	ian	ian	iæn	iæn	i̯æn	i̯æn	i̯æn	i̯an	i̯an
合四(縣)	iuan	iuan	iuan	iuæn	iuæn	i̯uæn	i̯uæn	yæn	i̯an	i̯an

合二(變) oəm euŋ euŋ euŋ ɔŋ ɔŋ ɔŋ uaŋ uaŋ uaŋ

(28) 侵部

韵母 \ 時代	先秦	西漢	东漢	南北朝	隋唐	五代	宋	元	明清	現代
开一(覃)	əm	əm	əm	am	am	am	am	am	an	an
開一(三)	əm	əm	əm	æm	am	am	am	am	an	an
合一(冬)	uəm	uŋ	uŋ	uŋ	uŋ	uŋ	uŋ	uŋ	uŋ	uŋ
开二(咸)	eəm	eəm	eəm	eam	am	am	eam	i̯am	i̯an	i̯an
开二(搀)	eəm	eəm	eəm	eam	am	am	eam	am	an	an
合二(降)	oəm	euŋ	euŋ	euŋ	ɔŋ	ɔŋ	eaŋ	i̯aŋ	i̯aŋ	i̯aŋ
开三(琴)	i̯əm	i̯əm	i̯əm	i̯əm	i̯əm	im	im	im	in	in
深 开三(深)	i̯əm	i̯əm	i̯əm	i̯əm	i̯əm	im	im	im	ən	ən
合三(躬)	i̯uəm	i̯uŋ	i̯uŋ	i̯oŋ	i̯oŋ	i̯uŋ	i̯uŋ	uŋ	uŋ	uŋ
合三(中)	i̯uəm	i̯uŋ	i̯uŋ	i̯oŋ	i̯oŋ	i̯uŋ	i̯uŋ	i̯uŋ	uŋ	uŋ
合三(风)	i̯uəm	i̯uŋ	i̯uŋ	i̯oŋ	i̯oŋ	i̯uŋ	i̯uŋ	uŋ	uŋ	əŋ
合三(凡)	i̯uəm	i̯uəm	i̯uəm	i̯uɐm	i̯uɐm	i̯uæm	am	an	an	an
开四(添)	iəm	iəm	iəm	iæm	iæm	i̯æm	i̯æm	i̯æm	i̯an	i̯an
开三(潛)	i̯əm	i̯əm	i̯əm	i̯æm	i̯æm	i̯æm	i̯æm	i̯æm	i̯an	i̯an

475

(500)

(29) 谈部

韵母 \ 时代	先秦	西汉	东汉	南北朝	隋唐	五代	宋	元	明清	现代
开一(甘)	am	am	am	am	am	am	am	am	an	an
开二①(谈)	am	am	am	am	am	am	am	am	an	an
开二(监)	eam	eam	eam	eam	am	am	eam	i̯am	i̯an	i̯an
开二(谗)	eam	eam	eam	eam	am	am	eam	am	an	an
开三(炎)	i̯am	i̯am	i̯am	i̯æm	i̯æm	i̯æm	i̯æm	i̯æm	i̯an	i̯an
开三(詹)	i̯am	i̯am	i̯am	i̯æm	i̯æm	i̯æm	i̯æm	i̯æm	an	an
开三(严)	i̯am	i̯am	i̯am	i̯ɐm	i̯ɐm	i̯æm	i̯æm	i̯æm	i̯an	i̯an
开三(剑)	i̯am	i̯am	i̯am	i̯æm	i̯ɐm	i̯æm	i̯æm	i̯æm	i̯an	i̯an
合三(犯)	i̯uam	i̯uam	i̯uam	i̯uɐm	i̯uɐm	i̯uæm	am	am	an	an
开四(兼)	i̯am	iam	iam	iæm	iæm	i̯æm	i̯æm	i̯æm	i̯an	i̯an

①"甘"和"谈"，從先秦到现代北京话，韵母都相同。我们分为两類，是因为现代有些方言（吴语、粤语等）分为两類。餘仿此。

（三）声调

调类＼时代	先秦	西漢	东漢	南北朝	隋唐	五代	宋	元	明清	现代
平声（妻）	平	平	平	平	平	平	平	陰平	陰平	陰平
平声（弦）	平	平	平	平	平	平	平	陽平	陽平	陽平
平声（亭）	平	平	平	上	上	上	上	上	上	上
平声（度）	平	平	平	去	去	去	去	去	去	去
上声（体）	上	上	上	上	上	上	上	上	上	上
上声（弟）	上	上	上	上	上	去	去	去	去	去
上声（禮）	上	上	上	上	上	上	上	上	上	上
上声（動）	上	上	上	去	去	去	去	去	去	去
長入（意）	長入	長入	長入	去	去	去	去	去	去	去
長入（異）	長入	長入	長入①	去	去	去	去	去	去	去
短入（速）	短入	短入	短入	入	入	入	入	上	去	去
短入（族）	短入	短入	短入	入	入	入	入	陽平	陽平	陽平
短入（節）	短入	短入	短入	入	入	入	入	上	去	陽平
短入（列）	短入	短入	短入	入	入	入	入	去	去	去
短入（接）	短入	短入	短入	入	入	入	入	上	去	陰平②

① 長入字，在漢代某些方言裏已轉為去声。

② 在现代某些方言裏，仄声亦分陰陽。“体”類為陰上，“弟”“禮”為陽上，“意”類為陰去，“異”類為陽去，“速節接”為陰入，“族列”為陽入。现代廣州话另有中入，即“節接”一類字。

457476

A30

(501)

1980.2.11

卷下　语音发展的规律

第一章　语音发展的四种主要方式

语音发展共有四种主要方式：(一)无变化；(二)转移；(三)分化；(四)合流。现在分别加以叙述。

(一)无变化

语音的发展意味着变化，无变化的情况是比较少见的。但是，少见并不是没有。上古的声母和韵部，也有一些富有稳定性的。

舌音端透定泥来五母是比较稳定的。它们的上古音是[t][tʻ][d][n][l]，直到今天苏州话仍旧是[t][tʻ][d][n][l]。现代北京话没有全浊声母，只剩下[t]、[tʻ][n][l]四母，因此我们可以说，端透定泥来四母是最穩定的。

上古舌上音，知徹澄娘四母字在上古屬於端透定泥。現代福州、廈门方言知徹澄字讀[t][tʻ]是保存了上古音。北京等地於娘母字讀[n]，也是保存了上古音。

影母自古至今是零声母，有時候我們把它標作[ʔ]或[w][j]，但從音位观点看，仍当認為零声母。這樣，直到今天，全国範圍內，都保存着這个零声母①。

上古日母讀[ȵ]，這个古音一直到今天的客家話里还保存着②，例如梅縣"日"讀[ȵit]，"熱"讀[ȵiat]，"繞"讀[ȵiau]，"肉"讀[ȵiuk]，"染"讀[ȵiam]，"任"讀[ȵiam]，"認"讀[ȵin]，"人"讀[ȵin]，或[n]。

① 有些方言在a、o前面加[ŋ]，例如漢口、成都"安"讀[ŋan]，河北南部"安"讀[nan]。

40×15=600 北京市电车公司印刷厂出品 76.12

② 有少數例外。

477

(502)

"讓"读[ȵioŋ]，"入"读[ȵiɪp]。吴读白话音日母字也都读[ȵ]，例如苏州"日"音[ȵiɪʔ]，"热"音[ȵiəʔ]，"饒"音[ȵiæ]，"肉"音[ȵioʔ]，"認"音[ȵin]，"人"音[ȵin]，"讓"音[ȵiaŋ]。

韵部的稳定性较差。只有上古的陽部先秦到漢代由[aŋ]变[ɑŋ]，後来又回到[aŋ]，這个[aŋ]一直保存到今天的北方话和其他许多方言里。

幽部的上古音是[u]，其三等字读[iu]，今天北京"流"字读[liu]，"舅"字读[iu]等，似乎是保存着古音，其实不是的。现代北京话的[iu]是[iou]的变体，不是原来上古幽部[u]的三等。

由此可见，清儒所谓"古本韵"是错误的。在今韵中，除陽韵外，很难找出"古本韵"来。

(二)渐移

一切音变都是渐变，没有突变①。这就是说，一切音变都是向邻近的发音部位转移，一步步向前走，或一步步向后走，或是一步步高化或低化，决不会越级跳跃。~~有时候，则是发音方法的演变，那也是邻近的演变。~~下面试举一些例子来说明语音的渐移。

① 有些语言学家承认有所谓突变（如法国的 Roudet），

~~方法方面，浊音的消失，併入清音，是语~~

举的例子是异化作用和弱化作用。我们认为，

~~语语音史上一件大事。而这些浊音变清音，都~~

那是条件的变化，不是突变。至于，在汉语语音史中，

~~是发音部位不变，只变了发音方法。这就是说，~~

我们没有发现突变，只有一些不规则的变化。

~~音变的部位仍旧，只是发音时声带不颤动了。~~

~~[b]→[p][pʻ]，[dʑ]→[tɕ][tɕʻ]，[z]→[s]，~~

~~[d]→[t][tʻ]，[g]→[k][kʻ]等，都是这种~~

~~情况。~~

~~鼻音[ŋ][n][ɳ][ȵ]在发音上互相接近，所以容易互相转化。[ŋ][ȵ]变转最为常见。这是腭化，即变成[ŋ→ȵ]。[ŋ]转为~~

~~语[ȵ]后有[i]时，便变[ȵ]。日母本读[ȵ]，也有变为[n]的，例如"潮州"字读[naŋ]。[ŋ]转为~~

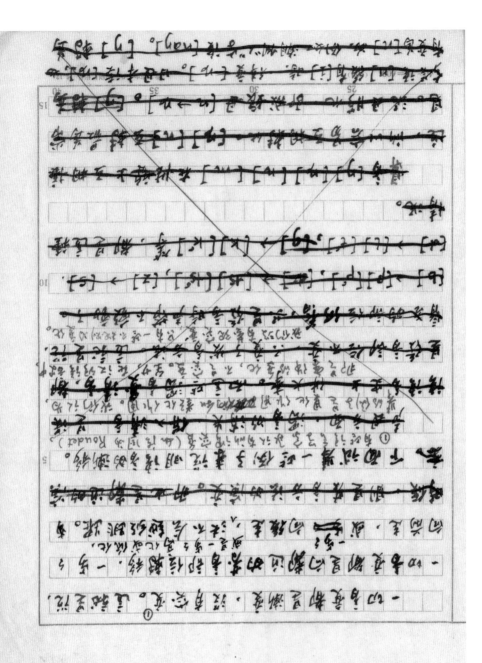

478

(503)

魚部在上古的讀音是[a](姑)，[ua](孤)，[ea](馬、家)，[oa](瓜)，[ia](居)，[iua](瞿、夫)，現代北京話讀[u](姑、孤、夫)，[y](居、瞿)，[a](馬)，[ia](家)，這不是一蹴而就的。

魚部開口一等字（"姑"類）在上古的讀音是[a]，現代北京話讀[u]，這不是從[a]一步跳到[u]的。它的發展過程是元音逐步高化。由先秦的[a]高化為漢代的[ɔ]，再高化為南北朝的[o]，再高化為隋唐的[u]，然後停止下來。它停止下來，是因為高化到頂了。還能不能再發展呢？能。照英語的發展規律，高化到了頂就發展為複合元音。漢語方言有這種情況，例如"圖"字，現代蘇州話讀[dəu]，漢口、廣州讀[tʻou]。

幽部一等字（"曹"類）在上古的讀音是[u]，現代北京話讀[au]，這也不是從[u]一步跳到[au]的。它的發展過程是元音逐步低化。由先秦的[u]低化為漢代的[o]，然後轉變為南北朝的複合元音[ou]，再低化為隋唐、五代的[au]，最後低化為宋元、明清和現代的[au]。

声母的发展也是漸移的。例如，精系齊撮字從舌尖的[ts][ts'][dz][s][z]轉移到舌面的[tɕ][tɕ'][ɕ]，是发音部位向後移；見系齊撮字從舌根的[k][k'][g][x][ɣ]轉移到舌面的[tɕ][tɕ'][ɕ]，是發音部位向前移，二者會合在一起了。

有些發展情況似乎是跳躍。例如"火"字從西漢的[xuai]轉變為東漢的[xua]。又如日母從隋唐的[ʐ]轉變為五代的[r]。從[xuai]到[xua]，應該認為經過[xuai]這個階段，即

479

(504)

xuoi→xuai→xua，不过过渡時期較短，不爲人們所覺察罷了。至於由[ʁ]到[ɣ]，那也算是漸移，因爲[ʁ]和[ɣ]（指舌面的ɣ）發音部位相同，發音方法又相近似（同屬通聲），可以認爲是漸移。

漸移，一般不走回頭路。但是，也有先退一步，然後再前進的；也有先進一步，然後再後退的。例如月部一等曷類字，由先秦的[at]到兩漢、南北朝、隋、唐、五代的[at]是退，到宋代的[at]是進，到元、明、清的[ɔ]是退，到現代北京話的[ə]是進。但這種情況是少見的。

(三)分化

分化，指的是一個聲母分化爲兩個以上的聲母，或一個韻部分化爲兩個以上的韻部，或一個聲調分化爲兩個以上的聲調。

(1)声母的分化，例如帮滂並明分化出非敷奉微，端透定泥分化出知徹澄娘，見溪群分化為[tɕ][tɕʻ][ɕ]，等等。

(2)韵部的分化，例如之部到南北朝分化為之尤幽三部，支部到南北朝分化為支泰祭三部，魚部到南北朝分化為魚模歌(麻)三部，侯部到南北朝分化為幽模两部，宵部到隋唐分化為豪肴宵三部，幽部到隋唐分化為侯豪肴宵四部，等等。

(3)声調的分化，例如平声分化為陰平、陽平，上声分化為陰上、陽上，去声分化為陰去、陽去，入声分化為陰入、陽入，等等。

分化，绝大多数是条件的变化（参看下文），只有少数是不規則的变化。

(四)合流

合流，指的是两个以上的声母合併為一个

480

(505)

声母，兩个以上的韵部合併為一个韵部，或兩个以上的声调合併為一个声调。合流有兩種情況：

(1)兩个以上的声母、韵部、声调合流，成為一个新声母、新韵部、新声调。例如：

五代的初母[tʃ']与牀母[ʤ]合流，到宋代成為新的声母[tɕ']，山母[ʃ]与牀母士類[ʒ]合流，到宋代成為新的声母[ɕ]。

南北朝的之部三等[iə]、支部三等[ie, iue]、脂部三等[iei, iuei]合流，到隋唐成為新的韵母[i]。

某些声调合流時，大约也有变為新声调(指调值起了变化)的，但已不可考。

(2)兩个以上的声母、韵部、声调合流，实際上是甲声母併入乙声母，甲韵部併入乙韵部，甲声调併入乙声调。這種情况較多。例如：

~~部[ʋ]入[w]。現代北京話"味"讀如"位"、"吻"讀如"穩"、"無"讀如"吾"等。~~

[ʋ]（部分）併入[w]。宋元以後，"魏"讀如"爲"、"魍"讀如"罔"等。[ʋ]併入[w]。現代北京話"味"讀如"位"、"吻"讀如"穩"、"無"讀如"吾"、"亡"讀如"王"等。

濁音併入清音。宋元以後，"忌"讀如"記"，"度"讀如"妒"，"訟"讀如"送"、"步"讀如"布"，"舊"讀如"救"，"鄭"讀如"政"，等等。

江部[ɔŋ]併入陽部[aŋ]。宋元以後，"江"讀如"姜"、"樁"讀如"莊"，"缸"讀如"岡"，"邦"讀如"幫"，"双"讀如"霜"，"尨"讀如"茫"，"窗"讀如"瘡"，"龐"讀如"旁"，"幢"讀如"牀"。~~寒部[an]併入刪部。宋元以後~~韵

[au]併入肴韻[au]，宋元以後，"毛"讀如"茅"，"褒"讀如"包"，"袍"讀如"庖"等；肴韻喉牙字併入宵韻[iau]，宋元以後，"交"讀如"嬌"，"肴"讀如"姚"等；後來，宵韻[iau]舌齒字又併入豪韻[au]①，明清以後，"超"讀為[tʂʻau]，"昭"讀為[tʂau]，"燒"讀為[ʂau]，"饒"讀為[ʐau]等。

濁音上聲字併入去聲，晚唐以後，"動"讀如"洞"，"重"讀如"仲"，"項"讀如"巷"，"蕩"讀如"宕"，"士"讀如"事"，"跪"讀如"匱"，"婦"讀如"附"，"蟹"讀如"械"，"道"讀如"盜"，等等。

分化和合流是互相為用的。例如之部從漢代到南北朝，一方面分化為之灰咍三部，另一方面，之部合口一等母類字、合口三等牛類字又和幽部合流為南北朝的幽部，之部開口一等該類

① 宋元以後豪韻已讀為[au]。

実、埋類字又和漢代微部合口一等字合流為南北朝的灰部。

有分化而無合流，語音系统会变為太複雜了，不利於交際；有合流而無分化，語音系统会变為太簡单了，也不利於交際。因此，分化与合流交相為用，這是語音发展的规律。

第二章　自然的變化（上）—輔音的變化

自然的變化，指的是自然的演變，不受任何條件的制約。現在分三方面加以敘述。

（一）輔音的變化

（1）發音方法的變化

發音方法的變化。最重要的變化是濁音清化。濁音和清音的分別，只在乎發音時聲帶顫動不顫動。濁音清化，大概會經過半清化的階段。這就是說，在成阻時是清音，在除阻時是濁音。後來再經過"清音濁流"的階段。這就是說，從成阻到除阻都是清音，只有最後送出一股氣流（即[ɦ]），才是濁音。到了這個階段，再把濁流變為清流，濁音清化就完成了。劉復教授注意到，吳語方言的濁音字往往是清音濁流。我們可以設想，濁音清化是經過這個階段的。當然，我們不能由此做出結論，以為吳方言將来也一定会濁音清化。一切自然变化都只是可能的，不是必然的。

濁音消失後，也还留下濁音的痕迹，在声调上表现出来。清音字表现為陰调類，濁音字表现為陽调類。從元代起，平声就分為陰平、陽平兩類，如"通"屬陰平，"同"屬陽平；"光"屬陰平，"狂"屬陽平；"初"屬陰平，"鋤"屬陽平，等等。現代各地方言，多数能分陰平、陽平，陰上、陽上；陰去、陽去；陰入、陽入，於是古四声变為今八声。吴方言保存了濁音，濁音字屬陽调類。粤方言廣州話有九个声调，其中的"中入"是從陰入分出的，实際上具備陰平、陽平；陰上、陽上；陰去、陽去；陰入、陽入。舉例如下：

陰平	陽平	陰上	陽上	陰去	陽去	陰入	陽入
潘	盤	一	伴(白)	判	叛	鉢	勃

483 (508)

贪　谈　毯　淡(白)　探　淡(文)　苍　昝

端　屯　短　断(白)　断(文)　段　脱　夺

栽　裁　宰　在(白)　再　在(文)

磋　瘥　左　坐(白)　挫　座

钟　盅　肿　重(白)　众　仲　烛　逐

许多方言缺阳上①，浊上变为阳去。但是清浊音的痕迹仍然是很清楚的。

重唇变轻唇（帮滂並明分化为非敷奉微），是发音部位的变化，也是发音方法的变化。应该是经过齿唇塞擦的阶段，即经过[pf]、[pf']、[bv]、[mv]的阶段，然后变为唇齿擦音[f]、[v]、[ɱ]的。

知彻澄三母由（晚唐五代）的[ȶ、ȶ'、ȡ]变为宋元时代的[tɕ、tɕ'、dʑ]，是发音方法的变化。

① 广州话的全浊字也只在白话音保存一些阳上。

前者和後者都是舌面前音，只不过由塞音变為塞擦音和擦音罢了。

[n]和[l]发音部位相同，只是发音方法不同。因此，它们可以互轉。现代汉口、成都"連"讀為[nian]，"藍"讀為[nam]；潮州、厦门則相反，"男"讀為[lam]，"念"讀為[liam]。

[m]和[b]发音部位相同，只是发音方法不同。[b]加鼻音就是[m]，[m]失鼻音就是[b]，所以[b][m]可以互轉。在现代厦門話中，古明母[m]字多轉入[b]。例如"莫"[bɔk]，"末"[buat]，"密"[bit]，"覓"[bik]，"木"[bɔk]，"母"[bu]。微母字古屬明母[m]，所以厦门話的微母字也都讀入[b]。例如"襪"[beʔ]，"無"[bu]，"聞"[bun]，"物"[but]，"望"[bɔŋ]，"味"[bi]

[ŋ]和[g]发音部位相同，只是发音方法不

同。[g]加鼻音就是[ŋ]，[ŋ]失鼻音就是[g]，所以[g][ŋ]可以互轉。在現代廈門話里，古疑母字多轉入[g]。例如"牙"[ga]，"外"[gue]，"吳"[gɔ]，"餓"[go]，"傲"[go]，"疑"[gi]，"魏"[gui]，"愚"[gu]，"牛"[giu]，"礙"[gai]，"樂"（音樂）[gak]，"迎"[giŋ]，"昂"[gɔŋ]，"銀"[gun]，"元"[guan]。

由塞音變爲塞擦音，見於知徹澄三母。知徹澄三母在晚唐五代讀[ȶ, ȶ', ȡ]，到了宋代變爲[tɕ, tɕ', dʑ]①，与照穿牀合流了。

由塞音變爲擦音，見於現代廣州話[k']→[h]。這就是説，古溪母字大多數讀入曉母②。例如：

---

①據朱熹反切，濁音"dʑ"也消失了。但是我想在某些方言里（例如吳方言）还有[dʑ]。

②也有讀入非母的，那是受合口呼的影响。見下文。

例字	隋唐音	今廣州音
刻	[kʻək]	[hɐk]
可	[kʻɑ]	[ho]
客	[kʻɐk]	[hak]
渴	[kʻat]	[hot]
開	[kʻai]	[hoi]
考	[kʻau]	[hau]
口	[kʻəu]	[hɐu]
砍	[kʻam]	[hɐm]
看	[kʻan]	[hon]
刊	[kʻan]	[hon]
墾	[kʻən]	[hɐn]
肯	[kʻəŋ]	[hɐŋ]
康	[kʻaŋ]	[hoŋ]
坑	[kʻɐŋ]	[hɐŋ]
哭	[kʻok]	[huk]
匡	[kʻiuaŋ]	[hoŋ]

484

(510)

同。[ŋ]如鼻音韵是[ŋ]，[ŋ]失鼻音韵是[ŋ]，所以[ŋ][ŋ]可以互转。在现代广州话中，古疑母字多转入[ŋ]，例如"牙"[ga]，"外"[gue]，"吴"[go]，"饿"[go]，"傲"[go]，"疑"[gi]，"魏"[gai]，"遇"[gu]，"牛"[giu]，"礙"[gai]，"乐(音乐)"[gak]，"迎"[geŋ][giŋ]，"昂"[gɔŋ]，"银"[gun]，"元"[gyn]。

由塞音变为擦音，见于现代广州话的[kʻ]

(2) 发音部位的变化。

发音部位的变化，主要有下列几种：

一、由重唇到轻唇，即由双唇到唇齿。这是发音部位的变化，上文叙述过了。

由塞擦音变为擦音，常见的是[dz]变[z]，即从母併入邪母，例如现代苏州话"慈"读如"辞"，"萃"读如"遂"。也有相反的情况，由擦音变为塞擦音，常见的是[z]变[dz]→[tsʻ]→[tʂʻ]，

例如现代北京话"常"读如"長"，"臣"读如"陈"。[illegible][ʐ]
变[dʐ]→[tsʻ]也是常见的，例如现代北京话"辞"
读如"慈"，[illegible]"因"读如"茵"。

（四）发音部位的变化

发音部位的变化，主要在于韵尾[m][n][ŋ]的交替。[illegible]

又精系齿头字由[ts, tsʻ, s]变[tɕ, tɕʻ, ɕ]，是由舌尖前变为舌面前，是向后转移，上文也经讲过了。北方音系的韵尾[m]就已消失，併入了韵尾[n]。可能其他方言的韵尾[m]比北方话的韵尾[m]消失得更早，所以闽浙诗人们通押"针真""金斤""侵亲""深身""森莘""琛嗔""寻旬""心辛""钦欣""林邻""壬人""吟寅""琴勤""沈阵""枕神"

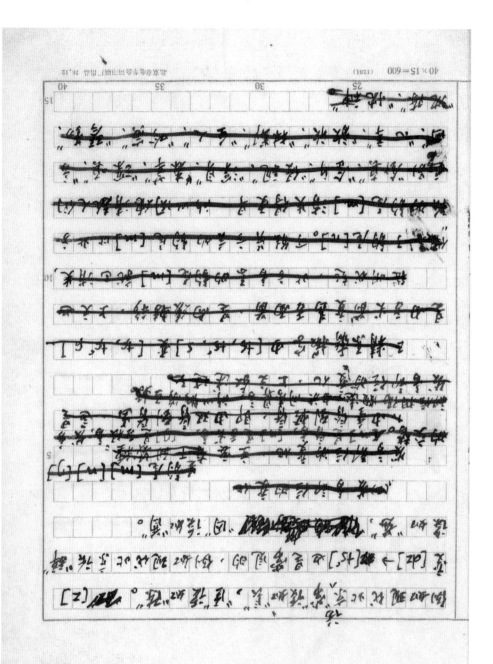

385a 386a 485a

(511)

由边音變為鼻音，即[l]→[n]。這種情况見於漢口、長沙、成都等方言里。[l]与[n]發音部位相同（都是舌尖中音），只是發音方法不同，所以容易互相轉化①。例如：

例字	隋唐中古	今漢口	今長沙	今成都
臘	[lap]	[na]	[na]	[na]
樂	[lak]	[no]	[no]	[no]
來	[lai]	[nai]	[nai]	[nai]
雷	[luai]	[nei]	[nei]	[nuei]
老	[lau]	[nau]	[nau]	[nau]
樓	[lou]	[nou]	[nəu]	[nəu]
蘭	[lan]	[nan]	[nan]	[nan]
狼	[laŋ]	[naŋ]	[nan]	[naŋ]
冷	[leŋ]	[nən]	[nən]	[nən]

①這些方言的[n]，有時聽起來也像[l]，其实在這些方言里，[n]与[l]是互換音位。

離	[li]	[ni]	[ni]	[ni]
烈	[li̯æt]	[ni̯e]	[ni̯e]	[ni̯e]
料	[li̯æu]	[ni̯au]	[ni̯au]	[ni̯əu]
柳	[li̯ou]	[ni̯ou]	[ni̯əu]	[ɵni̯əu]
六	[li̯ok]	[nou]	[nəu]	[nu]
連	[li̯æn]	[ni̯an]	[ni̯ẽ]	[ni̯an]
林	[li̯əm]	[nin]	[nin]	[nin]
梁	[li̯aŋ]	[ni̯an]	[ni̯an]	[ni̯aŋ]
令	[li̯eŋ]	[nin]	[nin]	[nin]
路	[lu]	[nou]	[nəu]	[nu]
羅	[la]	[no]	[no]	[no]
亂	[luan]	[nan]	[nõ]	[nuan]
論	[luen]	[nən]	[nən]	[nən]
龍	[li̯uŋ]	[nuŋ]	[nuŋ]	[nuŋ]
驢	[li̯o]	[nou]	[nəu]	[nu]

40×15=600 (1201) 北京市电车公司印刷厂出品 76.12

485

(512)

旅 [lio] [ny] [ni] [ny]

略 [li̯ak] [ni̯o] [ȵi̯o] [ȵio][1]

由鼻音变为边音，即[n]→[l]，這種情况見於南昌话[2]。例如：

例字	隋唐音	今南昌话
纳	[nap]	[lat]
耐	[nai]	[lai]
内	[nuai]	[lui]
闹	[nau]	[lau]
难	[nan]	[lan]
男	[nam]	[lan]

接下页

① [ȵio] 可認為 [nio] 的变体。

② 南昌话於古泥娘母字只在開口呼和合口呼由[n]变[l]，至於齊齿呼和撮口呼則读[ȵ]。

囊 [naŋ] [loŋ]

奴 [nu] [lu]

暖 [nuan] [lon]

農 [nuŋ] [luŋ]

(2) 發音部位的變化

發音部位的變化，主要是韻尾[m][n][ŋ]的交替。[m]是唇音，[n]是舌尖音，[ŋ]是舌根音，發音部位相隔頗遠，由於同屬鼻音，發音方法相同，所以能夠互轉。

從明代起，北方音系的韻尾[m]就已消失，併入了韻尾[n]。可能吳方言的韻尾[m]比北方的韻尾[m]消失得更早，所以同德清縣人們辨別"針真"、"金斤"、"侵親"、"深身"、"森莘"、"琛嗔"、"音因"、"心辛"、"歆欣"、"林鄰"、"壬人"、"吟寅"、"琴勤"、"沈陳"、"枕神"。

486

(513)

[n]和[ŋ]的互轉，見於現代某些方言裏。在西南官話（包括湖北方言）裏，一般是[əŋ]併入[ən]，[iŋ]併入[in]。例如漢口、成都"正"讀如"鎮"，"承"讀如"臣"，"京"讀如"斤"，"靈"讀如"鄰"，"清"讀如"親"。某些方言連[aŋ]也併入[an]，長沙"岡"讀如"干"，"湯"讀如"灘"，"囊"讀如"難"，"狼"讀如"蘭"。在吳方言裏，[ən]与[əŋ]，[in]与[iŋ]是互換音位。例如"程"既可讀[zən]，又可讀[zəŋ]，"星"既可讀[sin]，又可讀[siŋ]，江南人聽起來是沒有分別的。

韻尾[t]和[k]的交替也是發音部位的變化。據朱熹反切看，宋代的[ik]已經變為[it]。現代客家話"得"讀[tet]，"賊"讀[tset]，"剔"讀[tʻit]，"力"讀[lit]，"擊"讀[kit]等等，也都是韻尾[k]轉變為[t]的例子。

入声韵尾[p][t][k]在没有消失以前，大约是先經过合併為韵尾[ʔ]的阶段。至今吴方言还保存這个韵尾[ʔ]①，例如古读[p]尾的“立”、[t]尾的“栗”、[k]尾的“力”，今吴方言合併為[liʔ]。這也是发音部位的转移，從唇、舌尖、舌根轉移到喉頭去了。

(3) 入声韵尾的消失

(a) 長入韵尾的消失

上古入声字有長入、短入两類，到了魏晉南北朝，長入的韵尾[t][k]脱落了，变為去声。某些字在上古有長入、短入两读，所以在《切韵》（後来是《廣韵》）里保留着去入两读，例如：

積，子智切，又子昔切；

刺，七賜切，又七亦切；

帥，所類切，又所律切；

① 福州话也有類似的情况。

487a

(514)

植，直吏切，又市力切；

尉，於胃切，又紆物切；

怫，扶沸切，又扶物切；

气，去既切，又去訖切；

醵，其據切，又其虐切；

閉，博計切，又方結切；

祱，他外切，又他括切；

孛，蒲昧切，又蒲沒切；

嚇，呼訝切，又呼格切。

炙，之夜切，又之石切；

射，神夜切，又音石。

這一切都可以證明古有長入，並且可以證明後代長入韻尾[t][k]的消失。

(b)短入韻尾的消失。

短入韻尾[p][t][k]的消失，比長入韻尾的消失晚得多。大约到了元代，在北京和多数北方的方言里，入声韵尾才消失了，转变為平、上、去声。上文说过，入声韵尾[p][t][k]的消失，大约经过合併為韵尾[ʔ]的階段。我们設想，合併為[ʔ]之後，大约还再经过短入变長入的階段，然後由于元音延長，导致後面辅音[ʔ]的脱落。

总起来说，辅音的变化都是系统性的变化。除个别特殊情况外，同系的声母，必然有同樣的变化。例如，当精母齐撮字由[ts]变[tɕ]的時候，清從心邪四母的齐撮字也一定同時由[tsʻ, s]变為[tɕʻ, ɕ]。同性質的声母，也必然有同樣的变化。例如，当全浊母消失的時候，舌齿喉牙浊音也必然同時消失。在某一方言里，浊母消失後变為清音送氣不送氣，也都有其系统性。例如，在現代北

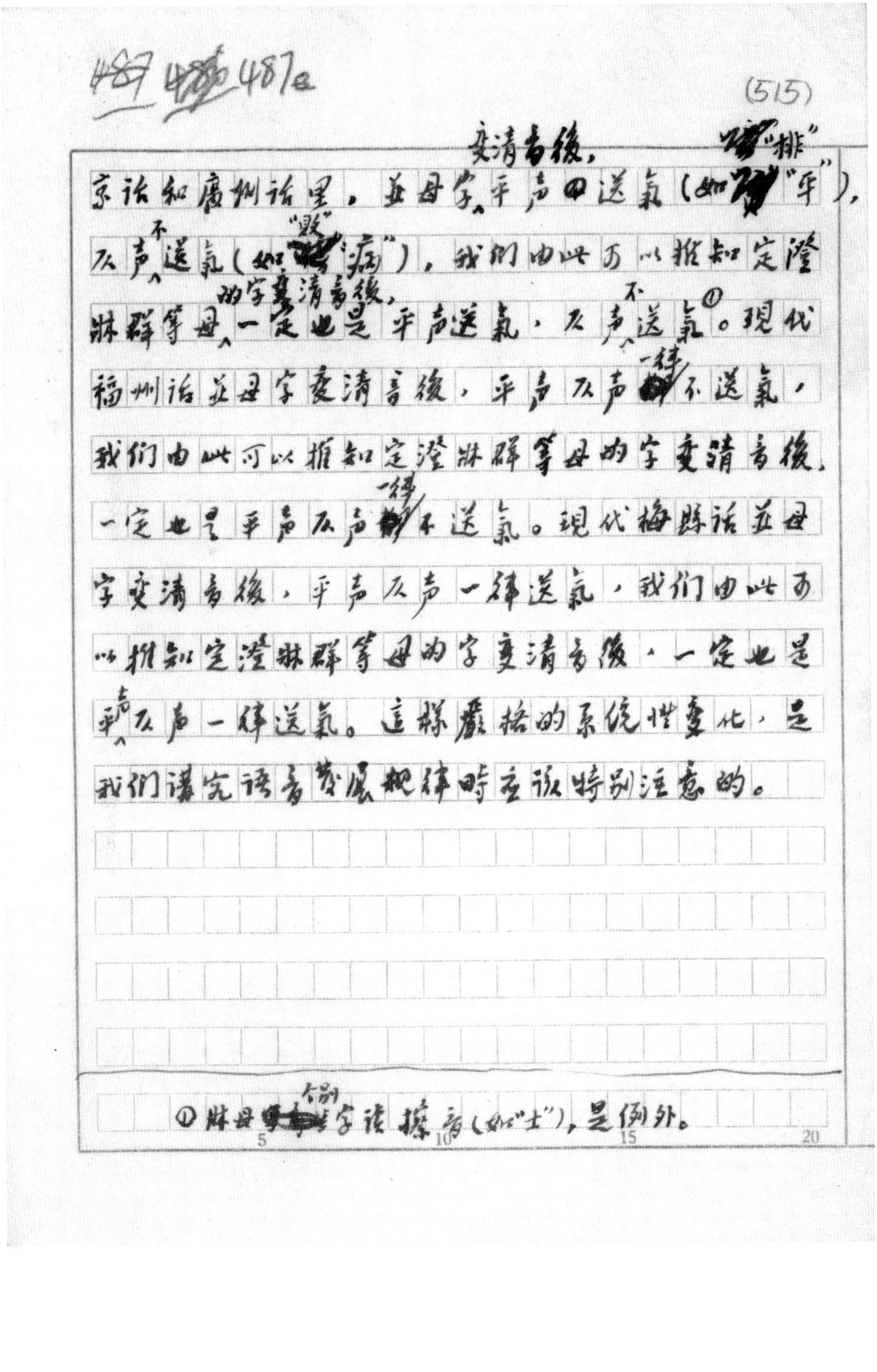

487a

(515)

京話和廣州話裏，並母字變清音後，平声送氣（如"排"），仄声不送氣（如"敗"），我们由此可以推知定澄牀群等母的字變清音後，一定也是平声送氣，仄声不送氣①。現代福州話並母字變清音後，平声仄声一律不送氣，我们由此可以推知定澄牀群等母的字變清音後，一定也是平声仄声一律不送氣。現代梅縣話並母字變清音後，平声仄声一律送氣，我们由此可以推知定澄牀群等母的字變清音後，一定也是平声仄声一律送氣。這樣嚴格的系統性變化，是我们講究語音發展規律時應該特別注意的。

① 牀母个别字讀擦音（如"士"），是例外。

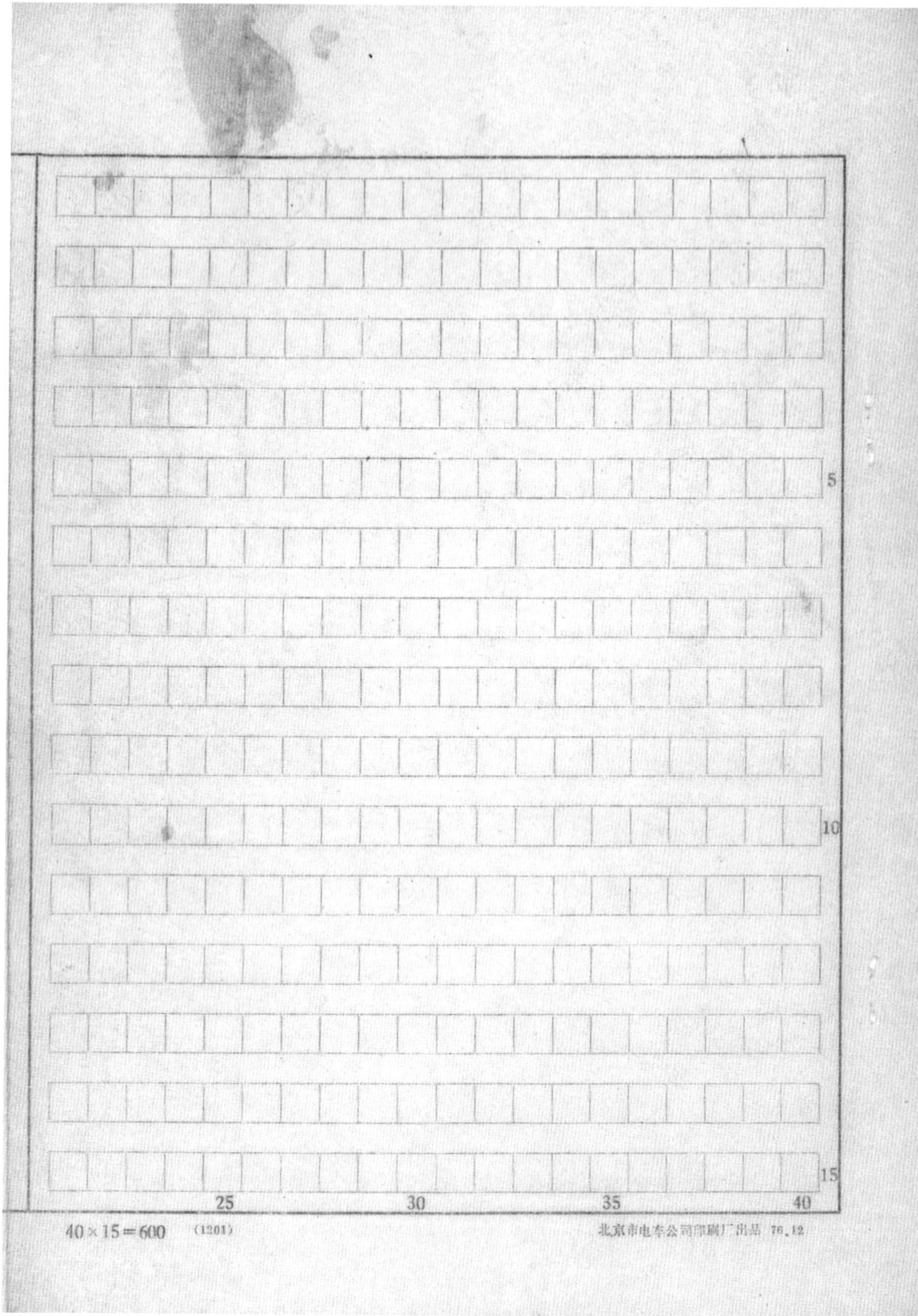
40×15=600 (1201)
北京市电车公司印刷厂出品 76.12

488

A31
(516)

第三章 自然的变化(中)—元音的变化

元音的变化，有三種情况：(一)發音部位的变化；(二)發音方法的变化；(三)韵母構成的变化。分别叙述如下。

(一)发音部位的变化

發音部位的变化又可以细分為四種：(1)高化；(2)低化；(3)央元音的前後化；(4)前後元音的央化。

(1)高化

元音高化是最常見的事实。举例如下。

魚部[redacted]一等("模圖狐")的發展是後高化，即[a](先秦)→[ɔ](漢)→[o](南北朝)→[u](隋至现代)；三等開口"魚"[redacted]類的發展也是後高化，即[a]①(先秦)→[ɔ](漢[redacted]至南北朝)→[o](隋唐)→[u](五代至元)~~[y](明清—现代)~~。

①省略韵头[i]，下仿此。

支部三等开口“斯”类的发展是前高化，即[e]（先秦至南北朝）→[i]（隋唐五代）→[ɿ]（宋至现代）。脂部三等开口“私”类的发展也是前高化，即[ei]（先秦至南北朝）→[i]（隋唐五代）→[ɿ]（宋至现代）。

侯部三等“驹”类的发展是後高化，即[ɔ]（先秦两汉）→[o]（南北朝）→[u]（隋唐至元）→[y]（明清，现代）。

歌部一等“多”类的发展是後高化，即[ai]（先秦）→[a]（汉至五代）→[ɔ]（宋元明清）→[o]（现代）。

铎部一等“洛”类的发展是後高化，即[ak]（先秦至宋）→[ɔ]（元明清）→[o]（现代）。

锡部开口三等“赐”类的发展是前高化，即[ek]（先秦两汉）→[e]（南北朝）→[i]（隋唐五代）

489 (517)

即[et](先秦两汉)→[ei](南北朝)→[i](隋唐五代)→[ɿ](宋至现代)。

→[ɿ](宋至现代)。质部"四"类的发展也是前高化.

屋部一等"木"类的发展是後高化，即[ɔk](先秦两汉)→[ok](南北朝，隋唐)→[uk](五代，宋)→[u](元至现代)。三等"局"类的发展也是後高化，即[ɔk](先秦两汉)→[uk](南北朝至宋)→[u](元)。"裕"类的发展也是後高化。即[ɔk](先秦两汉)→[o](南北朝，隋唐)→[u](五代至元)。

东部一等"公"类的发展是後高化，即[ɔŋ](先秦)→[oŋ](汉至隋唐)→[uŋ](宋至现代)。

(2)低化

元音低化也不少见。举例如下。

宵部开口一等("豪")、二等("交巢")的发展是後低化，即[o](先秦两汉)→[ou](南北朝)→[au](隋唐五代)→[au](宋至现代)。

幽部合口一等（"曹"）、二等（"膠包"）的发展是後低化，即[u]（先秦）→[o]（汉）→[ou]（南北朝）→[au]（隋唐五代）→[au]（宋至现代）。

支部二等"佳卦"类的发展是前低化，即[e]（先秦两汉）→[ai]（南北朝）→[ai]（隋至宋）→[a]（元至现代）。"柴"类的发展也是前低化，即[e]（先秦两汉）→[ai]（南北朝）→[ai]（隋至现代）。

锡部二等"隘"类的发展是前低化，即[ek]（先秦两汉）→[ai]（南北朝至现代）。"畫"类（长入）的发展也是前低化，即[ek]（先秦两汉）→[ai]（南北朝至宋）→[a]（元至现代）。

觉部合口一等（"告"）的发展是後低化，即[uk]（先秦两汉）→[ou]（南北朝）→[au]（隋唐五代）→[au]（宋至现代）。

冬部二等（"降"）的发展是後低化，即[uŋ]（战

490

(518)

国至南北朝)→[ɐŋ](隋唐五代)→[aŋ](宋至现代)。

(3)央元音的前後化

央元音的发音部位在舌头的中部。国際音標為[ɨ][ʉ][ɘ][ɵ][ə][ɜ][ɞ][ɐ][ɤ]等，本書只用了[ə][ɐ][ɤ]。所謂前後化，指的是央元音发展為前元音或後元音。舉例如下。

之部開口一等咍類的发展是央元音前化，即[ə](先秦两漢)→[ɐi](南北朝)→[ai](隋唐五代)→[ai](宋至现代)；"埋"類和"怪"類的发展也是央元音前化，即[ə](先秦两漢)→[ɐi](南北朝)→[ai](隋至现代)；開三"基"類的发展是[ə](先秦至南北朝)→[i](隋至现代)，"思"類的发展是[ə](先秦至南北朝)→[i](隋唐五代)→[ɿ](宋至现代)，"之"類的发展是[ə](先秦至南北朝)→[i](隋唐至宋)→[ʅ](元至现代)，也都是央元音的前化。

微部开口一等（"哀"）的发展是央元音前化，即[əi]（先秦两汉）→[ɐi]（南北朝）→[ai]（隋唐五代）→[ai]（宋至现代）；开合二等（"排怀"）的发展是[əi]（先秦两汉）→[ɐi]（南北朝）→[ai]（隋至现代），开三"衣"类的发展是[əi]（先秦至隋唐）→[i]（五代至现代），合三"季"类的发展是[əi]（先秦两汉）→[ei]（南北朝）→[i]（隋至现代），也都是央元音前化。

职部开口一等"或"类的发展是央元音前化，即[ək]（先秦两汉）→[ei]（南北朝）→[ai]（隋至明清）→[e]（现代）。开三"億"类的发展是[ək]（先秦至五代）→[it]（宋）→[i]（元至现代），"意"类的发展是[ək]（先秦两汉）→[ə]（南北朝）→[i]

491

(519)

（隋至现代）。"式"类的发展是[ək]（先秦至五代）→[iʔ]（宋）→[i]（元至现代），也都是央元音前化。合三"牧""福"类的发展是央元音後化，即[ək]（先秦两汉）→[ok]（南北朝，隋唐）→[uk]（五代，宋）→[u]（元至现代）。

物部开一"爱"类的发展是央元音前化，即[ət]（先秦两汉）→[ɐi]（南北朝）→[ai]（隋唐五代）→[ɑi]（宋至现代）；相反地，合一"忽"类的发展是央元音後化，即[ət]（先秦两汉）→[ɐt]（南北朝至宋）→[u]（元至现代）。

缉部开一"杂纳"类和开二"洽"类的发展是央元音的前化，即[əp]（先秦两汉）→[ap]（南北朝至五代）→[ɑp]（宋）→[ɑ]（元至现代）；开三"及立"类的发展是[əp]（先秦至五代）→[ip]（宋）→[i]（元至现代），"涩"类的发展是[əp]（先秦至五代）→[ip]（宋）

~~[i]~~[i]（元）→[ɿ]（明至现代），也都是央元音的前化。

蒸部合一（"肱"）的发展是央元音後化，即[əŋ]（先秦至宋）→[uŋ]（元至现代）；合三"弓"类的发展也是央元音後化，即[əŋ]（先秦两汉）→[oŋ]（南北朝、隋唐）→[uŋ]（五代至现代）。相反地，开三"兴"类的发展是央元音前化，即[əŋ]（先秦至元）→[iŋ]（明至现代）。

文部开二"艱""盼"类和合二"鳏"类的发展是央元音的前化，即[ən]（先秦两汉）→[ɐn]（南北朝）→[an]（隋至现代）；合三"川"类的发展也是央元音的前化，即[ən]（先秦）→[an]（汉至现代）。

侵部开一"南"类的发展是央元音前化，即[əm]（先秦两汉）→[ɐm]（南北朝至五代）→[am]（宋元）→[an]（明至现代）；开四（"添"）和开三"潛"类

40×15=600 (1201) 北京市电车公司印刷厂出品 76.12

492

（先秦兩漢）

（520）

的發展是[əm]（先秦兩漢）→[æm]（南北朝至元）→[ən]（明至現代），合三"凡"類的發展是[əm]→[ɐm]（南北朝、隋唐）→[æm]（五代）→[am]（宋）→[an]（元至現代），也都是央元音前化。

（4）前後元音的央化

幽部合三"求囚憂由"類的發展是後元音央化，即[u]（先秦至南北朝）→[ou]（隋唐）→[əu]（五代至現代）。

錫部開四"戟劇昔石"從先秦到五代的發展是前元音央化，即[ak]（先秦兩漢）→[ek]（南北朝）→[ɐk]（隋唐）→[ək]（五代）。

屋部開一"麥"類的發展是後元音央化，即[ɔk]（先秦兩漢）→[u]（南北朝）→[ou]（隋唐）→[əu]（五代至現代）。

耕部二等"耕轟"的發展，從先秦到宋是前

元音央化，即[ɑŋ]（先秦至南北朝）→[ɐŋ]（隋至宋）；三等（"警征贞劲璎倾"）、四等（"丁迥"）的发展，从先秦到五代，也是前元音央化，即[eŋ]（先秦至南北朝）→[ɐŋ]（隋唐五代）。

阳部二等开口"衡"类和合口"觥"类的发展是前元音央化，即[aŋ]（先秦西汉）→[eŋ]（东汉至南北朝）→[ɐŋ]（隋至宋）→[aŋ]（元至现代）；四等开口"京"类和合口"兄"类的发展，从先秦到五代，也是前元音央化，即[aŋ]（先秦西汉）→[eŋ]（东汉至南北朝）→[ɐŋ]（隋唐五代）。

（二）发音方法的变化

发音方法的变化，指的是元音鼻化。发元音时，气流由口腔、鼻腔同时发出，叫做鼻化元音。国际音标写作[ẽ][ã][õ]等。

古代汉语有没有鼻化元音？可能是有的，

493

(521)

不过在史料上無從證实罷了。

現代許多方言里有許多鼻化元音的存在。鼻化元音一般是從帶鼻音韵尾的元音發展来的。其發展过程應該是韵尾鼻音影响元音使之鼻化，起初元音鼻化後仍帶鼻音韵尾，後来韵尾鼻音逐渐短弱以至於脱落，才变為鼻化元音，即[an]→[ãn]→[ãⁿ]→[ã]。

現代濟南、西安、太原等的方言有比較典型的鼻化元音，西南官話如昆明話等也有鼻化元音。現在舉例如下：

例字	隋唐音	濟南	西安	太原
班	[pan]	[pã]	[pã]	[pæ̃]
盤	[buan]	[pʻã]	[pʻã]	[pʻæ̃]
慢	[man]	[mã]	[mã]	[mæ̃]

貪	[tʻam]	[tʻã]	[tʻã]	[tʻæ̃]
談	[dam]	[tʻã]	[tʻã]	[tʻæ̃]
難	[nan]	[nã]	[nã]	[næ̃]
餐	[tsʻan]	[tsʻã]	[tsʻã]	[tsʻæ̃]
三	[sam]	[sã]	[sã]	[sæ̃]
戰	[tɕi̯æn]	[tʂã]	[tsã]	[tsæ̃]
山	[ʃan]	[ʂã]	[sã]	[sæ̃]
甘	[kam]	[kã]	[kã]	[kæ̃]
堪	[kʻam]	[kʻã]	[kʻã]	[kʻæ̃]
漢	[xan]	[xã]	[xã]	[xæ̃]
鞭	[pi̯æn]	[pi̯ã]	[pi̯ã]	[pi̯ɛ]①
便	[bi̯æn]	[pi̯ã]	[pi̯ã]	[pi̯ɛ]
面	[mi̯æn]	[mi̯ã]	[mi̯ã]	[mi̯ɛ]
店	[tiæm]	[ti̯ã]	[ti̯ã]	[ti̯ɛ]

① 太原"鞭"等字不讀鼻化元音。

494

(527)

年	[niæn]	[n̩i̯ã]	[niã]	[n̩i̯ɛ]
廉	[li̯æm]	[li̯ã]	[li̯ã]	[li̯ɛ]
間	[kan]	[tɕi̯ã]	[tɕi̯ã]	[tɕi̯ɛ]
減	[kam]	[tɕiã]	[tɕi̯ã]	[tɕi̯ɛ]
賺	[dzi̯æm]	[tɕi̯ã]	[tɕi̯ã]	[tɕi̯ɛ]
謙	[kʻiæm]	[tɕʻi̯ã]	[tɕʻi̯ã]	[tɕi̯ɛ]
錢	[dzi̯æn]	[tɕʻi̯ã]	[tɕʻi̯ã]	[tɕʻi̯ɛ]
銜	[ɣam]	[ɕiã]	[ɕi̯ã]	[ɕi̯ɛ]
献	[xi̯ɐn]	[ɕi̯ã]	[ɕi̯ã]	[ɕi̯ɛ]
嚴	[ŋam]	[i̯ã]	[i̯ã]	[i̯ɛ]
眼	[ŋan]	[i̯ã]	[ɲiã]	[i̯ɛ]
短	[tuan]	[tuã]	[tuã]	[tuæ̃]
乱	[luan]	[luã]	[luã]	[luæ̃]
算	[suan]	[suã]	[suã]	[luæ̃]
川	[tɕʻi̯uæn]	[tʂuã]	[pfã]	[tsuæ̃]

傳	[dʑi̯uæn]	[tʂʻuã]	[pfã]	[tsuæ̃]
軟	[ȵi̯uæn]	[luã]	[vã]	[zuæ̃]
官	[kuan]	[kuã]	[kuã]	[kuæ̃]
寬	[kʻuan]	[kʻuã]	[kʻuã]	[kʻuæ]
患	[ɣuan]	[xuã]	[xuã]	[xuæ̃]
萬	[mi̯uɐn]	[uã]	[vã]	[væ̃]
卷	[ki̯uæn]	[tɕyã]	[tɕyã]	[tɕyɛ]
勸	[kʻi̯uɐn]	[tɕʻyã]	[tɕʻyã]	[tɕʻyɛ]
元	[ŋi̯uɐn]	[yã]	[yã]	[yɛ]
本	[puɐn]	[pẽ]	[pẽ]	[pəŋ]①
糞	[pi̯uɐn]	[fẽ]	[fẽ]	[fəŋ]
針	[tɕi̯əm]	[tʂẽ]	[tʂẽ]	[tsəŋ]
沈	[ɕi̯əm]	[ʂẽ]	[ʂẽ]	[səŋ]
陳	[di̯en]	[tʂʻẽ]	[tʂʻẽ]	[tsəŋ]

① 太原話"本"等字不讀鼻化元音。

40×15=600 (1201) 北京市电车公司印刷厂出品 76.12

495

(523)

人	[ȵi̯en]	[ʐẽ]	[ʐẽ]	[zəŋ]
貧	[bi̯en]	[p'i̯ẽ]	[p'i̯ẽ]	[p'iŋ]
品	[p'i̯əm]	[p'i̯ẽ]	[p'i̯ẽ]	[p'iŋ]
金	[ki̯əm]	[tɕi̯ẽ]	[tɕ'i̯ẽ]	[tɕiŋ]
近	[gi̯en]	[tɕiẽ]	[tɕi̯ẽ]	[tɕiŋ]
信	[si̯en]	[ɕiẽ]	[ɕi̯ẽ]	[ɕiŋ]
飲	[i̯əm]	[i̯ẽ]	[i̯ẽ]	[iŋ]
頓	[tuən]	[tuẽ]	[tuẽ]	[tuŋ]
村	[ts'uən]	[ts'uẽ]	[ts'uẽ]	[ts'uŋ]
順	[dʑi̯uən]	[ʂuẽ]	[fẽ]	[suŋ]
潤	[ȵi̯uən]	[yẽ]	[vẽ]	[zuŋ]
問	[mi̯uən]	[uẽ]	[vẽ]	[vuŋ]
群	[gi̯uən]	[tɕ'yẽ]	[tɕ'yẽ]	[tɕ'yŋ]
運	[ɣi̯uən]	[yẽ]	[yẽ]	[yŋ]
邦	[pɔŋ]	[paŋ]①	[paŋ]①	[põ]

①江陽唐韵字，濟南、西安都不讀鼻化元音。

方	[pi̭uaŋ]	[faŋ]	[faŋ]	[fɒ̃]
堂	[daŋ]	[tʻaŋ]	[tʻaŋ]	[tʻɒ̃]
狼	[laŋ]	[laŋ]	[laŋ]	[lɒ̃]
張	[tiaŋ]	[tʂaŋ]	[tʂaŋ]	[tsɒ̃]
丈	[diaŋ]	[tʂaŋ]	[tʂaŋ]	[tsɒ̃]
常	[ʑi̭aŋ]	[tʂʻaŋ]	[tʂʻaŋ]	[tsɒ̃]
讓	[ȵi̭aŋ]	[ʐaŋ]	[ʐaŋ]	[zɒ̃]
江	[kɔŋ]	[tɕi̭aŋ]	[tɕi̭aŋ]	[tɕi̭ɒ̃]
強	[gi̭aŋ]	[tɕʻi̭aŋ]	[tɕʻi̭aŋ]	[tɕʻi̭ɒ̃]
羊	[ji̭aŋ]	[i̭aŋ]	[i̭aŋ]	[i̭ɒ̃]
壯	[tʃi̭aŋ]	[tʂuaŋ]	[pfaŋ]	[tsuɒ̃]
雙	[ʃɔŋ]	[ʂuaŋ]	[faŋ]	[suɒ̃]
光	[kuaŋ]	[kuaŋ]	[kuaŋ]	[kuɒ̃]
狂	[gi̭uaŋ]	[kʻuaŋ]	[kʻuaŋ]	[kʻuɒ̃]
王	[ɣi̭uaŋ]	[uaŋ]	[uaŋ]	[vɒ̃]

496

(524)

不过在史料上無從證實罷了。

現代許多方言里有鼻化元音的存在。據趙元任《現代吳語的研究》的記錄，蘇州的"曇"等字讀[ã]，"兩香"等字讀[iã]①。據羅常培《廈門音系》的記錄，廈门的白話音多是讀鼻化元音。據李新魁《潮州方言》的記錄，潮州有一整套鼻化元音。

鼻化元音一般是從帶鼻音韵尾的元音發展来的。其發展过程应該是韵尾鼻音影响元音使之鼻化，起初是元音鼻化后仍帶有鼻音韵尾，後来韵尾逐渐短弱以至於脱落，才变为鼻化元音②。即[aŋ]→[ãŋ]→[ãŋ]→[ã]。

現代潮州話的鼻化元音如下表：

---

① 在本书里，我们認為是[aŋ][iaŋ]的變体。

② 鼻化元音又可以發展為純元音，成為陰陽對轉。參看下文。

(1)[ĩ]韵

齐齿[ĩ]

1. 来自[in](切韵先仙)者：辫箭扇鲜见砚缠涎钱弦圆院①

2. 来自[i](切韵支脂之)者：支维驰以鼻耳

合口[uĩ]

1. 来自[iuin](切韵先仙)者：悬县

2 来自[iui](切韵脂支)者：垂畏跪。

(2)[ẽ]韵

开口[ẽ]

来自[eŋ](切韵庚耕清青)者：撑争青生庚羹耕坑井醒省哽柄姓径棚彭晴静病郑

齐齿[iẽ]

---

①"圆院"二字来自[iuin]，是例外。

40×15=600 (1201) 北京市电车公司印刷厂出品 76.12

497

~~499~~

(525)

来自[iaŋ](切韵江陽)：張漿槍傷娘糧兩薑奬醬匠腔牆搶鄉想相象像羊楊樣

合口[uẽ]

来自[ueŋ](切韵庚)：横

(3)[ã]韵

開口[ã]

来自[am](切韵談銜)：擔膽淡三衫柑敢餡

齊齒[iã]

来自[ieŋ](切韵庚清青蒸)：正聲呈程城聲聖冰兵丙餅晶京驚兄鼎請拼聘鏡影贏行營

合口[uã]

1. 来自[an][uan](切韵寒桓删山)者：般搬半伴潘盤單炭散產山桿稈趕旱汗鞍官門換灘攤蓋

2. 来自[ian][iuan]（切韵仙）者(少)：贱缐泉

(4)[ãĩ]韵

开口[ãĩ]

1. 来自[ai]（切韵咍）者：哀埃挨爱

2. 来自[uai]（切韵戈）者：果①

(5)[õĩ]韵

开口[õĩ]

1. 来自[an][ian][uan][am]（切韵山先桓寒覃）者：看闲閒前佃殿苋畔辨先千肩萌觋间(间断)

2. 来自[i]（切韵齐）者(少)：第底

(6)[ãũ]韵

开口[ãũ]

来自[au]（切韵豪）者（一个字）：好(喜爱)

①常用只有一个"果"字，而且是白话音。但是这个"果"字很重要，因为它保存先秦古音。

北京市电车公司印刷厂出品 76.12

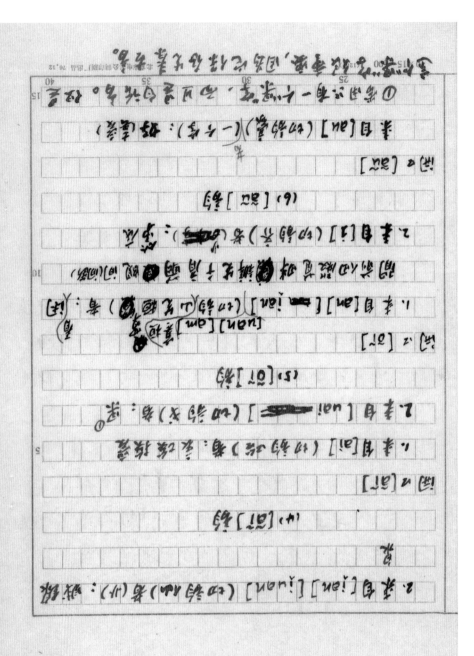

498

(526)

(7)[õũ]韵

開口[õũ]

来自[ou]（切韵模侯）者（少）：虎否

從上表看来，鼻化元音由陽声韵（-m，-n，-ŋ尾）轉来的佔多数，由陰声韵轉来的佔少数。這是陰陽对轉的樞紐：陽声韵由鼻化元音过渡到陰声韵（aŋ→ã→a），陰声韵由鼻化元音过渡到陽声韵[a→ã→aŋ]。当然也可以停留在鼻化元音的階段，如現代潮州方言。

(三)韵母構成的变化

韵母構成的变化又可以细分為五種：(1)元音複合化和单化；(2)四呼的轉化；(3)韵頭的消失；(4)鼻輔音元音化；(5)陰陽对轉。

(1)元音複合化和单化

複合元音指的是一个元音，它在持阻階段

变了发音部位，因而变了音色。人们把它看成两个元音融合為一个音節，其中一个比較開口，比較強也比較长，称為主要元音（有時也称為韵腹），另一个比較閉口，比較弱也比較短，在漢語里称為韵頭或韵尾。韵頭和韵腹的结合（如[i̯a][u̯a]）称為上升的複合元音；韵腹和韵尾元音的结合~~称為~~（如[ai][au]）称為下降的複合元音。既有韵頭又有韵尾元音的音節（如[i̯ou][u̯ai]）称為三合元音。本節里講的複合元音，指的是以[i][u]為韵尾的複合元音和三合元音。

在語音史上有單元音发展為複合元音的現象，也有複合元音發展為單元音的現象。

(甲)單元音複合化。例如：

之部一等"该"類[ə]（先秦两漢）→[ɐi]（南北朝）

~~496a~~
499 (527)

→[ai](隋唐五代)→[ai](宋至现代)。

支部开二"柴"类[e](先秦两汉)→[eai](南北朝)→[ai](隋至五代)。

侯部开一"侯"类[ɔ](先秦)→[u](汉至南北朝)→[ou](隋唐)→[əu](五代至现代)。 南北朝

宵部开一"豪"类[o](先秦两汉)→[ou]→[au](隋唐五代)→[au](宋至现代)。~~开二"交"类[eo](先秦两汉)→[eou](南北朝)→[au](隋唐五代)→[iau](宋至现代)。"巢"类[eo](先秦两汉)→[eou](南北朝)→[au](隋至现代)。开二~~

幽部开一"曹"类[u](先秦)→[o](汉)→[ou](南北朝)→[au](隋唐五代)→[au](宋至现代)。

(乙)複合元音单化。例如：

之部合一"母"类[ou](隋唐五代)→[u](宋至现代)。

微部开三"衣"类[i̯əi]（先秦至隋唐）→[i]（五代至现代）。

脂部开三"伊"类[i̯ei]（先秦至南北朝）→[i]（隋至现代）。"私"类[i̯ei]（先秦至南北朝）→[i]（隋唐五代）→[ɿ]（宋至现代）。"尸师"类[i̯ei]（先秦至南北朝）→[i]（隋唐至宋）→[ʅ]（元至现代）。

歌部开一"河"类[ai]（先秦）→[a]（汉至五代）→[ɔ]（宋至清）→[ə]（现代）。开二"麻"类[eai]（先秦）→[ea]（汉至南北朝）→[a]（隋至现代）。开三"仪"类[i̯ai]（先秦）→[ie]（汉至南北朝）→[i]（隋至现代）。"池"类[i̯ai]（先秦）→[i̯e]（汉至南北朝）→[i]（隋至宋）→[ʅ]（元至现代）。"尔"类[i̯ai]（先秦）→[i̯e]（汉至南北朝）→[i]（隋至宋）→[ʅ]（元）→[ɚ]（明至现代）。

现代吴语多数缺乏複合元音，從歷史發展上看，也是複合元音的单化。现在举苏州話為例：

例字	隋唐音	今苏州音
泰	[tʻai]	[tʻa]
帶	[tai]	[ta]
來	[lai]	[le]
在	[dzai]	[ze]
高	[kau]	[kæ]
好	[xau]	[hæ]
表	[pi̯æu]	[pi̯æ]
妙	[mi̯æu]	[mi̯æ]
走	[tsəu]	[tsy]①
樓	[lou]	[ly]
流	[liou]	[ly]
九	[ki̯ou]	[tɕi̯y]

①[y]韵实际上读[ɵy]，其中的[ɵ]很轻微，所以不算複合元音。

接下页

40×15=600 (1201) 北京市电车公司印刷厂出品 76.12

501 (529)

(2)四呼的轉化。

四呼，指開口呼（無韵头），齊齒呼（韵頭為[i]或全韵為[i]），合口呼（韵頭為[u]或全韵為[u]），撮口呼（韵頭為[y]或全韵為[y]）。為方便起見，宋元韵圖的兩呼八等也合併為四呼来敘述：開口一二等為開口呼，開口三四等為齊齒呼，合口一二等為合口呼，合口三四等為撮口呼（撮口呼用韵头[iu]表示，略等於韵头[y]）。

四呼只是韵头不同，所以容易互相轉化。分別敘述如下：

(甲)開口呼轉變為齊齒呼，即在主要元音前面加上一个[i]頭。例如：

支部開口二等"街"類由隋唐至元代的[ai]轉變為明清的[iai]，再變為現代的[ie]。

宵部開口二等"交"類由隋唐五代的[au]轉

變為宋以後的[i̯au]。

幽部開口二等"膠"類由隋唐五代的[au]轉變為宋以後的[i̯au]。

脂部開口二等"皆"類由隋唐至元代的[ai]轉變為元明清的[i̯ai]，再變為現代的[i̯e]。

歌部開口二等"加"類由隋唐至宋的[a]轉變為元代以後的[ia]。

職部開口一等(後來變二等)"戒"類由隋唐至宋代的[ai]轉變為元明清的[i̯ai]，再變為現代的[i̯e]。

覺部合口二等(後來變為開口二等)"覺"類由宋代的[ak]轉變為元明清的[i̯au]。

質部開口二等"屆"類由隋唐至宋的[ai]轉變為明清的[i̯ai]，再變為現代的[i̯e]。"黠"類由隋唐五代的[at]轉變為宋代的[eat]，再變為元代以後的[ia]。

498 502

(530)

月部開口二等"鎋"類由隋唐五代的[at]轉變爲宋代的[eat]，再變爲元代以後的[ia]。

緝部開口二等"洽"類由隋唐五代的[ap]轉變爲宋代的[eap]，再變爲元代以後的[ia]。

盍部開口二等"甲"類由隋唐五代的[ap]轉變爲宋代的[eap]，再變爲元代以後的[ia]。

陽部開口二等"行"類由東漢至南北朝的[eŋ]轉變爲隋唐至宋的[ɐŋ]，再變爲元明清的[əŋ]，最後變爲現代的[iŋ]。

東部開口二等"雙"類由隋唐至宋的[ɔŋ]轉變爲元代以後的[uaŋ]。

文部開口二等"艱"類由隋唐五代的[an]轉變爲宋代的[ean]，再變爲元代以後的[ian]。

元部開口二等"姦間"類由隋唐五代的[an]轉變爲宋代的[ean]，再變爲元代以後的[ian]。

侯部合口二等"降"類由隋唐五代的[ɔŋ]轉變爲宋代的[eaŋ]，再變爲元代以後的[iaŋ]。

由上所述，我们可以看出，由开口呼变为齐齿呼的都是开口二等喉牙字，可见其演变是很有规律性的。

（乙）开口呼转变为合口呼，即主要元音[ɔ][o]变[u]或者是在主要元音前面加上一个[u]头。例如：

铎部开口一等"洛"类由元明清的[ɔ]转变为现代北京话的[uo]。

鱼部开口一等"姑"类由先秦的[ɑ]转变为汉代的[ɔ]，再变为南北朝的[o]，最後变为隋唐以後的[u]。

歌部开口一等"多"类由宋至清代的[ɔ]转变为现代北京话的[uo]。

屋部开口一等"木"类由先秦两汉的[ɔk]转变为南北朝隋唐的[ok]，再变为五代宋的[uk]，最後变为元代以後的[u]。

侯部开口一等"侯"类由先秦的[ɔ]转变为汉代的[u]。

沃部開口一等"沃"類由先秦的[ok]轉變為漢代的[ɔk]，再變為南北朝至宋代的[uk]，再變為元明清的[u]，最後變為現代北京話的[uo]。

(丙)合口呼轉變為開口呼，就是主要元音[u]變[o]，或者是主要元音前面的韻頭[u]脫落了。例如：

幽部合口一等"冒"類由先秦的[u]轉變為漢代的[o]。

覺部合口一等"告"類由先秦兩漢的[uk]轉變為南北朝的[ou]，再變為隋唐五代的[au]，最後變為宋代以後的[ɑu]。

元部合口一等"盤"類由先秦的[uan]轉變為漢至五代的[uan]，回到宋代的[uan]，再變為元代的[uɔn]，最後變為明代以後的[an]。

(丁)齊齒呼轉變為合口呼，就是[i]頭變為[u]頭。此類比較少見。例如：

陽部開口三等"霜"類由先秦的[ĭaŋ]轉變為漢至隋唐的[ĭaŋ]，再~~變為~~回到宋代的[iaŋ]，最後變為元代以後的[uaŋ]。

(戊)撮口呼轉變為齊齒呼，就是[y]頭變為[i]頭。例如：

之部~~開~~合口三等"牛"類由先秦兩漢的[ĭwə]轉變為南北朝的[ĭu]，再變為隋唐五代的[ĭəu]，最後變為宋代以後的[iəu]。~~"龜"類由先秦兩漢的[ĭwə]轉變為南北朝的~~

現代客家話沒有撮口呼，古撮口字多~~[illegible]~~變為齊齒呼。例如：

呂＝李[li]	律＝栗[lit]
居＝基[ki]	魚＝疑[ŋi]
月＝热[ŋiat]	雪＝屑[siet]

現代官話系某些方言也沒有撮口呼，例如昆

504

A32

(532)

明話。

(二)齊齒呼轉變為撮口呼，就是[i]頭變為[y]頭。這往往是零星的變化。例如現代北京話：

壻，本音細[si]①，今北京讀如序[ɕy]。

劇，本音屐[ki]，今北京讀如具[tɕy]。

薛，本音泄[sie]，今北京讀如靴[ɕye]

略，本音離灼切[lie]，今北京讀呂月切[lye]。

削，本音小[siau]①，今北京話文言讀如靴[ɕye]。

~~(四)開口呼轉變為撮口呼，就是主要元音前面加y頭（同時改變主要元音）。例如~~

此外，还有齊齒呼變開口呼、撮口呼變合口呼，等到下章講條件的變化時再行敘述②。

(3)韻頭的消失。

韻頭消失的情況，出現在現代粵方言里。

---

①這里所謂本音是根據《五方元音》。下仿此。

②本章所講的，有些也可以認為條件的變化。參看下章。

從前我以為現代廣州话有開齊合撮四呼①，那是错误的。現代廣州话实際上没有韵頭，主要元音鉄有[i][u][y]，也不必分别叫做齐齿、合口、撮口了。

從前我有兩種误会。第一，我误以為半元音声母[j][w]是韵頭。例如

例字	误作	當作
懷	[uai]	[wai]
弯	[uan]	[wan]
威	[uɐi]	[wɐi]
憂	[iau]	[jau]
音	[iɐm]	[jɐm]
因	[iɐn]	[jɐn]
温	[uɐn]	[wɐn]

①参看王力《漢語音韵学》642－652頁。

505

(533)

邑	[iɐp]	[jɐp]
一	[iɐt]	[jɐt]
鬱	[uɐt]	[wɐt]
挖	[uat]	[wat]
王	[uɔŋ]	[wɔŋ]
獲	[uɔk]	[wɔk]
鋭	[iœy]	[jœy]

第二，我誤以為圓脣舌根音[kʷ][kʻʷ]①是舌根音聲母加韵头[u]。例如：

例字	誤作	當作
瓜	[kua]	[kʷa]
誇	[kʻua]	[kʻʷa]
乖	[kuai]	[kʷai]
関	[kuan]	[kʷan]

① [kʷ][kʻʷ]只是单纯一个辅音（舌根音圆脣化），不是兩个輔音的結合。嚴格地説，应該標為[$\overset{w}{k}$][$\overset{w}{k'}$]。

刮	[kuat]	[kʷat]
龟	[kuɐi]	[kʷɐi]
虧	[kʻuɐi]	[kʻʷɐi]
昆	[kuɐn]	[kʷɐn]
坤	[kʻuɐn]	[kʻʷɐn]
骨	[kuɐt]	[kʷɐt]
戈	[kuɔ]	[kʷɔ]
光	[kuɔŋ]	[kʷɔŋ]
狂	[kʻuɔŋ]	[kʻʷɔŋ]
國	[kuɔk]	[kʷɔk]
擴	[kʻuɔk]	[kʻʷɔk]

~~(4)舌輔音元音化~~

這一類字原来是合口呼的字，帶來韵頭[u]。由於舌根音聲母[k][kʻ]發音部位和韵頭[u]發音部位相同，而且[u]是圓唇元音，所以[k]

508
506

(534)

[k'] 受 [u] 的影響而圓唇化了。[k][k'] 圓唇化以後，韵頭 [u] 也就逐漸消失了。

現代吳語合口呼和撮口呼的韵頭大部分消失，変為開口呼或齊齒呼。現在舉苏州話為例。

例字	隋唐音	現代苏州話
瓜	[kua]	[ko]
華	[ɣua]	[ɦo]
挂	[kuai]	[ko]
畫	[ɣuai]	[ɦo]
瓦	[ŋua]	[ŋo]
科	[k'ua]	[k'əu]
和	[ɣua]	[ɦəu]
訛	[ŋua]	[ŋəu]
朵	[tua]	[təu]

騾	[lua]	[leu]
坐	[dzua]	[zəu]
郭	[kuak]	[koʔ]
过	[kua]	[kəu]
货	[xua]	[həu]
卧	[ŋua]	[ŋəu]
绝	[dzi̯uæt]	[ziəʔ]
雪	[si̯uæt]	[siəʔ]
律	[li̯uet]	[liəʔ]
帥	[ʃi̯ui]	[se]
率	[ʃi̯uet]	[səʔ]
罪	[dzuai]	[ze]
最	[tsuai]	[tse]
催	[tsʻuai]	[tsʻe]
歲	[si̯uæi]	[se]

507

(535)

短	[tuan]	[tø]
斷	[duan]	[dø]
亂	[luan]	[lø]
酸	[suan]	[sø]
專	[tɕi̯uæn]	[tsø]
傳	[di̯uæn]	[dzø]
穿	[tsʻi̯uæn]	[tsʻø]
軟	[ȵi̯uæn]	[ȵi̯ø]
泉	[dzi̯uæn]	[zie]
全	[dzi̯uæn]	[zie]
權	[gi̯uæn]	[dʑi̯ø]
勸	[kʻi̯uɐn]	[tɕʻi̯ø]
宣	[si̯uæn]	[sie]
旋	[zi̯uæn]	[zie]
玄	[ɣi̯uæn]	[iø]

接下页

40×15=600 (1201) 北京市电车公司印刷厂出品 76.12

508

(536)

~~[k'] 受 [u] 的影響而圓唇化了。~~ [kʷ][kʷ'] ~~圓唇化以後的頭[u]也就逐漸消失了。~~

(4) 鼻輔音元音化

鼻輔音[m][n][ŋ]可以自成音節。當其自成音節時，也就帶有元音的性質①。國際音標寫作[m̩][n̩][ŋ̍]。在漢語里，這樣元音化的鼻輔音也就變為韻母②。

在現代某些方言里，最常見的元音化的鼻輔音是[ŋ̍]。例如：

例字	廣州	梅縣	溫州	蘇州
吳	ŋ̍	ŋ̍	ŋ̍	ŋ̍③
午	ŋ̍	ŋ̍	ŋ̍	ŋ̍
五	ŋ̍	ŋ̍	ŋ̍	ŋ̍④

① 我們也可以索性承認它們是元音。

② 更正確地說，應該說是聲母韻母合為一体。

③ 蘇州"吳"字文言讀[ɦəu]，白話讀[ŋ̍]。

④ 蘇州"五""午"文言讀[əu]，白話讀[ŋ̍]。

误	ŋ̍	ŋ̍	ŋ̍	ŋəu
悟	ŋ̍	ŋ̍	ŋ̍	ŋəu
卧	ŋɔ	ŋɔ	ŋ̍	ŋəu
我	ŋɔ	ŋɔ	ŋ̍	ŋəu

"吴午五误悟"等字本来是[ŋu]。[ŋ]与[u]发音部位相同，[ŋ]受[u]的影響，於是元音化了。同时元音[u]脱落了。"卧"字原来读[ŋuɔ]，所以也能变为[ŋ̍]。"我"字原来读[ŋɔ]，变音为[ŋ̍]比较难於解释。也许是先变为[ŋuɔ]，再变为[ŋ̍]，也可能原是"吾"字变来。北京的"哼"字(应声)也读[ŋ̍]。

[m̩]在某些方言里也很常见，但是只出现於白话里。例如广州的"唔"(不也)，梅县的"唔"(不也)，苏州的"嘸"("嘸没"，無也)，北京的"嘸"(应声)，都说成[m̩]。

[n̩]比较少见，也只出现在白话里。浙江

509

(537)

金華白話"五"字說成[ŋ̍]，北京白話"嗯"字（去声）也說成[ŋ̍]。

(5) 陰陽對轉

陰陽對轉，指的是沒有鼻音韵尾的字（陰声）和有鼻音韵尾的字（陽声）互相轉化。《切韵》一字兩讀，如"能"有奴來、奴登兩切①，"等"有多改、多肯二切，就證明了陰陽對轉的道理。大約上古"能""等"本讀奴來切和多改切（《詩·小雅·賓之初筵》以"能"與"又""時"為韵，《楚辭·離騷》以"能佩"為韵，《易·繫辭下》以"來能謀能"為韵；段玉裁說"等"就是"待"），漢以後轉化為奴登切和多肯切。之部[ə]和蒸部[əŋ]元音相同，所以能夠互轉。

斤声有"旂"，軍声有"揮"，這也說明微文兩部可以互轉。可能在上古時代，凡斤声軍声的字一律讀入文部，《左傳》僖公五年"旂"與"晨""辰""振

①"能"還有奴代一切。

賁焞單奔"為韻，《詩·小雅·庭燎》"旂"与"晨煇"為韻，是以為證。

在現代某些方言中，我们看見許多陰陽对轉的例子，主要是陽声轉变為陰声，也就是原有鼻音韵尾的字变為没有鼻音韵尾。現在舉苏州話為例。

例字	隋唐音	現代苏州話	与陰声字同音
蛮	[man]	[me]	梅表[me]美
凡	[bĭuɐm]	[ve]	—
翻	[pʻĭuɐn]	[fe]	—
擔	[tam]	[te]	堆[te]
丹	[tan]	[te]	堆[te]
淡	[dam]	[de]	待[de]
貪	[tʻam]	[tʻø]	—
談	[dam]	[de]	臺[de]
壇	[dan]	[de]	臺[de]

~~505~~ 510

(538)

探	[tʻam]	[tʻø]	—
濫	[lam]	[le]	賴[le]
懶	[lan]	[le]	賴[le]
參	[tsʻam]	[tsʻø]	—
南,男	[nam]	[nø]	—
蠶	[dzam]	[zø]	—
慘	[tsʻam]	[tsʻø]	—
三	[sam]	[se]	腮[se]
棧	[dʒan]	[ze]	在[ze]
產	[ʃan]	[tsʻe]	采[tsʻe]
山	[ʃan]	[se]	腮[se]
甘	[kam]	[kø]	—
干	[kan]	[kø]	—
寒,韓	[ɣan]	[hø]	—
変	[piæn]	[~~ple~~ pie]	—

便	[bi̯æn]	[bie]	—
天	[tiæn]	[tie]	—
田	[diæn]	[die]	—
添	[tʻiæm]	[tʻie]	—
甜	[diæm]	[die]	—
渐	[dzi̯æm]	[zie]	—
贱	[dzi̯æn]	[zie]	—
团	[duan]	[dø]	—
暖	[nuan]	[nø]	—
篆	[diuæn]	[zø]	—
劝	[kʻi̯uɐn]	[tɕʻiø]	—
原	[ŋi̯uɐn]	[ȵiø]	—
袁	[ɣi̯uɐn]	[ɦiø]	—

从上表我们可以看出，在现代吴语里，只有[m]尾和[n]尾的，而且主要元音是[a][æ]

511

(539)

[ɐ]的陽声韵才轉化為陰声韵，[ŋ]尾的陽声韵並沒有轉化為陰声韵。

陽声韵轉化為陰声韵，应该是经过主要元音相同的階段，即[an]→[ɒn]→[ɒ]或[an]→[en]→[e]，或[iɑn]→[iɛn]→[ie]等。由於主要元音相同，然後陰陽才能对轉。

陰声韵轉為陽声韵比較少見，但也不是沒有。廣西博白话对事物的~~细小~~细小者常加一个"兒"字。"兒"字在博白读[ȵi]，但在表示细小時说成[ȵin]，如"牛兒"[ŋau ȵin]，"鵝兒"[ŋɔ ȵin]。单说"鵝"，如果指小鵝，也可以说[ŋon]。

~~清代音韵学家孔廣森等把入声韵当作陰声韵看待，因此入声韵轉化為陽声韵，也可以叫做陰陽对轉。~~現代漢口话明母模韵"暮慕墓幕"等字读[muŋ]是由[mu]转化，是阴声韵转为陽声韵。"母"字本属之部合口一等[uə]，到南北朝变为[u]，隋唐五代变为[ou]，宋代以后仍回到[u]，现代汉口话读[muŋ]，也是阴声韵转为陽声韵。

清代古音学家孔广森等把入声韵当作阴声韵看待，因此，入声韵转化为陽声韵也算是阴陽对转。现代汉口话明母屋韵"木目牧"等字读[muŋ]是由[muk]转化，也是阴声韵转为陽声韵。广西博白话"叔"字[ʃuk]表示细小时说成[ʃuŋ]，"蛭"字[tʃʰet]表示细小时说成[tʃʰen]，"鸭"字[ap]表示细小时说成[am]，都是阴陽对转的道理。

空一行
接下页

512

(540)

~~[t]的陽声韵不轉化為陰声韵，[ŋ]尾的陽声韵並沒有轉化為陰声韵。~~

~~陽声韵轉化為陰声韵，应该是经过主要元音相同的階段，即[an]→[ɒn]→[ɒ]，或[an]→[ən]→[ə]，或[iɑn]→[iɛn]→[iɛ]等。由於主要元音相同，能够陰陽对轉。~~

語言的发展，是新系统代替旧系统。這在韵部的发展表現得最為明顯；而在韵部的发展中，尤以粤方言、闽南方言、客家方言、吴方言表現得最為明顯。在《切韵》里，入声是和陽声相配的。因此，在发展过程中，入声字的主要元音也一定和其相应的陽声字的主要元音相同，只是韵尾不同。在粤方言、闽南方言、客家方言里，入声韵尾[k]与陽声韵尾[ŋ]相应，入声韵尾[t]与陽声韵尾[n]相应。入声韵尾[p]与阳声韵尾[m]相应。在发展过程中，也一定照样相应，很少例外①。现在举例如下。

	廣州	厦門	梅縣	苏州
东(公)	uŋ	oŋ	uŋ	uŋ
屋(谷)	uk	ok	uk	oʔ②
冬(冬)	uŋ	oŋ	uŋ	uŋ
沃(督)	uk	ok	uk	oʔ
鍾(容)	juŋ	i̯oŋ	i̯uŋ	i̯uŋ
燭(欲)	juk	i̯ok	i̯uk	i̯oʔ
東(龍)	uŋ	i̯oŋ	i̯uŋ	uŋ
屋(绿)	uk	i̯ok	i̯uk	oʔ
江(江)	oŋ	aŋ	oŋ	oŋ
覺(角)	ok	ak	ok	oʔ

①如果[ŋ]变为[n]，相应的入声[k]也变为[t]；如果[m]变为[n]，相应的入声[p]也变为[t]。仍可以说是没有例外。

②苏州屋沃燭的主要元音与东冬鍾的主要元音微異，這是例外。

513 (541)

江(双)	œŋ	oŋ	uŋ	oŋ
觉(朔)	ok①	ok	ok②	oʔ
真(真)	en	in	ən	ən
质(质)	et	it	ət	əʔ
諄(昏)	œn	un	un	ən
術(術)	œt	ut	ut	əʔ
元(泉)	yn	uan	ian	ø
月(月)	yt	uat	iat	yəʔ③
元(翻)	an	uan	an	e
月(发)	at	uat	at	aʔ
魂(门)	un	un	un	ən
没(没)	ut	ut	ut	əʔ
寒(干)	on	an	on	ø
曷(割)	ot	at	ot	əʔ④

① 广州"朔"字读ok，是例外；"捉"字读uk，也是例外。但是"双"字读œŋ，
② 梅县"双"字读uŋ，"朔"字读ok，是例外。"桌"读œk，则是合乎系统性的。
③ 苏州"月"字读yəʔ，"泉"字读ø，是例外。
④ 苏州"干"字读ø，"割"字读əʔ，是例外。

桓(寬)	un	uan	uon	φ
末(闊)	ut	uat	uat①	uəʔ②
刪(删)	an	an	an	e
黠(殺)	at	at	at	aʔ②
先(前)	in	i̯an	i̯an	ie
屑(截)	it	i̯at	i̯at	iə②
侵(金)	əm	im	im	in
緝(急)	əp	ip	ip	iəʔ②
覃(南)	am	am	am	φ
合(納)	ap	ap	ap	əʔ②
談(藍)	am	am	am	e
盍(臘)	ap	i̯ap	ap	aʔ②
鹽(占)	im	am	am	φ
葉(摺)	ip	ap	ap	əʔ②
嚴(嚴)	im	i̯am	i̯am	ie
業(業)	ip	i̯ap	i̯ap	iəʔ②

② əʔ与φ配，aʔ与e配，iə与ie配，是例外。① uaʔ与uon配，是例外。
iəʔ与[redacted] ie，in配，uəʔ与φ配，

514

542

陽(良)	œŋ	ĭoŋ	ĭoŋ	ĭaŋ
藥(略)	œk	ĭoŋ	ĭok	~~ĭaŋ~~ ĭaʔ
唐(郎)	oŋ	oŋ	oŋ	oŋ
鐸(落)	ok	ok	ok	oʔ
~~庚~~耕(耕)	aŋ	iŋ	~~eŋ~~ en	ən
麥(革)	ak	ik	et	əʔ
清(性)	iŋ	iŋ	in	in
昔(惜)	ik	ik	it	iəʔ
青(靈)	iŋ	iŋ	in	in
錫(歷)	ik	ik	it	iəʔ①
蒸(蒸)	iŋ	iŋ	ən	ən
職(織)	ik	ik	ət	əʔ
登(增)	əŋ	iŋ	en	ən
德(則)	~~əŋ~~ ək	ik	et	əʔ

① iə配in是例外。

由上表看来，吴方言发展的系统性较差，这是由于吴方言发展速度比粤闽客家方言发展速度较高的缘故。

40×15=600 (1201) 北京市电车公司印刷厂出品 76.12.

~~508~~ 515

543

第四章 自然的变化(下)—声调的变化

声调的调值变化最快。可惜古音中没有调值的记录，我们无从知道古代声调的调值。但是，观於现代各地方言调值五花八门的情况，也就可以猜想古代声调的调值经过千百次的递变，才变成今天的样子。

《康熙字典》前面所载《字母切韵要法》，其中有“分四声法”说：

平声平道莫低昂，
上声高呼猛烈强，
去声分明哀远道，
入声短促急收藏。

這大约是明清时代標準语的调值。平声平道莫低昂，大概是说，平声应该是个中平调，類似现代長沙、桂林的陰平33；上声应该是个高平调，类似现代济南话的上声˥$_{55}$；去声颇难捉摸，“分明哀远道”可能是较长的低升调，类似现代成都话的去声˩˧$_{13}$；入声“短促急收藏”，一定是喉塞音[ʔ]的，而且长度只有上声一半的高平调，类似现代扬州、南昌的入声˥$_{5}$。

有些方言在调类上有入声，在调值上没有入声，因为它已经变为不是短促急收藏的声调了。例如现代长沙话的入声是个中升调˨˦$_{24}$，它的长度和平上去声大致相等，并不短促，而且不以喉塞音[ʔ]收尾。所以现代长沙话的入声从调值上说，可以说是名存而实亡；但是从调类上说，可以说它保存了古代的入声，不与其他调类相混。

在现代西南官话（包括湖北及广西北部）里，大多数方言的入声字一律混入了阳平。例如：

纳＝拿　　察＝茶　　匣＝霞

鸭＝牙　　滑＝华　　合＝何

莫＝磨　　脱＝驼　　落＝罗

尺＝池　　失＝时　　匹＝皮

密＝迷　　立＝离　　七＝齐

一＝夷　　仆＝蒲　　木＝模

福＝扶　　秃＝图　　鹿＝卢

出＝除　　忽＝胡　　屋＝吴

曲＝渠　　玉＝鱼　　乞＝奇

古入声在现代北京话里的发展情况，和西南官话大不相同。古入声字在现代北京话里分别转入阴平、阳平、上声和去声。例如：

(1)转入阴平者：

鸭＝鸦　　脱＝拖　　失＝诗

七＝妻　　一＝医　　秃＝坛（"徒"的阴平）

出=初　忽=呼　屋=烏

曲(曲直)=區

(2)轉入陽平者(与西南官话同)：

匣=霞　滑=華　合=何

僕=蒲　福=扶　察=茶

(3)轉入上声者：

尺=齿　匹=痞　乞=起

曲(戏曲)=取

(4)轉入去声者：

納=那　莫=磨(磨坊)　落=摞

密=秘　立=利　木=慕

鹿=路　玉=欲

有些方言把古四声分化為陰陽兩類，即陰平、陽平、陰上、陽上、陰去、陽去、陰入、陽入。有些方言上声不分陰陽(如苏州)①；有些

①也可以说，上声有陰無陽(参看趙元任《现代吴语研究》75—77页)。

517

(545)

方言上声、去声都不分陰陽（如客家话）。一般地说，陰调類是高调，陽调類是低调。例如

	(1)陰平	陰上①	陰去	陰入
長沙	˧33	˦˩41	˥55	˨˦24
苏州	˦44	˦˩41	˥˩˧513	˦4
廣州	˥55	˧˥35	˧33	˥5

	(2)陽平	陽上	陽去	陽入
長沙	˩˧13	—	˨˩21	—
苏州	˩˩˧113	—	˧˧˩331	˨˧23
廣州	˩11	˩˧13	˨22	˨2

也有相反的情况。例如天津陰平读低平调˩11，陽平读高平调˥55；梅縣陰入读低促调˨2，陽入读高促调˦4。那恐怕是後起的现象。

①凡上声不分陰陽者，当做陰上看待。

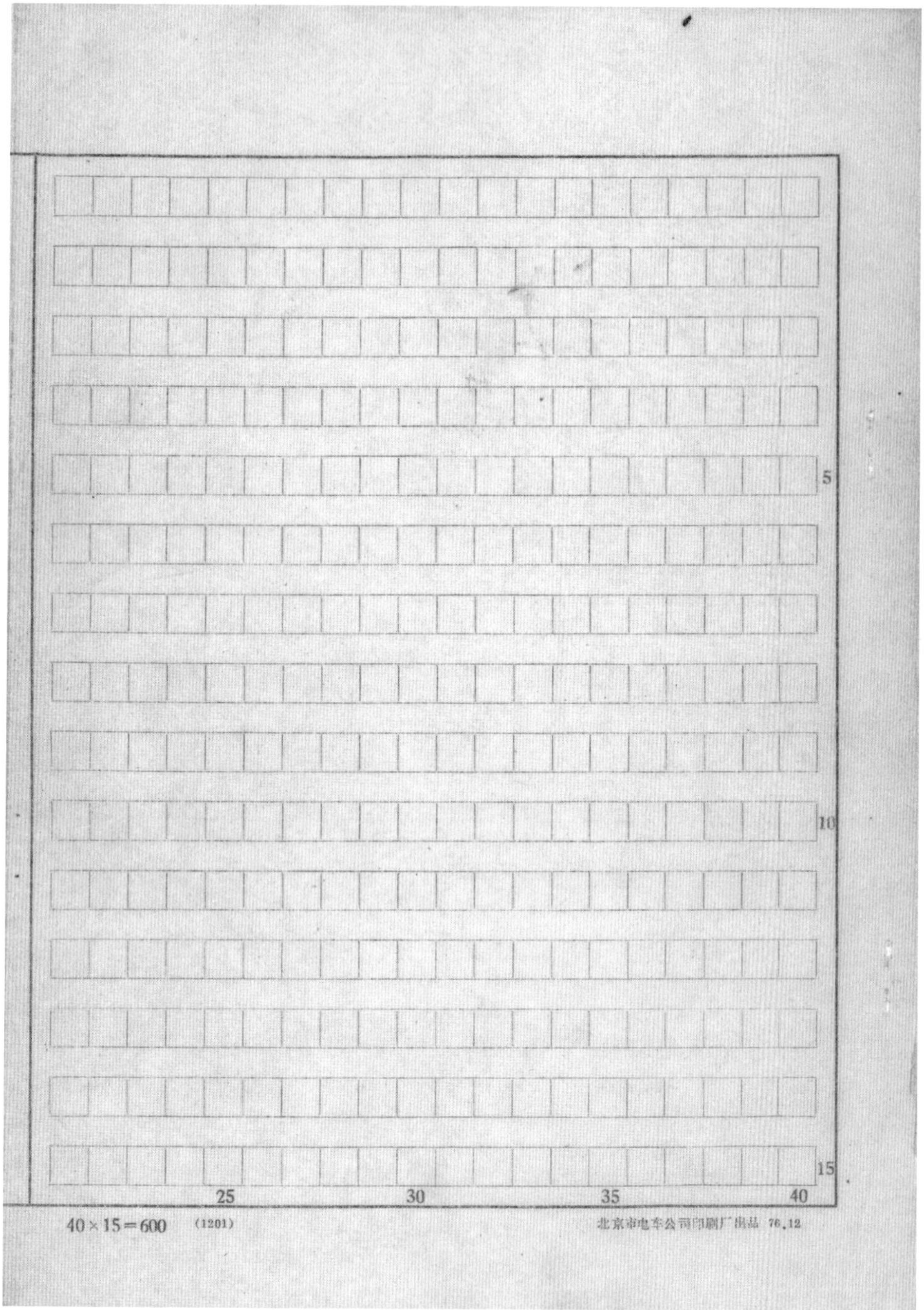
40×15＝600 (1201) 北京市电车公司印刷厂出品 76.12

512 518

A33

(546)

第五章　條件的变化（一）——声母对韵母的影響

條件的变化，指的是某个音素由於各種不同的環境，或者是它的地位和某一類語音相接觸，受那語音的影响而发生变化。~~明白了條件的变化，就更能了解語音发展的規律。~~声母、韵部、声调的分化，绝大多数都是條件的变化。明白了條件的变化，就更能了解語音发展的規律。

在這一章里，我們先講声母对韵母的影响。関於声母对韵母的影响，又可以细分为九種情況：(1) 脣音的影响；(2) 喉牙的影响；(3) 舌齒脣与喉牙的不同影响；~~(4) 舌齒与喉牙……~~ (4) 照系的影响；(5) 莊系及知系二等的影响；(6) [n] [l] 的影响；(7) 元音[ɿ][ʅ]的產生；(8) 异化作用；(9) 元音[ɤ]的产生。分别叙述如下：

(1) 脣音的影响。

(8) 元音ɤ的產生

脣音声母後面的韵母，往往有其獨特的发展。例如：

先秦之部開口三等[ĭə]到南北朝分化了，脣音"丕伾邳否痞鄙嚭秠鄙備"等字轉入脂韵读[ĭei]，其餘仍读[ĭə]。

先秦魚部合口三等[ĭua]演变到宋代是[ĭu]，其中脣音字"夫敷孚桴俘膚麸殍鄜扶符芙鳧無毋蕪巫誣无"到元代变為合口呼，其餘仍读撮口呼。

~~《切韵》肴韵[au]到宋代分化為兩類~~

《切韵》微韵合口三等[ĭuəi]本屬撮口呼，其中脣音字"非霏菲緋扉騑妃飛蜚肥淝微"到明清以後变為開口呼[əi]，其餘"歸"類变為合口呼。

《切韵》灰韵[uai]本屬合口呼，其中脣音字"杯醅坯胚裴陪培梅枚煤媒莓玫"[illegible]到

40×15=600 (1201) 北京市电车公司印刷厂出品 76.12

519

(547)

元代變為開口呼[ai]。

~~《切韵》脂韵開口二等[ɐi]本屬齊齒呼，隋唐以後變為[ï]，其中唇音字“悲~~

《切韵》月韵合口三等[iuɐt]本屬撮口呼，其中唇音字“伐筏閥罰襪髮發”到了宋代變為開口呼[fat]，元代以後再變為[a]。同理，乏韵三等本屬撮口呼，唇音“法乏”二字到宋代以後也變為[at]→[a]。

《切韵》登韵[əŋ]本屬開口呼，其中唇音字“朋鵬崩”到了元明清時代變為合口呼[uŋ]。同理，庚韵的“彭膨萌”、耕韵的“棚甍”本屬開口呼[ɐŋ]，到了元明清時代也都變為合口呼[uŋ]。

《切韵》東韵一等[oŋ]，到五代以後變為[uŋ]，屬合口呼，但今北京話於唇音“蒙濛朦朦蓬篷芃”讀開口呼[əŋ]。同理《切韵》

東韵三等[iuŋ]及鍾韵[iuŋ]到五代以後合流為[uŋ][iuŋ]，但今北京話於脣音"風楓豐酆馮鳳夢(东韵)丰鋒峰蜂烽封葑(鍾韵)"一律讀[əŋ]。

《切韵》文韵[iuən]本屬撮口呼，其中脣音字"分芬紛氛墳焚汾粉文汶紋蚊聞"到宋代讀[ɐn]，到元代以後讀[ən]，都是開口呼。

《切韵》元韵合口三等[iuɐn]本屬撮口呼，其中脣音字"翻番幡藩蕃旛反晚挽返飯萬煩樊礬繁燔蘩墦膰蹯"到宋代以後讀[an]，屬開口呼。

《切韵》桓韵[uan]到宋代讀[uan]，元代讀[uɔn]，本屬合口呼，其中脣音字"般搬瞞蹣滿蔓饅盤瘢槃鞶蟠槃磐半絆伴叛畔判泮"到明清以後讀[an]，變為開口呼。

以上所述，绝大多數都是合口呼或撮口呼

第520 (548)

的脣音字演變為開口呼。這是因為合口呼的[u]頭和撮口呼的[y]都是圓脣的元音[1]，前面有了脣音声母，就不一定再要圓脣了。最典型的例子是现代北京話脣音声母[p][pʻ][m][f]後面都沒有[u][y]。

脣音声母对韵尾[m]、[p]还能起一種異化作用（又叫做"避同音"）。由於韵尾[m]、[p]也是脣音，它和脣音声母同性相斥，產生矛盾，以致韵尾[m]轉化為韵尾[n]（或[ŋ]，韵尾[p]轉化為韵尾[t]）。這種情况從宋代起就發生了。例如：

品 pʻiəm → pʻin

稟 piəm → piŋ

凡 bʻiuɐm → fan

汎 pʻiuɐm → fan

① 其实是半元音。

法	piuɐp → fat → fa	
乏	piuɐp → fat → fa	

（2）喉牙的影响

《切韵》二等开口喉牙字①主要元音[a]在北方话里发展为齐齿呼，即加上韵头[i]，有些韵部同时变主要元音为[e]。例如：

例字	隋唐音	今北京音
街	[kai]	[tɕie]
蟹	[ɣa]	[ɕie]
間	[kan]	[tɕian]
晏	[an]	[ian]
眼	[ŋan]	[ian]
限	[ɣan]	[ɕian]
交	[kau]	[tɕiau]

~~①这里喉牙字不包括影母字，有例外。~~

① 影母字有例外。

巧	[kʻau]	[tɕʻi̯au]
肴	[ɣau]	[i̯au]
家	[ka]	[tɕi̯a]
牙	[ŋa]	[i̯a]
下	[ɣa]	[ɕi̯a]
鹹	[ɣam]	[ɕi̯an]
监	[kam]	[tɕi̯an]

《切韵》二等開口喉牙字主要元音[ɔ]在北方话里也発展為齐齿呼。例如：

例字	隋唐音	今北京音
江	[kɔŋ]	[tɕi̯aŋ]
講	[kɔŋ]	[tɕi̯aŋ]
绛	[kɔŋ]	[tɕi̯aŋ]
腔	[kʻɔŋ]	[tɕʻi̯aŋ]
降	[ɣɔŋ]	[ɕi̯aŋ]
項	[ɣɔŋ]	[ɕi̯aŋ]

巷	[ɣɔŋ]	[ɕiaŋ]

《切韵》二等开口喉牙字主要元音[ɐŋ]在北京话里有一部分也发展为齐齿呼。例如：

例字	隋唐音	今北京音
秔(粳粳)	[kɐŋ]	[tɕiŋ]
更(於"打更")	[kɐŋ]	[tɕiŋ]
行	[ɣɐŋ]	[ɕiŋ]
杏	[ɣɐŋ]	[ɕiŋ]
幸	[ɣɐŋ]	[ɕiŋ]
茎	[ɣɐŋ]	[~~jing~~ tɕiŋ]

入声字读音的发展，也依照这个规律。《切韵》入声二等开口喉牙字主要元音为[a][ɔ]者，在今北京话里发展为齐齿呼或撮口呼，主要元音为[ɐ]者，也有一部分发展为齐齿呼。例如：

例字	隋唐音	今北京音

522

(550)

黠	[ɣat]	[ɕi̯a]
揠	[at]	[i̯a]
稭(秸)	[kat]	[tɕi̯e]
瞎	[xat]	[ɕi̯a]
轄	[ɣat]	[ɕi̯a]
夾	[kap]	[tɕia]
恰	[k'ap]	[tɕ'i̯a]
洽	[ɣap]	[tɕ'i̯a]
甲	[kap]	[tɕi̯a]
鴨	[ap]	[i̯a]
狎	[ɣap]	[ɕi̯a]
覺	[kɔk]	[tɕye]
角	[kɔk]	[tɕye](文) [tɕi̯au](白)
嶽	[ŋɔk]	[ye]
樂(音樂)	[ŋɔk]	[ye]

殼	[k'ɔk]	[tɕ'iau]（文）
確	[k'ɔk]	[tɕye]
學	[ɦɔk]	[ɕye]
嚇	[xɐk]	[ɕia]

（3）舌齿唇与喉牙的不同影响

韵部的分化，往往是受声母的影响。在对韵部分化产生影响的观点上看，声母可以分为两大类：舌齿唇为一类，喉牙为一类。它们对韵部有不同的影响，造成韵部分化的條件。下面举出一些例子。

~~在现代广州话里《切韵》模[illegible]韵~~
~~分为舌齿唇[illegible]与喉牙两类，有不同的发展。~~

~~模韵舌齿唇读[ou]~~

~~例字~~	~~精唐音~~	~~今广州音~~
~~都~~	~~[tu]~~	~~[tou]~~

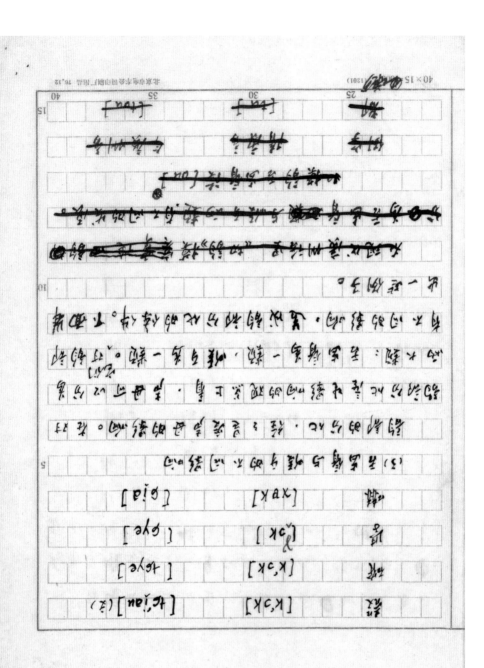

在現代北京話裏，《切韻》歌戈韻的字分爲舌齒脣與喉牙兩類，有不同的發展。舌齒脣字一律讀合口呼[uo]①，喉牙字一律讀開口呼②，但其元音由[a]漸變爲[ɤ]。例如：

a. 舌齒脣音

例字	隋唐	宋元	明清	今北京音
多	[ta]	[tɔ]	[to]	[tuo]
駝	[da]	[tʻɔ]	[tʻo]	[tʻuo]
羅	[la]	[lɔ]	[lo]	[luo]
儺	[na]	[nɔ]	[no]	[nuo]
左	[tsa]	[tsɔ]	[tso]	[tsuo]
蹉	[tsʻa]	[tsʻɔ]	[tsʻo]	[tsʻuo]

① 這樣一來，歌戈兩韻的舌齒字就合流了，如"羅"讀如"騾"，"馱"讀如"惰"。

② 這樣一來，歌戈兩韻的喉牙字就合流了，如"戈"讀如"歌"，"科"讀如"珂"，"和"讀如"何"。但去聲果過韻的喉牙字仍讀合口呼，不與箇韻的混。

40×15=600 (1537)

北京市电车公司印刷厂出品 八〇·七

波	[pua]	[puɔ]	[puo]	[puo]
坡	[p'ua]	[p'uɔ]	[p'uo]	[p'uo]
婆	[bua]	[p'uɔ]	[p'uo]	[p'uo]
磨	[mua]	[muɔ]	[muo]	[muo]①

6. 喉牙音

例字	隋唐	宋元	明清	現代（今北京語）
歌	[ka]	[kɔ]	[ko]	[kə]
戈	[kua]	[kuɔ]	[kuo]	[kə]
可	[k'a]	[k'ɔ]	[k'o]	[k'ə]
課	[k'ua]	[k'uɔ]	[k'uo]	[k'ə]
訛	[ŋua]	[wuɔ]	[wo]	[ə]
何	[ɣa]	[xɔ]	[xo]	[xə]
和	[ɣua]	[xuɔ]	[xuo]	[xə]

①"波坡婆磨"等字本屬合口呼戈韻，至今仍讀合口呼。漢語拼音方案寫作 bo, po, mo，只是為了簡便。

在现代广州话里，《切韵》模韵分为舌齿唇与喉牙两类，有不同的发展。

a. 模韵舌齿唇读[ou]

(552)

例字	隋唐音	今广州音
都	[tu]	[tou]
图	[du]	[tʻou]
兔	[tʻu]	[tʻou]
奴	[nu]	[nou]
卢	[lu]	[lou]
租	[tsu]	~~[tʃou]~~ [tʃou]
粗	[tsʻu]	[tʃʻou]
苏	[su]	[ʃou]
布	[pu]	[pou]
普	[pʻu]	[pʻou]
步	[bu]	[pou]
暮	[mu]	[mou]

b. 模韵喉牙读[u]

例字	隋唐音	今广州音
乌	[u]	[wu]
呼	[xu]	[fu]

姑	[ku]	[ku]
枯	[k'u]	[fu]
胡	[ɣu]	[wu]

漢口、長沙有類似的情況，只是脣音歸入喉牙一類。又，古入声字在今漢口、長沙不帶[p][t][k]韵尾了，屋沃等韵的入声字在今漢口、長沙也分為舌齿与喉牙脣兩類，有不同的发展。

a. 模韵及屋沃等韵舌齿字在漢口讀[ou]，在長沙讀[əu]

例字	隋唐音	今漢口音	今長沙音
都	[tu]	[tou]	[təu]
度	[du]	[tou]	[təu]
獨	[dok]	[tou]	[təu]
讀	[dok]	[tou]	[təu]
毒	[duk]	[tou]	[təu]

818 524

(553)

突	[duɐt]	[tʻou]	[tʻəu]
秃	[tʻok]	[tʻou]	[tʻəu]
徒	[du]	[tʻou]	[təu]
土	[tʻu]	[tʻou]	[tʻəu]
奴	[nu]	[nou]	[nəu]
盧	[lu]	[nou]	[nəu]
鹿	[lok]	[nou]	[nəu]
禄	[lok]	[nou]	[nəu]
祖	[tsu]	[tsou]	[tsəu]
卒	[tsuɐt]	[tsou]	[tsəu]
族	[dzok]	[tsou]	[tsəu]
足	[tsiuk]	[tsou]	[tsəu]
粗	[tsʻu]	[tsʻou]	[tsʻəu]
苏	[su]	[sou]	[səu]
俗	[ziuk]	[sou]	[səu]

速	[sok]	[sou]	[səu]
宿	[si̯ok]	[sou]	[səu]
粟	[si̯uk]	[sou]	[səu]
六	[li̯ok]	[nou]	[nəu]
绿	[li̯uk]	[nou]	[nəu]
续	[ziuk]	[sou]	[səu]

b. 模韵及虞沃等韵喉牙唇字，在漢口讀[u]，在長沙讀[u]或[o]①。

例字	隋唐音	今漢口音	今長沙音
姑	[ku]	[ku]	[ku]
骨	[kuət]	[ku]	[ku]
穀	[kok]	[ku]	[ku]
枯	[k'u]	[k'u]	[k'u]
哭	[k'ok]	[k'u]	[k'u]
虎	[xu]	[xu]	[fu]

40×15=600 (1201)　北京市电车公司印刷厂出品 76.12

① 明母字讀[o]，其餘讀[u]。

525

(554)

户	[ɣu]	[xu]	[fu]
乌	[u]	[u]	[u]
吴	[ŋu]	[u]	[u]
布	[pu]	[pu]	[pu]
步	[bu]	[pu]	[pu]
普	[p'u]	[p'u]	[p'u]
僕	[bok]	[p'u]	[p'u]
扑	[p'ok]	[p'u]	[p'u]
木	[mok]	[muŋ]	[mo]
目	[mi̯ok]	[muŋ]①	[mo]

在现代苏州话和广州话里，"切韵"寒韵舌齿字和喉牙字有不同的发展。苏州话於舌齿字读[e]，於喉牙字读[ø]，广州话於舌齿字读[an]，於喉牙字读[on]。

① 汉口"木目"等字读[muŋ]，是例外。

例如：

a、舌齿字

例字	隋唐音	今苏州音	今广州音
單	[tan]	[te]	[tan]
壇	[dan]	[de]	[tan]
彈（彈琴）	[dan]	[de]	[tʻan]
歎	[tʻan]	[tʻe]	[tʻan]
難	[nan]	[ne]	[nan]
蘭	[lan]	[le]	[lan]
贊	[tsan]	[tse]	[~~tsan~~ tʃan]
傘	[san]	[se]	[ʃan]
散	[san]	[se]	[ʃan]
殘	[dzan]	[dze]	[tʃʻan]
餐	[tsʻan]	[tsʻø]①	[tʃʻan]
爛	[lan]	[le]	[lan]

①苏州"餐"字读[tsʻø]，是例外。

40×15=600 (1201) 北京市电车公司印刷厂出品 76,12

527
526

(555)

8. 喉牙字

例字	隋唐音	今苏州音	今广州音
安	[an]	[ø]	[on]
案	[an]	[ø]	[on]
岸	[ŋan]	[ŋø]	[ŋon]
干	[kan]	[kø]	[kon]
幹	[kan]	[kø]	[kon]
刊	[k'an]	[k'ø]	[hon]
看	[k'an]	[k'ø]	[hon]
寒	[ɣan]	[ɦø]	[hon]
漢	[xan]	[hø]	[hon]
汗	[ɣan]	[hø]	[hon]

(4) 知照系及知系三等的影响

知照系三等字①属於齊齿呼和撮口呼。

①知系有些二等字，出现在二等韵。照系有二等字独成一類，叫做庄系。

到了元代，知照系字有一部分变为捲舌音（舌尖後音）。到了明代以後，在北方话里，知照系全部变为捲舌音。依汉语习惯，捲舌音後面不可能有[i][y]，因为[i][y]是舌面音，与捲舌音有矛盾。为此，在北方话里①，知照系字原读齐齿呼的变为开口呼，原读撮口呼的变为合口呼。其他方言有三种情况：第一种如苏州话，它受北方话影响，虽然没有捲舌音，知照系齐撮字也变了开口呼（一部分撮口字保存撮口呼）；第二种如长沙话，它也受北方话影响，知照系齐齿字变了开口呼，但是撮口字仍读撮口呼；第三种如广州话，它没有受北方话影响，知照系齐撮字平上去声多数仍读齐齿呼和撮口呼②。例如：

例字	隋唐	今北京	今苏州	今长沙	今广州
纸	[tɕi]	[tʂʅ]	[tsɿ]	[tsɿ]	[tʃi]

① 指有捲舌音的北方话。

② 有少数例外，如祭韵"制"读[tʃɐi]（尤韵"周"读[tʃɐu]）。又，古三等字到唐宋以後已变合口呼者，不在此例，如"中"、"[illegible]"。

池	[di]	[tʂʻʅ]	[zɿ]	[tʂʅ]	[tʃʻi]
齿	[tɕʻi]	[tʂʻʅ]	[tsʻɿ]	[tʂʻʅ]	[tʃʻi]
诗	[ɕi]	[ʂʅ]	[sɿ]	[ʂʅ]	[ʃi]
时	[ʑi]	[ʂʅ]	[zɿ]	[ʂʅ]	[ʃi]
朝	[ti̯æu]	[tʂau]	[tsæ]	[tʂau]	[tʃiu]
赵	[di̯æu]	[tʂau]	[zæ]	[tʂau]	[tʃiu]
超	[tʻi̯æu]	[tʂʻau]	[tsʻæ]	[tʂʻau]	[tʃʻiu]
潮	[di̯æu]	[tʂʻau]	[zæ]	[tʂau]	[tʃʻiu]
烧	[ɕi̯æu]	[ʂau]	[sæ]	[ʂʻau]	[ʃiu]
绍	[ʑi̯æu]	[ʂau]	[zæ]	[ʂau]	[ʃiu]
周	[tɕi̯ou]	[tʂəu]	[tsʏ]①	[tʂəu]	[tʃɐu]②
臭	[tɕʻi̯ou]	[tʂʻəu]	[tsʻʏ]	[tʂʻəu]	[tʃʻɐu]
酬	[ʑi̯ou]	[tʂʻəu]	[zʏ]	[tʂau]	[tʃʻɐu]

① 苏州由求韵[ʏ]是开口的[ʏ]，而且实际上读[ɸʏ]，所以算是开口呼。

② 广州"周"等字读开口呼，是例外。

柔	[ȵiou]①	[ʅou]	[zø]	[iəu]②	[jɐu]
戰	[tɕiæn]	[tʂan]	[tsø]	[tʂan]	[tʃin]
纏	[diæn]	[tʂʻan]	[zø]	[tsan]	[tʃin]
扇	[ɕiæn]	[ʂan]	[sø]	[ʂan]	[ʃin]
善	[ʑiæn]	[ʂan]	[zø]	[ʂan]	[ʃin]
然	[ȵiæn]①	[ʅan]	[zø]	[yẽ]②	[jin]
振	[tɕien]	[tʂən]	[tsən]	[tʂən]	[tʃɐn]③
陣	[dien]	[tʂən]	[zən]	[tʂən]	[tʃɐn]
身	[ɕien]	[ʂən]	[sən]	[ʂən]	[ʃɐn]
神	[dʑien]	[ʂən]	[zən]	[ʂən]	[ʃɐn]
張	[tian]	[tʂaŋ]	[tsaŋ]	[tsan]	[tʃœŋ]④
丈	[diaŋ]	[tʂaŋ]	[zaŋ]	[tʂaŋ]	[tʃœŋ]
長	[diaŋ]	[tʂʻaŋ]	[zaŋ]	[tʂaŋ]	[tʃʻœŋ]
唱	[tɕʻiaŋ]	[tʂʻaŋ]	[tsʻoŋ]	[tʂʻaŋ]	[tʃʻœŋ]

④ [œŋ][œn]算是撮口呼。

① 日母字也算照系字。"柔"字長沙讀[iəu],

② "然"字長沙讀[yẽ],是例外。

③ "振"等字廣州讀[ɐn],是例外。

40×15=600 (京101) 北京市电车公司印刷厂出品 76.12

528

(557)

傷	[ɕi̯aŋ]	[ʂaŋ]	[soŋ]	[ʂan]	[ʃœŋ]
常	[ʑi̯aŋ]	[tʂʻaŋ]	[zaŋ]	[ʂan]	[ʃœŋ]
讓	[ȵi̯aŋ]	[ɽaŋ]	[zaŋ]①	[ɽan]	[jœŋ]
征	[tɕi̯ɐŋ]	[tʂəŋ]	[tsən]	[tʂən]	[tʃiŋ]
鄭	[di̯ɐŋ]	[tʂəŋ]	[zən]	[tʂən]	[tʃiŋ]
成	[ʑi̯ɐŋ]	[tʂʻəŋ]	[zən]	[tʂən]	[ʃiŋ]
稱	[tɕi̯əŋ]	[tʂʻəŋ]	[tsən]	[tʂʻən]	[tʃʻiŋ]
声	[ɕi̯ɐŋ]	[ʂəŋ]	[sən]	[ʂən]	[ʃiŋ]
猪	[ti̯o]	[tʂu]	[tsy]②	[tɕy]②③	[tʃy]
朱	[tɕi̯u]	[tʂu]	[tsy]	[tɕy]	[tʃy]
煮	[tɕi̯o]	[tʂu]	[tsy]	[tɕy]	[tʃy]
主	[tɕi̯u]	[tʂu]	[tsy]	[tɕy]	[tʃy]
除	[di̯o]	[tʂʻu]	[zy]	[tɕy]	[tʃʻy]④
廚	[di̯u]	[tʂʻu]	[zy]	[tɕy]	[tʃʻy]④

①"讓"字苏州白话读[ȵiaŋ]。

②注意：长沙话知照系字读撮口呼时，声母是[tɕ, tɕʻ, ɕ]，不是[tʂ, tʂʻ, ʂ]。④"除""厨"白话说[tʃʻœy]。

③注意：苏州话读鱼虞韵知照系字读撮口呼。

處	[tɕʻi̯o]	[tʂʻu]	[tsʻy]	[tɕʻy]	[tʃʻy]
舒	[ɕi̯o]	[ʂu]	[sy]	[ɕy]	[ʃy]
輸	[ɕi̯u]	[ʂu]	[sy]	[ɕy]	[ʃy]
樹	[ʑi̯u]	[ʂu]	[zy]	[ɕy]	[ʃy]
如	[ȵi̯o]	[ʐu]	[zy]	[y]	[jy]
追	[ti̯ui]	[tʂuəi]	[tse]	[tɕyei]	[tʃœy]①
吹	[tɕʻi̯ui]	[tʂʻuəi]	[tse]②	[tɕʻyei]	[tʃʻœy]
垂	[ʑi̯ui]	[tʂʻuəi]	[ze]	[tɕʻyei]	[ʃœy]
誰	[ʑi̯ui]	[ʂuəi]	[ze]	[ɕyei]	[ʃœy]
水	[ɕi̯ui]	[ʂuəi]	[se]③	[ɕyei]	[ʃœy]
睡	[ʑi̯ui]	[ʂuəi]	[ze]	[ɕyei]	[ʃœy]
瑞	[ʑi̯ui]	[ʐuəi]	[ze]	[ɕyei]	[ʃœy]
專	[tɕi̯uæn]	[tʂuan]	[tsø]	[tɕyẽ]	[tʃyn]
傳	[di̯uæn]	[tʂʻuan]	[zø]	[tɕyẽ]	[tʃʻyn]
船	[dʑi̯uæn]	[tʂʻuan]	[zø]	[tɕyẽ]	[ʃyn]

②苏州"吹"字，白话说[tsʻy]。③"水"字白话说[sy]。

①廣州话的[œy]算是撮口呼。

川	[tɕʰi̯uæn]	[tʂʰuan]	[tsʰø]	[tɕʰyẽ]	[tʃʰyn]
軟	[ȵi̯uæn]	[ʐuan]	[ȵi̯ø]①	[yẽ]	[jyn]
準	[tɕi̯uen]	[tʂun]	[tsən]	[tɕyn]	[tʃœn]②
唇	[dʑi̯uen]	[tʂʰun]	[zən]	[ɕyn]	[ʃœn]
純	[ʑi̯uen]	[tʂʰun]	[zən]	[ɕyn]	[ʃœn]
春	[tɕʰi̯uen]	[tʂʰun]	[tsʰən]	[tɕʰyn]	[tʃʰœn]
順	[dʑi̯uen]	[ʂun]	[zən]	[ɕyn]	[ʃœn]
潤	[ȵi̯uen]	[ʐun]	[zən]	[yn]	[jœn]

入声字也有一部分依照这个发展规律。例如：

例字	隋唐音	今北京	今苏州	今长沙	今广州
織	[tɕi̯ək]	[tʂʅ]	[tsəʔ]	[tʂʅ]	[tʃik]
直	[di̯ək]	[tʂʅ]	[zəʔ]	[tʂʅ]	[tʃik]
赤	[tɕʰi̯ɛk]	[tʂʰʅ]	[tsʰəʔ]	[tʂʰʅ]	[tʃʰik]

① 白话说[ȵø]。

② 广州话的[œn]算是撮口呼。

折	[tɕiæt]	[tʂə]	[tsəʔ]	[tʂə]	[tʃit]
热	[ȵiæt]	[ʐə]	[zəʔ]②	[ye]	[jit]
说	[ɕiuæt]	[ʂuo]	[səʔ]	[ɕye]	[ʃyt]
識	[ɕiək]	[ʂʅ]	[səʔ]	[ʂʅ]	[ʃik]
出	[tɕʰiuet]	[tʂʰu]	[tsʰəʔ]	[tɕʰy]	[tʃʰœt]①

知照系影响韵頭，這是近代語音发展的一條重要規律，值得注意。

(5) 莊系及知系二等的影响

莊系及知系二等在一定程度上有其獨立发展的道路，与三等字不同。

在现代北京話里，江陽韵知照二等字由齊齒呼变為開口呼，莊系及知系二等字則由齊齒呼变為合口呼。在现代苏州話里知三等字讀[aŋ]，莊系及知系二等字讀[oŋ]。

茲列表舉例比較如下：

① 廣州話的[œt]算是撮口呼。

② 苏州"热"字白話说[ȵieʔ]。

40×15=600 北京市电车公司印刷厂出品 76.12

例字		隋唐音	今北京	今苏州
知(陽)	張	[ȶi̯aŋ]	[tʂaŋ]	[tsaŋ]
照(陽)	章	[tɕi̯aŋ]	[tʂaŋ]	[tsoŋ①]
莊(陽)	莊	[tʃi̯aŋ]	[tʂuaŋ]	[tsoŋ]
知(江)	樁	[ȶɔŋ]	[tʂuaŋ]	[tsoŋ]
知(漾)	帳	[ȶi̯aŋ]	[tʂaŋ]	[tsaŋ
照(漾)	障	[tɕi̯aŋ]	[tʂaŋ]	[tsaŋ]
莊(漾)	壯	[tʃi̯aŋ]	[tʂuaŋ]	[tsoŋ]
澄(漾)	仗	[ȡi̯aŋ]	[tʂaŋ]	[zaŋ]
牀(漾)	狀	[dʒi̯aŋ]	[tʂuaŋ]	[zoŋ]
澄(絳)	撞	[ȡɔŋ]	[tʂuaŋ]	[zoŋ]
穿(陽)	昌	[tɕʻi̯aŋ]	[tʂʻaŋ]	[tsʻaŋ]
初(陽)	瘡	[tʃʻi̯aŋ]	[tʂʻuaŋ]	[tsʻoŋ]
初(江)	窗	[tʃʻɔŋ]	[tʂʻuaŋ]	[tsʻoŋ]

①苏州"章"读[tsoŋ]是例外。

澄(陽)	長	[dʑiaŋ]	[tʂʻaŋ]	[zaŋ]
牀(陽)	牀	[dʑiaŋ]	[tʂʻuaŋ]	[zoŋ]
徹(漾)	暢	[tʻiaŋ]	[tʂʻaŋ]	[tsʻaŋ]
穿(漾)	唱	[tɕʻiaŋ]	[tʂʻaŋ]	[tsʻoŋ]①
初(漾)	創	[tʃʻiaŋ]	[tʂʻuaŋ]	[tsʻoŋ]
審(陽)	傷	[ɕiaŋ]	[ʂaŋ]	[soŋ]②
山(陽)	霜	[ʃiaŋ]	[ʂuaŋ]	[soŋ]
山(江)	雙	[ʃɔŋ]	[ʂuaŋ]	[soŋ]
審(養)	賞	[ɕiaŋ]	[ʂaŋ]	[soŋ]
山(養)	爽	[ʃiaŋ]	[ʂuaŋ]	[soŋ]②

在漢口、長沙、廣州、梅縣等地方言里，魚虞韵字的莊系字和知照系字有不同的發展。茲列表比較如下：

① 苏州"唱"字讀[tsʻoŋ]是例外。但"倡"字仍讀[tsʻaŋ]。

② 苏州"傷賞"讀[soŋ]是例外。注意：苏州照系字有讀[oŋ]的，但莊系字绝無讀[aŋ]的。

531

(560)(1)

	例字	隋唐	北京	漢口	長沙	廣州	客家
牀	鋤	[dʐĭo]	[tʂʻu]	[tsʻou]	[tsəu]	[tʃʻo]	[tsʻɿ]
澄	除	[dĭo]	[tʂʻu]	[tɕʻy]	[tɕy]	[tʃʻy]	[tsʻu]
牀	助	[dʐĭo]	[tʂu]	[tsou]	[tsʻəu]	[tʃo]	[tsʻɿ]
澄	住	[dĭu]	[tʂu]	[tɕy]	[tɕy]	[tʃy]	[tsʻu]
初	楚	[tʃĭo]	[tʂʻu]	[tsʻou]	[tsəu]	[tʃʻo]	[tsʻɿ]
穿	處	[tɕʻĭo]	[tʂʻu]	[tɕʻy]	[tɕʻy]	[tʃʻy]	[tsʻu]
山	疏	[ʃĭo]	[ʂu]	[sou]	[səu]	[ʃo]	[sɿ]
審	書	[ɕĭo]	[ʂu]	[ɕy]	[ɕy]	[ʃy]	[su]
山	數	[ʃĭu]	[ʂu]	[sou]	[səu]	[ʃou]	[sɿ]
審	樹	[ʑĭu]	[ʂu]	[ɕy]	[ɕy]	[ʃy]	[su]

温州话有同样的情况，故"锄"[zəu]≠"除"[zɿ]，"助"[dzəu]≠"住"[dzɿ]，"初楚"[tsəu]≠"处"[tsʻɿ]，"数"[səu]≠"树"[zɿ]。南昌话也有同样的情况，故"锄"[tsʻu]≠"除"[tɕʻy]，"助"[tsʻu]≠"住"[tɕʻy]，"初楚"[tsʻu]≠"处"[tɕʻy]，"疏"[su]≠"书"[ɕy]，"数"[su]≠"树"[ɕy]。

~~(6)端精系的影响和[ɥ][ɿ]的影响~~

在某些方言里，受端精系声母的影响，合口呼变为开口呼。试以成都话与汉口话比较，成都话于桓韵字保存合口呼，汉口话于桓韵端精系字变为开口呼。例如：

例字	隋唐音	西安	成都	汉口
端	[tuan]	[tuã]	[tuan]	[tan]
短	[tuan]	[tuã]	[tuan]	[tan]
断	[duan]	[tuã]	[tuan]	[tan]

40×15=600 (1201) 北京市电车公司印刷厂出品 76.12

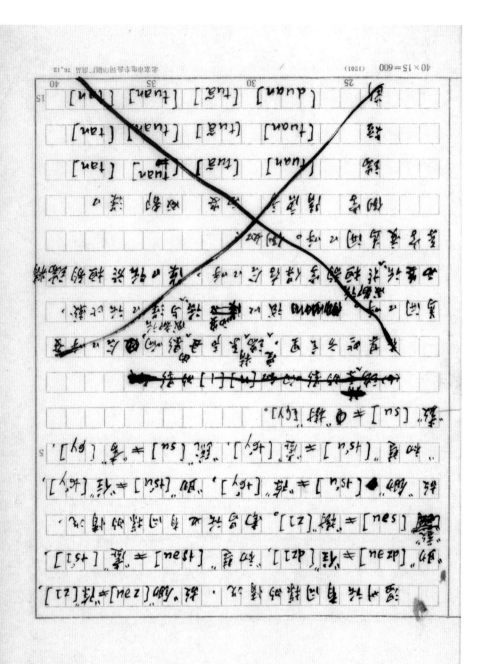

532a

(560)21

在廈門話里，莊系的影响特别明显。莊系和知、照系在許多地方分道揚鑣，各不相混。例如：

例字	隋唐音	北京	廈門
山（師）	[ʃi]	[ʂʅ]	[su]
審（詩）	[ɕi]	[ʂʅ]	[si]
山（史）	[ʃi]	[ʂʅ]	[su]
審（始）	[ɕi]	[ʂʅ]	[si]
牀（士）	[dʒi]	[ʂʅ]	[su]
禪（市）	[ʑi]	[ʂʅ]	[tsʰi]
牀（助）	[dʒio]	[tʂu]	[tsɔ]
澄（住）	[diu]	[tʂu]	[tsu]
初（楚）	[tʃʰio]	[tʂʰu]	[tsʰɔ]
穿（處）	[tɕʰio]	[tʂʰu]	[tsʰu]
山（梳）	[ʃio]	[ʂu]	[sɔ]
審（書）	[ɕio]	[ʂu]	[su]

山（數）	[ʂiu]	[ʂu]	[sɔ]
禪（樹）	[ʑiu]	[ʂu]	[su]
牀（驟）	[dʑiou]	[tʂəu]	[tsɔ]
知（晝）	[tɕiou]	[tʂəu]	[tiu]
山（瘦）	[ɕiou]	[ʂəu]	[sɔ]
審（獸）	[ɕiou]	[ʂəu]	[siu]

(6)端精系的影响和[n][l]的影响

在某些方言里，由於受端精系声母的影响，合口呼变为开口呼。试以西安话、成都话和汉口话比较，西安话、成都话於桓韵的字保存合口呼，汉口话於桓韵端精系字变为开口呼。例如：

例字	隋唐音	西安	成都	汉口
端	[tuɑn]	[tuã]	[tuan]	[tan]
短	[tuan]	[tuã]	[tuan]	[tan]
断	[duan]	[tuã]	[tuan]	[tan]

5326

(561)

段	[duan]	[tuã]	[tuan]	[tan]
團	[duan]	[tʻuã]	[tʻuan]	[tʻan]
暖	[nuan]	[nuã]	[nuan]	[nan]
卵	[luan]	[luã]	[luan]	[lan]
亂	[luan]	[luã]	[luan]	[lan]
鑽	[tsuan]	[tsuã]	[tsuan]	[tsan]
酸	[suan]	[suã]	[suan]	[san]
算	[suan]	[suã]	[suan]	[san]

在另一些方言裏，只有[n][l]有這種影响，它们把合口字、撮口字變為開口字。例如北京話、漢口話於灰韵字和支脂韵字。

例字	隋唐音	西安	太原	北京	漢口
内	[nuai]	[nuei]	[nuei]	[nəi]	[nei]
雷	[luai]	[luei]	[luei]	[ləi]	[nei]
累	[li̯ui]	[luei]	[luei]	[ləi]	[nei]

類	[liui]	[luei]	[luei]	[lai]	[nei]
淚	[liui]	[luei]	[luei]	[lai]	[nei]

(7) 元音[ɿ][ʅ]的產生

只有精系[i]韻的字能產生元音[ɿ]；只有知照系（包括莊系）[i]韻的字能產生元音[ʅ]。這是因為：

(一) 精清從心邪是舌尖前的輔音，[ɿ]是舌尖前的元音，發音部位相同。在聲母精清從心邪的影響下，韻母[i]轉化為[ɿ]是自然的趨勢。這是由齊齒呼變為開口呼。除粵方言及一部分客家方言外，在各地方言里，這類字差不多全都讀成[tsɿ, tsʰɿ, sɿ]①。現在舉北京、濟南、成都、廣州為例。

例字	隋唐音	北京	濟南	成都	廣州
資	[tsi]	[tsɿ]	[tsɿ]	[tsɿ]	[tʃi]

① 潮州話讀成[tsu, tsʰu, su]。

533

(562)

子	[tsi]	[tsɿ]	[tsɿ]	[tsɿ]	[tʃi]
自	[dzi]	[tsɿ]	[tsɿ]	[tsɿ]	[tʃi]
字	[dzi]	[tsɿ]	[tsɿ]	[tsɿ]	[tʃi]
雌	[ts'i]	[ts'ɿ]	[ts'ɿ]	[ts'ɿ]	[tʃ'i]
慈	[dzi]	[ts'ɿ]	[ts'ɿ]	[ts'ɿ]	[tʃ'i]
辭	[zi]	[ts'ɿ]	[ts'ɿ]	[ts'ɿ]	[tʃ'i]
词	[zi]	[ts'ɿ]	[ts'ɿ]	[ts'ɿ]	[tʃ'i]
此	[ts'i]	[ts'ɿ]	[ts'ɿ]	[ts'ɿ]	[tʃ'i]
次	[ts'i]	[ts'ɿ]	[ts'ɿ]	[ts'ɿ]	[tʃ'i]
刺	[ts'i]	[ts'ɿ]	[ts'ɿ]	[ts'ɿ]	[tʃ'i]
私	[si]	[sɿ]	[sɿ]	[sɿ]	[ʃi]
死	[si]	[sɿ]	[sɿ]	[sɿ]	[ʃi]①
四	[si]	[sɿ]	[sɿ]	[sɿ]	[ʃi]①
似	[zi]	[sɿ]	[sɿ]	[sɿ]	[tʃ'i]

① 廣州話"死""四"白話讀[sei]。

上文說過，這種演變，從晚唐時代就開始了。

由於[ɿ]是[ts][ts'][s]的元音化，它就離開了[ts][ts'][s]就不能獨立存在。我們聽見別人說"資此私"等字的時候，好像聲母沒有元音似的，但是在歌唱中（特別是在京劇唱腔中）把字音拉長的時候，其中的元音[ɿ]就聽得很清楚了。

(二)知照系字在元代就有一部分變為[tʂ, tʂ', ʂ]，到了明代，差不多全部都變為[tʂ, tʂ', ʂ]了。[tʂ, tʂ', ʂ]是舌尖後的輔音，[ʅ]是舌尖後的元音，發音部位相同。在声母[tʂ tʂ' ʂ]的影响下，韵母[i]轉化為[ʅ]是自然的趨勢。這是由齊齒呼變為開口呼。

這類知照系字，在北京等地方言里，由於

534

(563)

声母是[tʂ, tʂʻ, ʂ]，所以韵母是[ʅ]；在汉口等地方言里，由於声母是[ts, tsʻ, s]，所以韵母是[ɿ]；在厦门等地方言里，声母是[t, tʻ]或[ts, tsʻ, s]，①韵母仍是[i]；在广州等地方言里，声母是[tʃ, tʃʻ, ʃ]，韵母仍是[i]②。列表比较如下：

例字	隋唐音	北京	汉口	厦门	广州
支	[tɕi]	[tʂʅ]	[tsɿ]	[tsi]	[tʃi]
指	[tɕi]	[tʂʅ]	[tsɿ]	[tsi]	[tʃi]
志	[tɕi]	[tʂʅ]	[tsɿ]	[tsi]	[tʃi]
知	[ti]	[tʂʅ]	[tsɿ]	[ti]	[tʃi]
池	[di]	[tʂʻʅ]	[tsʻɿ]	[ti]	[tʃʻi]
耻	[tʻi]	[tʂʻʅ]	[tsʻɿ]	[tʻi]	[tʃʻi]
齿	[tɕʻi]	[tʂʻʅ]	[tsʻɿ]	[tsʻi]	[tʃʻi]

① 知系字读[t, tʻ]。

② 但祭韵字读[ai]。

詩	[ɕi]	[ʂʅ]	[sɿ]	[si]	[ʃi]
試	[ɕi]	[ʂʅ]	[sɿ]	[si]	[ʃi]
市	[ʑi]	[ʂʅ]	[sɿ]	[tsʻi]	[ʃi]
時	[ʑi]	[ʂʅ]	[sɿ]	[si]	[ʃi]

由於[ʅ]是[tʂ，tʂʻ，ʂ]的元音化，它離開[tʂ，tʂʻ，ʂ]就不能獨立存在。我們聽見别人説"知池時"等字的時候，彷彿没有元音似的，但是在歌唱中（特别是在京劇唱腔中），把字音拉長的時候，其中的元音[ʅ]就聽得很清楚了。

(8) 異化作用

異化作用是同化作用的反面。兩个音素相同或相近，出現在同一个詞或同一音節里，互相排斥，導致其中一个音素變為另一个音素，這就叫做異化作用。在漢語語音發展史上，最典型的異化作用是脣音聲母影響脣音韵尾[m]，使之

535

(564)

变成舌尖韵尾[n]或舌根韵尾[ŋ]。

唇音字的韵尾[m]变[n]、[ŋ]，是從《中原音韵》时代就开始了的。例如："凡帆"本是[m]尾字，《中原音韵》读与"烦繁膰樊"等[n]尾字同音[fan]，"範范犯泛"本是[m]尾字，《中原》读与"飯販"等[n]尾字同音[fan]；"品"本是[m]尾字，《中原》读与[n]尾字"牝"同音[pʻin]；"稟"本是[m]尾字，《中原》读与"丙炳秉餅"等[ŋ]尾字同音[piŋ]①。《中原音韵》时代还存在着[m]尾的韵部（所谓"闭口韵"），如侵尋[im]、監咸[am]、盐添[iæm]，而唇音字的韵尾先变了，這顯然是異化作用的结果。

現代梅縣、潮州、廣州和廈门还保存着[m]尾韵，廣州、廈门唇音字的韵尾[m]一律变為[n]，這也是異化作用。梅縣、潮州也只有[am]韵保存着韵尾[m]。現在以四種方言比較如下：

①《中原音韵》未收"稟"字，《中州音韵》收了。

例字	隋唐音	梅县	潮州	广州	厦门
凡	[bi̯uɐm]	[fam]	[huam]	[fan]	[huan]
范	[bi̯uɐm]	[fam]	[huam]	[fan]	[huan]
泛	[pʻi̯uɐm]	[fam]	[huam]	[fan]	[huan]
品	[pʻiəm]	[pʻin]	[pʻiŋ]	[pɐn]	[pʻin]
禀	[piəm]	[pin]	[piŋ]	[pɐn]	[pin]

在有入声韵尾[p]的方言里，也有异化作用。在唇音声母的影响下，韵尾[p]也变为[t]或[k]。如在"法"字，广州、厦门变了，梅县、潮州没有变。例如：

例字	隋唐音	梅县	潮州	广州	厦門
法	[pi̯uɐp]	[fap]	[huap]	[fat]	[huat]

在"乏"字，梅县、潮州、广州、厦门都变了。例如：

例字	隋唐音	梅县	潮州	广州	厦门
乏	[bi̯uɐp]	[fat]	[huek]	[fat]	[huat]

535

(565)

东锺韵脣音字，在現代北京話里，由合口呼变爲開口呼，即 puŋ, p'uŋ, muŋ, fuŋ → pəŋ, p'əŋ, məŋ, fəŋ。這也是一種異化作用。因爲[u]是極度圓脣的元音，和前面的脣音聲母有矛盾，所以轉化爲[ə]。济南、西安、太原等地也有相似的情况。兹將《中原》、北京、開封、苏州、廣州等例列表比較如下：

例字	《中原》	北京	開封	苏州	廣州
蓬	[p'uŋ]	[p'əŋ]	[p'əŋ]	[buŋ]①	[p'uŋ]
捧	[p'uŋ]	[p'əŋ]	[p'əŋ]	[p'uŋ]	[p'uŋ]
蒙	[muŋ]	[məŋ]	[məŋ]	[muŋ]	[muŋ]
夢	[muŋ]	[məŋ]	[məŋ]	[muŋ]	[muŋ]
蜂	[fuŋ]	[fəŋ]	[fəŋ]	[fuŋ]	[fuŋ]
風	[fuŋ]	[fəŋ]	[fəŋ]	[fuŋ]	[fuŋ]
封	[fuŋ]	[fəŋ]	[fəŋ]	[fuŋ]	[fuŋ]
豐	[fuŋ]	[fəŋ]	[fəŋ]	[fuŋ]	[fuŋ]

① 苏州东锺韵字，实際上讀[oŋ]。但依音位觀点看，可以認爲是[uŋ]。見上文。

逢 [fuŋ] [fəŋ] [fəŋ] [vuŋ] [fuŋ]

馮 [fuŋ] [fəŋ] [fəŋ] [vuŋ] [fuŋ]

鳳 [fuŋ] [fəŋ] [fəŋ] [vuŋ] [fuŋ]

奉 [fuŋ] [fəŋ] [fəŋ] [vuŋ] [fuŋ]

(9)元音[ɚ]的产生。

元音[ɚ]来源于支脂之韵（这指上去声）的日母字，即"兒、尔、二、而、耳"等。这是由于声母[ʐ]的消失，这些字的韵母仍保留舌尖后的发音部位。有些方言（如西安）连"日"字也念[ɚ]。

536

A34
(566)

第六章 條件的变化(二)——韵母对声母的影响

韵母对声母的影响，主要有五種情况：(一)腭化；(二)轻脣音的産生；(三)新的[f][h]的産生；(四)新的[tɕ][tɕʻ][ɕ]的産生；(五)新的[ŋ][n]的産生。

(一)腭化

腭化，指的是辅音的舌面化。在漢语语音發展史上，最早的是舌尖音的舌面化，即舌頭音端透定泥分化爲舌上音知徹澄娘。分化的條件是韵頭[i][ĭu]或主要元音[i]（还有少數是韵頭或主要元音[e]）。由於[i][ĭu]([y])是舌面元音，所以影响前面的舌尖辅音，使之变爲舌面辅音，即[ti-, tʻi-, di-, ni-]→[ȶi-, ȶʻi-, ȡi-, ȵi-]→[tɕi-, tɕʻi-, dʑi-]。例如：

接下頁

例字	南北朝	唐[1]	宋	今北京
置	[ti̯ə]	[ȶi]	[tɕi]	[tʂʅ]
致	[ti̯əi]	[ȶi]	[tɕi]	[tʂʅ]
姪	[di̯et]	[ȡi̯et]	[tɕi]	[tʂʅ]
直	[di̯ək]	[ȡi̯ək]	[tɕi]	[tʂʅ]
知	[tie]	[ȶi]	[tɕi]	[tʂʅ]
治	[di̯ə]	[ȡi]	[tɕi]	[tʂʅ]
秩	[di̯et]	[ȡi]	[tɕi]	[tʂʅ]
摘	[tek]	[ȶek]	[tɕek]	[tʂai]
朝	[ti̯ou]	[ȶi̯æu]	[tɕi̯æu]	[tʂau]
趙	[di̯ou]	[ȡi̯æu]	[tɕi̯æu]	[tʂau]
晝	[ti̯u]	[ȶi̯əu]	[tɕi̯əu]	[tʂəu]
肘	[ti̯u]	[ȶiou]	[tɕi̯əu]	[tʂəu]
展	[ti̯æn]	[ȶi̯æn]	[tɕi̯æn]	[tʂan]
陣	[di̯en]	[ȡien]	[tɕi̯ən]	[tʂən]

① 這里的唐指中晚唐。

537

(567)

珍	[ti̯en]	[ȶi̯en]	[tɕi̯ən]	[tʂən]
鎮	[ti̯en]	[ȶi̯en]	[tɕi̯ən]	[tʂən]
張	[tiaŋ]	[ȶi̯aŋ]	[tɕi̯aŋ]	[tʂaŋ]
杖	[di̯aŋ]	[ȡi̯aŋ]	[tɕi̯aŋ]	[tʂaŋ]
鄭	[di̯eŋ]	[ȡi̯eŋ]	[tɕi̯əŋ]	[tʂəŋ]
著	[di̯ɔ]	[ȡi̯u]	[tɕi̯u]	[tʂu]
竹	[ti̯ok]	[ȶi̯uk]	[tɕi̯uk]	[tʂu]
築	[ti̯ok]	[ȶi̯uk]	[tɕi̯uk]	[tʂu]
豬	[ti̯ɔ]	[ȶi̯u]	[tɕi̯u]	[tʂu]
卓	[teuk	[ȶɔk]	[tɕi̯ak]	[tʂuo]
中	[ti̯oŋ]	[ȶi̯uŋ]	[tɕi̯uŋ]	[tʂuŋ]
重	[di̯uŋ]	[ȡi̯uŋ]	[tɕi̯uŋ]	[tʂuŋ]
遲	[di̯ei]	[ȡi]	[tɕʻi]	[tʂʻʅ]
池	[di̯e]	[ȡi]	[tɕʻi]	[tɕʻ[illegible]]
恥	[tʻi̯a]	[ȶʻi]	[tɕʻi]	[tʂʻʅ]

徹	[tʻi̯æt]	[ȶʻi̯æt]	[tɕʻi̯æt]	[tʂʻə]
潮	[di̯ɑu]	[ȡi̯æu]	[tɕʻi̯æu]	[tʂʻau]
籌	[di̯u]	[ȡi̯ou]	[tɕʻi̯əu]	[tʂʻəu]
抽	[tʻi̯u]	[ȶʻi̯ou]	[tɕʻi̯əu]	[tʂʻəu]
纏	[di̯æn]	[ȡi̯æn]	[tɕʻi̯æn]	[tʂʻan]
塵	[di̯en]	[ȡi̯en]	[tɕʻi̯ən]	[~~tʂ~~tʂʻən]
沉	[di̯əm]	[ȡi̯əm]	[~~tɕʻiəm~~ tɕʻim]	[tʂʻən]
陳	[di̯en]	[ȡi̯en]	[tɕʻi̯ən] ~~tɕʻin~~	[tʂʻən]
暢	[tʻi̯aŋ]	[ȶʻi̯aŋ]	[tɕʻi̯aŋ]	[tʂʻaŋ]
長	[di̯aŋ]	[ȡi̯aŋ]	[tɕʻi̯aŋ]	[tʂʻaŋ]
場	[di̯aŋ]	[ȡi̯aŋ]	[tɕʻi̯aŋ]	[tʂʻaŋ]
程	[di̯eŋ]	[ȡi̯eŋ]	[tɕʻi̯əŋ]	[tʂʻəŋ]
儲	[di̯ɔ]	[ȡi̯u]	[tɕʻi̯u]	[tʂʻu]
除	[di̯ɔ]	[ȡi̯u]	[tɕʻi̯u]	[tʂʻu]
廚	[di̯u]	[ȡi̯u]	[tɕʻi̯u]	[tʂʻu]

358

(568)

畜	[tʻi̯ok]	[ȶʻi̯uk]	[tɕʻi̯uk]	[tʂʻu]
錘	[di̯ue]	[ȡi̯ui]	[tɕʻi̯ui]	[tʂʻuai]
傳	[di̯uæn]	[ȡi̯uæn]	[tɕʻi̯uæn]	[tʂʻuan]
蟲	[di̯oŋ]	[ȡi̯uŋ]	[tɕʻi̯uŋ]	[tʂʻuŋ]
尼	[ni̯ei]	[ȵi]	[ȵi]	[ni]
娘	[ni̯aŋ]	[ȵiaŋ]	[ȵiaŋ]	[ni̯aŋ]
濃	[ni̯uŋ]	[ȵi̯uŋ]	[ȵi̯uŋ]	[nuŋ]
女	[ni̯ɔ]	[ȵi̯u]	[ȵi̯u]	[ny]

[ts tsʻ s]和[k kʻ x]在[i][y]前面變為[tɕ, tɕʻ, ɕ]，也是一種腭化。詳見下文(四)新的[tɕ, tɕʻ, ɕ]的產生。

(二)輕唇音的產生

從晚唐時代起，唇音合口三等字變為唇齒音，即輕唇音。合口三等，是輕唇音產生的條件。

《切韵》的反切，於唇音字的开合口，往往混淆。这是因为唇音声母发音部位在双唇，而合口呼又是圆唇元音。即使在唇音声母後面没有圆唇元音[u][iu](y)跟着，而往往令人误会是合口呼。有时候，《切韵》反切自相矛盾，例如“陂皮縻”本该都属开口三等，而《切韵考》以“皮”为开三，“陂縻”为合三。现在把本该是唇音开口三等字，而《切韵》误入合口三等者，列表举例如下：

	例字	切韵考	七音略	韵镜
支	陂縻	合三	开三	开三
	彼被靡	合三	开三	开三
脂	悲丕邳眉	合三	开三	开三
	鄙嚭否美	合三	开三	开三
	秘濞備郿	合三	开三	开三

真—憖	合三	開三	開四①
仙—變	合三	開三	開三
庚 兵平明	合三	開三	開三
庚 丙皿	合三	開三	開三
庚 柄病命	合三	開三	開三
昔—碧	合三	開三	開三

也有相反的情况。陽韵合口三等字，《切韵》於平上声為開三，於去入声多為合三；《七音略》与《韵镜》全歸開三②，只有《切韵指掌圖》全歸合三。

	例字	切韵考	七音略	韵镜	指掌圖
陽	方芳房亡	開三	開三	開三	合三
陽	昉髣𩦠罔	開三	開三	開三	合三
陽	訪	開三	開三	開三	合三
陽	放防妄	合三	開三	開三	合三
陽	[illegible]縛	合三	開三	開三	合三

① 当作開三，《韵镜》误入開四。

② 《四声等子》、《切韵指南》也歸開三。

凡是真正的脣音合口三等字，到了晚唐時代（或較早），幫滂並三母全部變為輕脣非敷奉，明母也差不多全部變為輕脣微母。例如：

例字		隋唐	晚唐	今北京
東	風諷	[pi̯oŋ]	[fi̯uŋ]	[fəŋ]
	豐賵	[pʻi̯oŋ]	[fi̯uŋ]	[fəŋ]
	馮鳳	[bi̯oŋ]	[vi̯uŋ]	[fəŋ]
屋	福	[pi̯ok]	[fi̯uk]	[fu]
	蝮	[pʻi̯ok]	[fi̯uk]	[fu]
	伏	[bi̯ok]	[vi̯uk]	[fu]
鍾	封葑	[pi̯uŋ]	[fi̯uŋ]	[fəŋ]
	峯夆	[pʻi̯uŋ]	[fi̯uŋ]	[fəŋ]
	逢奉俸	[bi̯uŋ]	[vi̯uŋ]	[fəŋ]
微	非匪沸	[pi̯uəi]	[fi̯ui]	[fəi]
	菲斐費	[pʻi̯uəi]	[fi̯ui]	[fəi]
	肥腓痱	[bi̯uəi]	[vi̯ui]	[fəi]
	微尾未	[mi̯uəi]	[mi̯ui]	[wəi]

540

(570)

虞	膚甫付	[pi̯u]	[fi̯u]	[fu]
	敷撫赴	[p'i̯u]	[fi̯u]	[fu]
	符父附	[bi̯u]	[vi̯u]	[fu]
	無武務	[mi̯u]	[ɱi̯u]	[wu]
廢	廢	[pi̯uɐi]	[fi̯uɐi]	[fəi]
	肺	[p'i̯uɐi]	[fi̯uɐi]	[fəi]
	吠	[bi̯uɐi]	[vi̯uɐi]	[fəi]
文	分粉糞	[pi̯uən]	[fi̯uən]	[fən]
	芬忿湓	[p'i̯uən]	[fi̯uən]	[fən]
	汾憤分	[bi̯uən]	[vi̯uən]	[fən]
	文吻問	[mi̯uən]	[ɱi̯uən]	[wən]
物	弗	[pi̯uət]	[fi̯uət]	[fu]
	拂	[p'i̯uət]	[fi̯uət]	[fu]
	佛	[bi̯uət]	[vi̯uət]	[fo]
	物	[mi̯uət]	[ɱi̯uət]	[wu]

元	藩反販	[pi̯uɐn]	[fi̯uɐn]	[fan]
	翻[illegible]娩	[pʻi̯uɐn]	[fi̯uɐn]	[fan]
	烦飯	[bi̯uɐn]	[vi̯uɐn]	[fan]
	蔓晚萬	[mi̯uɐn]	[mi̯uɐn]	[wan]
月	髮	[pi̯uɐt]	[fi̯uɐt]	[fa]
	怖	[pʻi̯uɐt]	[fi̯uɐt]	[fa]
	伐	[bi̯uɐt]	[vi̯uɐt]	[fa]
	韈	[mi̯uɐt]	[mi̯uɐt]	[wa]
陽	方昉放	[pi̯uaŋ]	[fi̯uaŋ]	[faŋ]
	芳髣訪	[pʻi̯uaŋ]	[fi̯uaŋ]	[faŋ]
	房防	[bi̯uaŋ]	[vi̯uaŋ]	[faŋ]
	亡罔妄	[mi̯uaŋ]	[mi̯uaŋ]	[waŋ]
藥	霧	[pʻi̯uak]	[fi̯uak]	[fu]
	缚	[bi̯uak]	[vi̯uak]	[fu]

40×15=600 (1201) 北京市电车公司印刷厂出品 76.12

凡	腏	[pi̯uɐm]	[fi̯uɐm]	[fan]
	芝飢汎	[p'i̯uɐm]	[fi̯uɐm]	[fan]
	颿(凡)范梵	[bi̯uɐm]	[vi̯uɐm]	[fan]
	錽	[mi̯uɐm]	[mi̯uɐm]	[wan]
乏	法	[pi̯uɐp]	[fi̯uɐp]	[fa]
	𣹟	[p'i̯uɐp]	[fi̯uɐp]	[fa]
	乏	[bi̯uɐp]	[vi̯uɐp]	[fa]

尤韵字本屬開口三等，但是，由於韵母是[i̯ou]，其中的[ou]是後高複合元音（接近[u]），韵母[i̯ou]也就具有合口三等的性質（接近[i̯u]），能使重脣音變為輕脣。例如：

	例字	隋	晚唐	今北京
尤	不(缶富)	[pi̯ou]	[fu]	[fu]
	怌副	[p'i̯ou]	[fu]	[fu]
	浮婦復	[bi̯ou]	[vu]	[fu]

为什么唇音合口三等字变为轻唇呢？因为韵头[iu](=[y])是圆唇元音，它往往使牙床骨向前伸，以致上齿接触下唇，所以前面的唇音变为唇齿音（轻唇）。那么，为什么韵头[u]不能使唇音变为唇齿音呢？这是因为[y]比[u]能使牙床骨更向前伸，所以合口一等的唇音字没有变为唇齿音，而合口三等的唇音字变为唇齿音了①。

东韵的"瞢、夢"、屋韵的"目、牧、穆"、尤韵的"谋牟矛"等，都是合口三等字，为什么不唇齿化呢？这大概是由于这些三等字在其他唇音字唇齿化以前已经转入了一等，所以不受唇齿化条件的影响。《四声等子》通摄三等微母去声不收"夢"字。

①参看美国汉学家E. G. Pulleyblank：《中古汉语唇音的唇齿化》，4-5页。

542

(572)

微母入声不收"目"字。《切韵》"谋"字收入一等，《切韵指南》卻於三等欄内收"谋、莓"二字，卻於明母欄下注云："此下二字併入頭等。"①《康熙字典》卷首所載《等韵切音指南》把"谋、莓"二字排在二等，這是調和的説法。其實，"夢、目、谋"等字早已轉入一等了。

(三)新的[f][h]的產生

在合口呼[u, iu]的前面，[f]往往轉化為[h]，[h]往往轉化為[f]。日語吳音早已有了先例。"夫"字在日語吳音讀[ho]，"方"字在日語吳音讀[hoː]，等等。

在現代閩語里沒有[f]音，非敷奉三母字在厦门、潮州、福州多数轉化為[h]②。例如：

① 據沈上墉本《切韵指南》。

② 少数保存重脣音，如"缚"，厦门读[pɔk]，福州读[puɔʔ]；"肥"厦门读[pui]，福州读[pʻi]，"房"厦门读[paŋ]，福州读[puŋ]，"飛"潮州读[pue]。

例字	唐音	厦门	潮州	福州	北京
發	[fi̯uɐt]	[huat]	[huek]	[huaʔ]	[fa]
罰	[vi̯uɐt]	[huat]	[huek]	[huaʔ]	[fa]
法	[fi̯uɐp]	[huat]	[huek]	[huaʔ]	[fa]
乏	[vi̯uɐp]	[huat]	[huep]	[huaʔ]	[fa]
佛	[vi̯uət]	[hut]①	[huk]	[huʔ]	[fo]
非	[fi̯wi]	[hui]	[hui] ~~[pue]~~	[hi]	[fəi]
廢	[fi̯uɐi]	[hue]	[hui]	[hi̯e]	[fəi]
繁	[vi̯uɐn]	[huan]	[hueŋ]	[huaŋ]	[fan]
凡	[vi̯uɐm]	[huan]	[huam]	[huaŋ]	[fan]
反	[fi̯uɐn]	[huan]	[hueŋ]	[huaŋ]	[fan]
飯	[vi̯uɐn]	[huan]②	[puŋ]③	[huaŋ]	[fan]
墳	[vi̯uən]	[hun]	[p'uŋ]③	[huŋ]	[fən]
分	[fi̯uən]	[hun]	[huŋ]	[huŋ]	[fən]
粉	[fi̯uən]	[hun]	[huŋ]	[huŋ]	[fən]

①"佛"字，厦门白话说[put]。

②"飯"字，厦门白话说[pŋ̍]。③读[puŋ]、[p'uŋ]是保存重唇音。

543

(573)

方	[fi̯uaŋ]	[hoŋ]	[huaŋ]	[huoŋ]	[faŋ]
防	[vi̯uaŋ]	[hoŋ]	[huaŋ]	[huoŋ]	[faŋ]
封	[fi̯uŋ]	[hoŋ]	[huaŋ]	[huŋ]	[fəŋ]
逢	[vi̯uŋ]	[hoŋ]	[hoŋ]	[huŋ]	[fəŋ]
風	[fi̯uŋ]	[hoŋ]	[hoŋ]	[huŋ]	[fəŋ]
附	[vi̯u]	[hu]	[hu]	[hu]	[fu]
夫	[fi̯u]	[hu]	[hu]	[hu]	[fu]
服	[vi̯uk]	[hok]	[hok]	[huʔ]	[fu]
福	[fi̯uk]	[hok]	[hok]	[houʔ]	[fu]
腐	[vi̯u]	[hu]	[hu]	[hu]	[fu]
婦	[vi̯u]	[hu]①	[hu]	[hu]	[fu]
父	[vi̯u]	[hu]	[pe]②	[hu]	[fu] ……
富	[fi̯u]	[hu]	[pu]③	[hu]	[fu]

①"婦"字廈門白話說[pu]。

②"父"字潮州讀[pe]，厦门白话说[pe]，是保存重唇音。

③"富"字潮州读[pu]，厦门白话说[pu]，是保存重唇音。

也有相反的情況。曉匣合口字[h, ɦ]，在現代長沙話里多數轉化為[f]，少數讀[x]；在梅縣話里，多數轉化為[f]，有些匣母字轉化為[w]；在廣州話里，曉母合口字變[f]，匣母合口字變[w]。③

例如：

例字	唐音①	長沙	梅縣	廣州	北京
花	[hua]	[fa]	[fa]	[fa]	[xua]
華	[ɦua]	[fa]	[fa]	[wa]	[xua]
滑	[huat]	[fa]	[wat]	[wat]	[xua]
化	[hua]	[fa]	[fa]	[fa]	[xua]
畫	[ɦuək]	[fa]	[fa]	[wa]	[xua]
話	[ɦuai]	[fa]	[fa]	[wa]	[xua]
火	[hua]	[xo]②	[fo]	[fo]	[xuo]
禍	[ɦua]	[xo]	[fo]	[wo]	[xuo]
貨	[hua]	[xo]	[fo]	[fo]	[xuo]

①這里的唐音指晚唐五代。

②"火禍貨活"等字在長沙讀[x]，是例外。

③南昌話於曉匣合口字也轉化為[ɸ]，即雙唇的[f]。

544

(574)

和	[ɦua]	[xo]	[fo]	[wo]	[xə]
獲	[ɦuak]●	[xo]	[fet]	[wok]	[xuo]
或	[ɦuək]●	[xo]	[fet]	[wak]	[xuo]
活	[ɦuat]●	[xo]	[fat]	[wut]	[xuo]
懷	[ɦuai]	[fai]	[foi]	[wai]	[xuai]
槐	[ɦuai]	[fai]	[foi]	[wai]	[xuai]
壞	[ɦuai]	[fai]	[fai]	[wai]	[xuai]
灰	[huɐi]	[fei]	[foi]	[fui]	[xuəi]
回	[ɦuɐi]	[fei]	[fi]	[wui]	[xuəi]
悔	[huɐi]	[fei]	[fi]	[fui]	[xuəi]
毀	[hui]	[fei]	[fui]	[wai]	[xuəi]
徽	[hui]	[fei]	[fi]	[fɐi]	[xuəi]
揮	[hui]	[fei]	[fi]	[fɐi]	[xuəi]
惠	[ɦiuæi]	[fei]	[fi]	[wɐi]	[xuəi]
会	[ɦuɐi]	[fei]	[fi]	[wui]	[xuəi]
歡	[huan]	[xõ]	[fon]	[fun]	[xuan]

環	[huan]	[fan]	[fan]	[wan]	[xuan]
换	[huan]	[xõ]	[fan]	[wun]	[xuan]
缓	[huan]	[xõ]	[fan]	[wun]	[xuan]
还	[huan]	[fan]	[fan]	[wan]	[xuan]
患	[huan]	[xõ]	[fan]	[wan]	[xuan]
昏	[huɐn]	[fən]	[fun]	[fan]	[xuən]
魂	[huɐn]	[fən]	[fun]	[wan]	[xuən]
混	[huɐn]	[fən]	[fun]	[wan]	[xuən]
荒	[huaŋ]	[fan]	[foŋ]	[foŋ]	[xuaŋ]
皇	[huaŋ]	[fan]	[foŋ]	[woŋ]	[xuaŋ]
黄	[huaŋ]	[fan]	[woŋ]	[woŋ]	[xuaŋ]
烘	[huŋ]	[xuŋ]	[fuŋ]	[huŋ]①	[xuŋ]
横	[huɐŋ]	[fən]	[waŋ]	[wang]	[xəŋ]
洪	[huŋ]	[xuŋ]	[fuŋ]	[huŋ]①	[xuŋ]
红	[huŋ]	[xuŋ]	[fuŋ]	[huŋ]①	[xuŋ]
轰	[huɐŋ]	[xuŋ]	[fuŋ]	[kwɐŋ]	[xuŋ]

（所以注有音[f]。）

①广州话"烘、洪、红"读[huŋ]~~是例外~~，大概是因为当时东粤不能圆音。

呼	[hu]	[fu]	[fu]	[xu]
胡	[hu]	[fu]	[wu]	[xu]
壺	[hu]	[fu]	[wu]	[xu]
虎	[hu]	[fu]	[fu]	[xu]
户	[hu]	[fu]	[wu]	[xu]
互	[hu]	[fu]	[wu]	[xu]
頀	[hu]	[fu]	[wu]	[xu]
忽	[huət]	[fu]	[fut]	[fat]	[xu]

溪母字本讀[kʻ]，但是在現代廣州話里，溪母字多數轉化為[h]（与曉母混），這是由於[kʻ]是塞音送氣，這"氣"就近似喉擦音[h]，所以[kʻ]也可以寫成[kh]①。這"氣"越來越强烈，影响到前面[k]的消失，於是[h]取代了[kʻ]。例如：

例字　隋唐音　今北京　今廣州

①一切塞音送氣都可能變為[h]，例如現代台山話透母[tʻ]變為[h]，"天"讀[hin]。

克	[k'ək]	[k'ə]	[hɐk]
刻	[k'ək]	[k'ə]	[hɐk]
可	[k'a]	[k'ə]	[ho]
客	[k'ɐk]	[k'ə]	[hak]
渴	[k'at]	[k'ə]	[hot]
開	[k'ai]	[k'ai]	[hoi]
口	[k'ou]	[k'əu]	[hɐu]
砍	[k'am]	[k'an]	[hɐm]
看	[k'an]	[k'an]	[hon]
刊	[k'an]	[k'an]	[hon]
肯	[k'əŋ]	[k'ən]	[hɐŋ]
懇	[k'ɐn]	[k'ən]	[hɐn]
康	[k'aŋ]	[k'aŋ]	[hoŋ]
坑	[k'ɐŋ]	[k'əŋ]	[hɐŋ]
哭①	[k'ɑk]	[k'u]	[huk]

40×15=600 (1201) 北京市电车公司印刷厂出品 76.12

546

(576)

筐[1]	[kʻiuaŋ]	[kʻuaŋ]	[hoŋ]
孔[1]	[kʻoŋ]	[kʻuŋ]	[huŋ]
空[1]	[kʻoŋ]	[kʻuŋ]	[huŋ]
控[1]	[kʻoŋ]	[kʻuŋ]	[huŋ]
恐[1]	[kʻoŋ]	[kʻuŋ]	[huŋ]

溪母合口字，在現代廣州話里多数讀[f]。這应該是以[h]為过渡，即[kʻ]→[h]→[f]。上文講过，曉母合口字[hu hiu-]在廣州話里变了[f]，那麼，溪母合口字先变[h]，後变[f]，就是很自然的了。

例字	隋唐音	今北京	今廣州
庫	[kʻu]	[kʻu]	[fu]
褲	[kʻu]	[kʻu]	[fu]

① "哭筐孔空控恐"等字都是合口字，依照規律，廣州話溪母合口字应該变[f]（見下文）。其所以沒有变[f]，大概是因為當時這些字讀得不夠圓脣。

苦	[kʻu]	[kʻu]	[fu]
枯	[kʻu]	[kʻu]	[fu]
阔	[kʻuat]	[kʻuo]	[fut]
快	[kʻuai]	[kʻuai]	[fai]
塊	[kʻuai]	[kʻuai]	[fai]
寬	[kʻuan]	[kʻuan]	[fun]
款	[kʻuan]	[kʻuan]	[fun]

（四）新的[tɕ][tɕʻ][ɕ]的産生

上古漢語里沒有声母[tɕ, tɕʻ, ɕ]（舌面前塞擦音和擦音）。到了南北朝，照系字由舌面前塞音[ȶ ȶʻ ȡ]轉化為[tɕ, tɕʻ, ɕ]。到了唐代，知系字由[t tʻ d]的二三等轉化為[ȶ, ȶʻ, ȡ]，填補了照系的遺缺。到了宋代，知系字又由[ȶ, ȶʻ, ȡ]轉化為[tɕ, tɕʻ]，与照系合流。到了元

547

577

接下页

代，部分照系轉化為[tʂ,tʂʻ,ʂ]。到了明代，全部知照系字都轉化為[tʂ,tʂʻ,ʂ]。這時，[tɕ,tɕʻ,ɕ]的位置又空出來了，由精系齊撮字和見系齊撮字先後變為[tɕ,tɕʻ,ɕ]出來填補知照系的遺缺。這種声母遞代的情況是很有趣的。

近代精系[ts,tsʻ,s]和見系[k,kʻ,x]轉化的條件是齊撮呼。各地方言的情況不一樣，例如北京話精見兩系齊撮字都變[tɕ,tɕʻ,ɕ]①。苏州話見系齊撮字變了[tɕ,tɕʻ,dʑ,ɕ,ʑ]，而精系齊撮字未變②，廣州話見精兩系都未變（精系讀[tʃ,tʃʻ,ʃ]，与[ts,tsʻ,s]音近，所以算是未變）③。現在舉例比較如下：

---

① 和北京話情況相同者，有濟南、西安、太原、漢口、揚州等處方言。

② 和苏州話情況相同者，有上海、溫州、南京、開封、長沙等處方言。

③ 和廣州話情況相同者，有梅縣、廈門、潮州、福州等處方言。

548

(578)

	例字	隋唐音	北京	苏州	廣州
精	積	[tsi̯ɛk]	[tɕi]	[tsiəʔ]	[tʃik]
見	擊	[kik]	[tɕi]	[tɕiəʔ]	[kik]
從	籍	[dzi̯ɛk]	[tɕi]	[ziəʔ]	[tʃik]
群	極	[gi̯ək]	[tɕi]	[dʑiəʔ]	[kik]
從	疾	[dzi̯ɛt]	[tɕi]	[ziəʔ]	[tʃɐt]
群	及	[gi̯əp]	[tɕi]	[dʑiəʔ]	[kʻɐp]
精	祭	[tsi̯æi]	[tɕi]	[tsi]	[tʃɐi]
見	寄	[ki]	[tɕi]	[tɕi]	[kei]
精	煎	[tsi̯æn]	[tɕi̯an]	[tsi̯e]	[tʃin]
見	兼	[kiæm]	[tɕi̯an]	[tɕi̯e]	[kim]
精	剪	[tsi̯æn]	[tɕi̯an]	[tsi̯e]	[tʃin]
見	檢	[ki̯æm]	[tɕi̯an]	[tɕi̯e]	[kim]
精	箭	[tsi̯æn]	[tɕi̯an]	[tsi̯e]	[tʃin]
見	劍	[ki̯æm]	[tɕi̯an]	[tɕi̯e]	[kim]

從	賤	[dzi̯æn]	[tɕian]	[zi̯e]	[tʃin]
群	健	[gi̯æn]	[tɕian]	[dʑi̯e]	[kin]
精	將	[tsi̯aŋ]	[tɕi̯aŋ]	[tsi̯aŋ]	[tʃœŋ]
見	姜	[ki̯aŋ]	[tɕi̯aŋ]	[tɕi̯aŋ]	[kœŋ]
精	椒	[tsi̯æu]	[tɕi̯au]	[tsi̯æ]	[tʃiu]
見	嬌	[ki̯æu]	[tɕi̯au]	[tɕi̯æ]	[kiu]
精	接	[tsi̯æp]	[tɕi̯e]	[tsi̯eʔ]	[tʃip]
見	結	[ki̯et]	[tɕi̯e]	[tɕi̯eʔ]	[kit]
從	捷	[dzi̯æp]	[tɕi̯e]	[zi̯eʔ]	[tʃit]
群	竭	[gi̯et]	[tɕi̯e]	[dʑi̯eʔ]	[kit]
精	津	[tsi̯en]	[tɕin]	[tsin]	[tʃæn]
見	斤	[ki̯en]	[tɕin]	[tɕin]	[ken]
精	浸	[tsi̯əm]	[tɕin]	[tsin]	[tʃem]
見	禁	[ki̯əm]	[tɕin]	[tɕin]	[kem]
精	精	[tsi̯eŋ]	[tɕiŋ]	[tsiŋ]	[tʃiŋ]
見	京	[ki̯eŋ]	[tɕiŋ]	[tɕiŋ]	[kiŋ]

40×15=600 (1201) 北京市电车公司印刷厂出品 .12

549

(579)

精	井	[tsĭɛŋ]	[tɕiŋ]	[tsin]	[tʃiŋ]
見	景	[kĭɛŋ]	[tɕiŋ]	[tɕin]	[kiŋ]
從	净	[dzĭɛŋ]	[tɕiŋ]	[zin]	[tʃiŋ]
群	勁	[gĭɛŋ]	[tɕin]	[dʑin]	[kiŋ]
精	酒	[tsĭou]	[tɕĭəu]	[tsʏ]	[tʃɐu]
見	九	[kĭou]	[tɕĭəu]	[tɕʏ]	[kɐu]
從	就	[dzĭou]	[tɕĭəu]	[zʏ]	[tʃɐu]
群	舊	[gĭəu]	[tɕĭəu]	[dʑʏ]	[kɐu]
從	聚	[dzĭu]	[tɕy]	[zi]	[tʃœy]
群	巨	[gĭo]	[tɕy]	[dʑy]	[kœy]
從	絶	[~~ts'ĭak~~ dzĭuæt]	[tɕye]	[ziəʔ]	[tʃyt]
見	決	[kĭuæt]	[tɕye]	[tɕyeʔ]	[k'yt]
精	俊	[tsĭuen]	[tɕyn]	[tsin]	[tʃœn]
群	郡	[gĭuən]	[tɕyn]	[dʑyən]	[kwɐn]
清	妻	[ts'ĭæi]	[tɕ'i]	[ts'i]	[tʃ'ɐi]
溪	谿	[k'ĭæi]	[tɕ'i]	[tɕ'i]	[hɐi]

從	薺	[dziæi]	[tɕʻi]	[zi]	[tʃʻɐi]
群	旗	[gi]	[tɕʻi]	[dʑi]	[kʻɐi]
清	砌	[tsʻiæi]	[tɕʻi]	[tsʻi]	[tʃʻɐi]
溪	契	[kʻiæi]	[tɕʻi]	[tɕʻi]	[kʻɐi]
清	簽	[tsʻi̯æm]	[tɕʻi̯an]	[tsʻie]	[tʃʻim]
溪	謙	[kʻi̯æm]	[tɕʻi̯an]	[tɕʻie]	[him]
清	千	[tsʻiæn]	[tɕʻi̯an]	[tsʻie]	[tʃʻin]
溪	牽	[kʻiæn]	[tɕʻi̯an]	[tɕʻie]	[hin]
從	錢	[dzi̯æn]	[tɕʻi̯an]	[zie]	[tʃʻin]
群	乾	[gi̯æn]	[tɕʻi̯an]	[dʑie]	[kʻin]
清	淺	[tsʻi̯æn]	[tɕʻi̯an]	[tsʻie]	[tʃʻin]
溪	遣	[kʻi̯æn]	[tɕʻi̯an]	[tɕʻie]	[hin]
從	牆	[dzi̯aŋ]	[tɕʻi̯aŋ]	[zi̯aŋ]	[tʃʻœŋ]
群	強	[gi̯aŋ]	[tɕʻi̯aŋ]	[dʑi̯aŋ]	[kʻœŋ]
清	槍	[tsʻi̯aŋ]	[tɕʻi̯aŋ]	[tsʻi̯aŋ]	[tʃʻœŋ]
溪	腔	[kʻɔŋ]	[tɕʻi̯aŋ]	[tɕʻi̯aŋ]	[hɔŋ]

550

(580)

從	樵	[dziæu]	[tɕʻiau]	[ziæ]	[tʃʻiu]
群	橋	[giæu]	[tɕʻiau]	[dʑiæ]	[kʻiu]
清	俏	[tsʻiæu]	[tɕʻiau]	[tsʻiæ]	[tʃʻiu]
溪	竅	[kʻiæu]	[tɕʻiau]	[tɕʻiæ]	[kʻiu]
清	妾	[tsʻiæp]	[tɕʻie]	[tsʻiəʔ]	[tʃʻip]
溪	怯	[kʻiɐp]	[tɕʻie]	[tɕʻiəʔ]	[hip]
清	侵	[tsʻiəm]	[tɕʻin]	[tsʻin]	[tʃʻɐm]
溪	欽	[kʻiəm]	[tɕʻin]	[tɕʻin]	[jɐm]①
從	秦	[dziĕn]	[tɕʻin]	[zin]	[tʃʻɐn]
群	勤	[giən]	[tɕʻin]	[dʑin]	[kʻɐn]
清	清	[tsʻiɛŋ]	[tɕʻiŋ]	[tsʻin]	[tʃʻiŋ]
溪	輕	[kʻiɛŋ]	[tɕʻiŋ]	[tɕʻin]	[hiŋ]
從	情	[dziɛŋ]	[tɕʻiŋ]	[ziən]	[tʃʻiŋ]
群	擎	[giɛŋ]	[tɕʻiŋ]	[dʑiən]	[kʻiŋ]
清	秋	[tsʻiou]	[tɕʻiəu]	[tsʻɤ]	[tʃʻɐu]
溪	丘	[kʻiou]	[tɕʻiəu]	[tɕʻɤ]	[jɐu]①

① 廣州"欽"讀[jiɐm]，是例外。丘讀[jɐu]，

邪	囚	[zi̯ou]	[tɕʻi̯əu]	[zɣ]	[tʃʻɐu]
群	求	[gi̯ou]	[tɕʻi̯əu]	[dʑɣ]	[kʻɐu]
清	趋	[tsʻi̯u]	[tɕʻy]	[tsʻy]	[tʃʻœy]
溪	驱	[kʻiu]	[tɕʻy]	[tɕy]	[kʻœy]
清	趣	[tsʻi̯u]	[tɕʻy]	[tsi]	[tʃʻœy]
溪	去	[kʻi̯o]	[tɕʻy]	[tɕy]	[kʻœy]
從	泉	[dzi̯æn]	[tɕʻyan]	[zi̯e]	[tʃʻyn]
群	權	[gi̯uæn]	[tɕʻyan]	[dʑi̯ø]	[kʻyn]
清	鹊	[tsʻiak]	[tɕʻye]	[tsʻi̯aʔ]	[tʃʻœk]
溪	阙	[kʻi̯uɐt]	[tɕʻye]	[tɕʻyeʔ]	[kʻyt]
心	西	[siæi]	[ɕi]	[si]	[sɐi]
晓	羲	[xi]	[ɕi]	[ɕi]	[hei]
邪	席	[zi̯ɛk]	[ɕi]	[ziəʔ]	[tʃik]
匣	檄	[ɣik]	[ɕi]	[ɦiəʔ]①	[hɐt]
心	洗	[siæi]	[ɕi]	[si]	[sɐi]
晓	喜	[xi]	[ɕi]	[ɕi]	[hei]

① 匣母字，苏州都读[ɦ]，下仿此。

5-5-1

(581)

心	细	[siæi]	[ɕi]	[si]	[sɐi]
晓	戏	[xi]	[ɕi]	[ɕi]	[hei]
心	先	[siæn]	[ɕi̯an]	[si̯e]	[ʃin]
晓	掀	[xi̯ɐn]	[ɕi̯an]	[ɕi̯e]	[hin]
邪	涎	[zi̯æn]	[ɕian]	[ze]	[jin]①
匣	贤	[ɣiæn]	[ɕian]	[hi̯e]	[jin]②
邪	羡	[ziæn]	[ɕi̯an]	[zi̯e]	[ʃin]
匣	现	[ɣiæn]	[ɕi̯an]	[hi̯e]	[jin]
心	线	[siæn]	[ɕi̯an]	[si̯e]	[ʃin]
晓	献	[xi̯ɐn]	[ɕi̯an]	[ɕi̯e]	[hin]
心	湘	[si̯aŋ]	[ɕi̯aŋ]	[si̯aŋ]	[ʃœŋ]
晓	香	[xi̯aŋ]	[ɕi̯aŋ]	[ɕi̯aŋ]	[hœŋ]
心	想	[si̯aŋ]	[ɕi̯aŋ]	[si̯aŋ]	[ʃœŋ]
晓	享	[xi̯aŋ]	[ɕi̯aŋ]	[ɕi̯aŋ]	[hœŋ]
心	消	[si̯æu]	[ɕi̯au]	[si̯æ]	[ʃiu]
晓	嚣	[xi̯æu]	[ɕi̯au]	[ɕi̯æ]	[hiu]

下仿此。

①"涎"字广州读[jin]是误读。②匣母齐撮字，广州读[j]。

心	小	[siæu]	[ɕiau]	[siæ]	[ʃiu]
晓	晓	[xiæu]	[ɕiau]	[ɕiæ]	[hiu]
心	笑	[siæu]	[ɕiau]	[siæ]	[ʃiu]
晓	孝	[xau]	[ɕiau]	[ɕiæ]	[hau]
邪	邪	[zia]	[ɕie]	[zia]	[tʃe]
匣	协	[ɣiæp]	[ɕie]	[ɦiəʔ]	[hip]
心	辛	[sien]	[ɕin]	[sin]	[ʃɐn]
晓	欣	[xien]	[ɕin]	[ɕin]	[jɐn]①
心	信	[sien]	[ɕin]	[sin]	[ʃœn]
晓	衅	[xien]	[ɕin]	[ɕin]	[jɐn]①
心	星	[siŋ]	[ɕiŋ]	[sin]	[ʃiŋ]
晓	兴	[xiəŋ]	[ɕiŋ]	~~[?]~~[ɕiŋ]	[hiŋ]
心	羞	[siou]	[ɕiou]	[sɤ]	[ʃɐu]
晓	休	[xiou]	[ɕiou]	[ɕɤ]	[jɐu]①
心	须	[siu]	[ɕy]	[si]	[ʃœy]
晓	虚	[xio]	[ɕy]	[ɕy]	[hœy]

①"欣"广州读[j]是例外。"衅""休"

京劇唱腔區别尖團字。尖字指的是精系齊撮字，讀[ts-, tsʻ-, s-]；團字指的是見系齊撮字，讀[tɕ-, tɕʻ-, ɕ-]。這就是說，京劇於精系齊撮字保存了古音，而見系齊撮字由舌根音變為舌面前音。

(五)新的[ŋ][n]的產生

影母本是零声母①，在現代某些方言里，影母開口呼的字轉入疑母[ŋ]或泥母[n]。轉入疑母[ŋ]的，有濟南、西安、太原、漢口、長沙、成都、南昌、桂林等地的方言②。今以太原、漢口、成都、南昌舉例如下：

例字	隋唐音	太原	漢口	成都	南昌
惡	[ʔak]	[ŋəʔ]	[ŋo]	[ŋo]	[ŋok]
愛	[ʔai]	[ŋai]	[ŋai]	[ŋai]	[ŋai]

①有時候我們說影母是喉塞音[ʔ]，但這種喉塞音是可有可無的。

②今廣州話也有讀成[ŋ]的。

哀	[ʔai]	[ŋai]	[ai]①	[ŋai]	[ŋai]
挨	[ʔai]	[ŋai]	[ai]①	[ŋai]	[ŋai]
矮	[ʔai]	[ŋai]	[ŋai]	[ŋai]	[ŋai]
襖	[ʔau]	[ŋau]	[ŋau]	[ŋau]	[ŋau]
歐	[ʔəu]	[ŋou]	[ŋou]	[ŋou]	[ŋɛu]
嘔	[ʔəu]	[ŋou]	[ŋou]	[ŋou]	[ȵiəu]②
安	[ʔan]	[ŋæ̃]	[ŋan]	[ŋan]	[ŋon]
按	[ʔan]	[ŋæ̃]	[ŋan]	[ŋan]	[ŋon]
案	[ʔan]	[ŋæ̃]	[ŋan]	[ŋan]	[ŋon]
暗	[ʔam]	[ŋæ̃]	[ŋan]	[ŋan]	[ŋon]
恩	[ʔɤn]	[ŋəŋ]	[ŋən]	[ŋən]	[ŋɛn]
骯	[ʔaŋ]	[ŋɔ̃]	[ŋaŋ]	[ŋaŋ]	[ŋaŋ]

大约因為影母是喉塞音[ʔ]，发音部位轉移為舌根鼻音[ŋ]，是很自然的。

轉入泥母[n]的，有保定、大同、蘭州、平涼等地的方言。今以保定、大同、蘭州、平涼舉例如下：

①"哀""挨"漢口讀[ai]是例外。

②"嘔"字南昌讀[ȵiəu]是例外。

553

(583)

例字	隋唐音	保定	大同	蘭州	平涼
哀	[ʔai]	[nai]	[nɛi]	[nɛ]	[nɛ]
愛	[ʔai]	[nai]	[nɛi]	[nɛ]	[nɛ]
暗	[ʔam]	[nan]	[næ]	[næ]	[næ̃]
安鞍	[ʔan]	[nan]	[næ]	[næ]	[næ̃]
晏按	[ʔan]	[nan]	[næ]	[næ]	[næ̃]
歐	[ʔou]	[ŋou]	[nɛu]	[nau]	[ŋou]①
襖	[ʔau]	[nau]	[nɔ]	[nɔ]	[nau]
恩					

~~大約由於影母[ʔ]是喉塞音，[illegible]~~

保定等地影母開口字轉入泥母[n]，大約是先过渡到疑母[ŋ]，然後伴隨着疑母開口字，一起轉入泥母[n]的。所以這些地方的疑母開口字，今天也都轉入了泥母。例如：

例字	隋唐音	保定	大同	蘭州	平涼
礙	[ŋai]	[nai]	[nɛi]	[nɛ]	[nɛ]

①"歐"字平涼讀[ŋou]是例外。

艾	[ŋai]	[nai]	[nɛi]	[nɛ]	[nɛ]
岸	[ŋan]	[nan]	[næ]	[næn]	[næ̃]
偶	[ŋou]	[nou]	[nɛu]	[nəu]	[ŋou]①
藕	[ŋou]	[nou]	[nɛu]	[nəu]	[ŋou]①
傲	[ŋau]	[nau]	[no]	[no]	[nau]
昂	[ŋaŋ]	[naŋ]	[nɔ]	[nɔ̃]	[ŋaŋ]②

①"偶""藕"平凉读[ŋou]是保存古音。

②"昂"字平凉读[ŋaŋ]是保存古音。

40×15=600 (1201)　北京市电车公司印刷厂出品 76.12

554

A35

(584)

第七章 條件的變化(三)——等呼對韻母的影響

等呼對韻母的影響，主要有三種情況：(一)韻頭[u][iu]與韻尾[m]的異化；(二)韻頭[i]與韻尾[i]的異化；(三)韻頭[i][y]使主要元音前化。分别敍述如下。

(一)韻頭[u][iu]與韻尾[m]的異化

如上文卷上第一章所述，春秋時代侵部字有合口一等和合口三等。合口一等的韻母是[uəm]，合口二等的韻母是[oəm]，合口三等的韻母是[iuəm]；到了戰國時代，這些字分化為冬部。這就是：[uəm]→[um]→[uŋ]；[oəm]→[om]→[euŋ]；[iuəm]→[ium]→[iuŋ]。這是一種異化作用，因為[u]、[o]、[iu]([y])都是圓脣元音，[m]是脣音，脣與脣有矛盾，所以韻尾轉化為[ŋ]。例如：

例字	春秋時代	戰國時代
冬	[tuəm]	[tuŋ]

農	[nuəm]	[nuŋ]
宗	[tsuəm]	[tsuŋ]
宋	[suəm]	[suŋ]
中	[ti̯uəm]	[ti̯uŋ]
宮	[ki̯uəm]	[ki̯uŋ]
蟲	[di̯uəm]	[di̯uŋ]
螽	[ȶi̯uəm]	[ȶi̯uŋ]
終	[ȶi̯uəm]	[ȶi̯uŋ]
忡	[ȶʻi̯uəm]	[ȶʻi̯uŋ]
窮	[gi̯uəm]	[gi̯uŋ]
沖	[di̯uəm]	[di̯uŋ]
躬	[ki̯uəm]	[ki̯uŋ]
戎	[ȵi̯uəm]	[ȵi̯uŋ]
融	[ʎi̯uəm]	[ʎi̯uŋ]
瀜	[ȶuəm]	[ȶi̯uŋ]
衆	[ȶi̯uəm]	[ȶi̯uŋ]

40×15=600　(1201)　北京市电车公司印刷厂出品 76.12

55ｌ—a (585)

崇	[dʑi̯uəm]	[dʑi̯uŋ]
風	[pi̯uəm]	[pi̯uŋ]
豐	[pʻi̯uəm]	[pʻi̯uŋ]
隆	[li̯uəm]	[li̯uŋ]
仲	[di̯uəm]	[di̯uŋ]
降	[ɣoəm]	[ɣeuŋ]
絳	[koəm]	[keuŋ]
穠	[ni̯uəm]	[ni̯uŋ]
濃	[ni̯uəm]	[ni̯uŋ]

~~韵頭[u]与韵尾[p]也有異化，使韵尾[p]~~

(二)韵頭[i]与韵尾[i]的異化

(1)佳皆韵的发展

~~这里指的是佳皆韵的发展。~~佳皆韵在隋唐時代读[ai]，今(漢口長沙)廣州(厦门、潮州福州)等地仍读[ai]。北方话在《中原音韵》時代(於見系開口字)插進了韵頭[i]，成為[iai]，今成都(梅县)仍有一部分字读[iai]①，但是

①成都声母读[tɕ, tɕʻ, ɕ]，梅县声母读[k kʻ h]。

由於韵頭[i]和韵尾[i]的矛盾，今北京、濟南、西安、太原等地讀[i̯e]或[i̯a]，~~[illegible]~~韵尾[i]消失了。現在把隋唐、元代、今漢口、成都、北京列表比較如下：

例字	隋唐	元代	漢口	成都	北京
皆	[kai]	[ki̯ai]	[kai]	[tɕi̯ai]	[tɕie]
階	[kai]	[ki̯ai]	[kai]	[tɕi̯ai]	[tɕi̯e]
街	[kai]	[ki̯ai]	[kai]	[kai]	[tɕi̯e]
佳	[kai]	[ki̯a]①	[tɕi̯a]	[tɕi̯a]	[tɕi̯a]
解	[kai]	[ki̯ai]	[kai]	[tɕi̯ai]	[tɕi̯e]
界	[kai]	[ki̯ai]	[kai]	[tɕiai]	[tɕi̯e]
介	[kai]	[ki̯ai]	[kai]	[tɕiai]	[tɕi̯e]
戒	[kai]	[ki̯ai]	[kai]	[tɕiai]	[tɕie]
鞋	[ɣai]	[xi̯ai]	[xai]	[xai]	[ɕi̯e]
蟹	[ɣai]	[xi̯ai]	[xai]	[ɕiai]	[ɕi̯e]

40×15

①"佳"字讀[ki̯a]是例外。但"佳"讀如"家"，在南北朝某些方言里已經是這樣了。

555 8

(586)

懈	[kai]	[xi̯ai]	[xai]	[ɕi̯ai]	[ɕi̯e]
械	[ɣai]	[xi̯ai]	[kai]	[tɕi̯ai]	[ɕi̯e]
邂	[ɣai]	[xi̯ai]	[xai]	[ɕi̯ai]	[ɕi̯e]
隘	[ʔai]	[i̯ai]	[ŋai]	[ŋai]	[ai][①]
涯	[ŋai]	[i̯ai]	[ŋai]	[ŋai]	[ji̯a]
崖	[ŋai]	[i̯ai]	[ŋai]	[ŋai]	[ji̯a][②]

今京劇於這數字仍讀[tɕi̯ai、tɕʻi̯ai、ɕi̯ai、i̯ai]，是保存《中原音韵》的舊音。

接下页

①"隘"字北京读[ai]是例外。

②"崖"字直到1932年还读[ji̯ai]，見於白滌洲《國音常用字彙》。

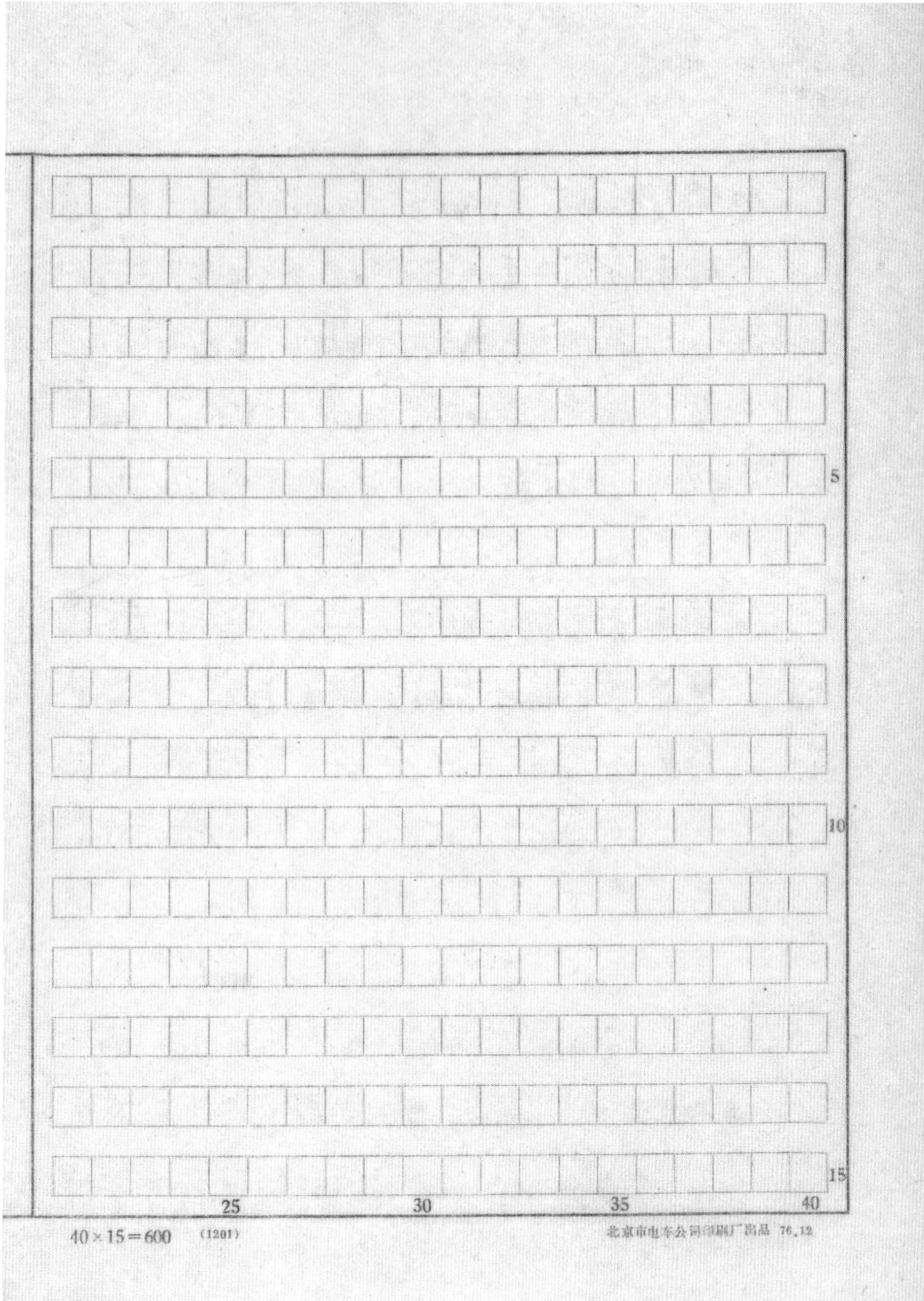
5
10
15
25
30
35
40
40×15=600 (1201)
北京市电车公司印刷厂出品 76.12

(2)齊祭韻的發展

齊祭韻在隋唐時代讀[iæi](或[iuæi]),到了元代,簡化為[i],解決了韻頭[i]和韻尾[i]的矛盾。另一種發展則是取消韻頭[i],例如廣州話發展為[ɐi],廈门話發展為[e]。兹將隋唐、元代、今北京、廣州、廈门列表比較如下:

例字	隋唐	元代	北京	廣州	廈门②
蔽	[piæi]	[pi]	[pi]①	[pɐi]	[pe]
弊	[biæi]	[pi]	[pi]	[pɐi]	[pe]
閉	[piæi]	[pi]	[pi]	[pɐi]	[pi]②
批	[p'iæi]	[p'i]	[p'i]	[p'ɐi]	[p'ue]②
迷	[miæi]	[mi]	[mi]	[mɐi]	[be]
米	[miæi]	[mi]	[mi]	[mɐi]	[bi]②

①北京方式最普通。如濟南、西安、太原、漢口、成都、揚州、蘇州、長沙,都是北京方式。

~~②梅縣与廈门有些似~~

②廈门齊祭韻字多讀[e],其讀[i]、[ue]者是例外。

低	[tiæi]	[ti]	[ti]	[tɐi]	[te]
底	[tiæi]	[ti]	[ti]	[tɐi]	[ti]
帝	[tiæi]	[ti]	[ti]	[tɐi]	[te]
第	[diæi]	[ti]	[ti]	[tɐi]	[te]
弟	[diæi]	[ti]	[ti]	[tɐi]	[te]
提	[diæi]	[t'i]	[t'i]	[t'ɐi]	[t'e]
题	[diæi]	[t'i]	[t'i]	[t'ɐi]	[t'e]
梯	[t'iæi]	[t'i]	[t'i]	[t'ɐi]	[t'e]
体	[t'iæi]	[t'i]	[t'i]	[t'ɐi]	[t'e]
蹄	[diæi]	[t'i]	[t'i]	[t'ɐi]	[te]
泥	[niæi]	[ni]	[ni]	[nɐi]	[nĩ]
犁	[liæi]	[li]	[li]	[lɐi]	[le]
礼	[liæi]	[li]	[li]	[lɐi]	[le]
麗	[liæi]	[li]	[li]	[lɐi]	[le]
厲	[liæi]	[li]	[li]	[lɐi]	[le]

557

(588)

继	[kiæi]	[ki]	[tɕi]	[kɐi]	[ke]
稽	[kiæi]	[ki]	[tɕi]	[kɐi]	[ke]
鸡	[kiæi]	[ki]	[tɕi]	[kɐi]	[ke]
际	[tsiæi]	[tsi]	[tɕi]	[tʃɐi]	[tse]
计	[kiæi]	[ki]	[tɕi]	[kɐi]	[tse]
济	[tsiæi]	[tsi]	[tɕi]	[tʃɐi]	[tse]
荠	[dziæi]	[tsʻi]	[tɕʻi]	[tʃʻɐi]	[tse]
妻	[tsʻiæi]	[tsʻi]	[tɕʻi]	[tʃʻɐi]	[tsʻe]
契	[kʻiæi]	[kʻi]	[tɕʻi]	[kʻɐi]	[kʻe]
~~砌~~	~~[tsʻiæi]~~	~~[tsʻi]~~	~~[tɕʻi]~~	~~[tʃʻɐi]~~	~~tsʻe~~
启	[kʻiæi]	[kʻi]	[tɕʻi]	[kʻɐi]	[kʻe]
系	[ɣiæi]	[xi]	[ɕi]	[hɐi]	[he]
繫	[ɣiæi]	[xi]	[ɕi]	[hɐi]	[he]
西	[siæi]	[si]	[ɕi]	[ʃɐi]	[se]
细	[siæi]	[si]	[ɕi]	[ʃɐi]	[se]

洗 [siæi] [si] [ɕi] [ʃɐi] [se]

藝 [ȵiæi] [i] [ji] [ŋɐi] [ge]

[illegible]

接下页

40×15=600 (1201) 北京市电车公司印刷厂出品 76,12

558

(589)

解	[kai]	[ɕiai]	[xai]	[ɕiai]	[ɕie]
械	[ɣai]	[ɣiai]	[kai]	[tɕiai]	[ɕie]
邂	[ɣai]	[ɣiai]	[xai]	[ɕiai]	[ɕie]
隘	[ai]	[iai]	[ŋai]	[ŋai]	[ai]①
涯	[ŋai]	[iai]	[ŋai]	[ŋai]	[ia]
崖	[ŋai]	[iai]	[ŋai]	[ŋai]	[ia]②

~~今天有些这类字仍读[tɕiai，tɕiai，ɕiai，iai]，是保存"中原音韵"的旧音。~~

(三)韵头[i][y]使主要元音前化

(1)麻韵齐齿呼、戈韵齐撮呼的元音前化

麻韵在隋唐时代读[a]，元代麻韵齐齿字分化出来，成为车遮韵，读[e]，到了清代，受卷舌声母的影响，麻韵齐齿知照系字又分化出来，读[ə]。这是因为韵头[i]是前元音，影响到

①"隘"字北京读[ai]是例外。

②"崖"字直到1932年北京还读[iai]，见白涤洲《国音常用字汇》。

後面的元音发音部位也向前移了。現在以隋唐音、元代音、今北京音、苏州音、成都音列表比較如下：

例字	隋唐	元代	北京	苏州	成都
爹	[ti̯a]	[ti̯e]	[ti̯e]	[ti̯a]	[ti̯e]
姐	[tsi̯a]	[tsi̯e]	[tɕi̯e]	[tsi̯a]	[tɕi̯e]
且	[tsʻi̯a]	[tsʻi̯e]	[tɕʻi̯e]	[tsʻi̯a]	[tɕʻi̯e]
些	[si̯a]	[si̯e]	[ɕi̯e]	[si]①	[si]①
邪	[zi̯a]	[si̯e]	[ɕi̯e]	[zia]	[ɕie]
嗟	[tsi̯a]	[tsi̯e]	[tɕi̯e]②	[tsi̯a]	[tɕi̯e]
写	[si̯a]	[si̯e]	[ɕi̯e]	[si̯a]	[ɕi̯e]
泻	[si̯a]	[si̯e]	[ɕi̯e]	[si̯a]	[ɕi̯e]
谢	[zi̯a]	[si̯e]	[ɕi̯e]	[zi̯a]	[ɕi̯e]
爷	[ji̯a]	[ji̯e]	[ji̯e]	[hi̯a]	[ji̯e]
耶	[ji̯a]	[ji̯e]	[ji̯e]	[hi̯a]	[ji̯e]

②"嗟"文读[tɕye]

①"些"字苏州、成都读[si]是例外。

559

(590)

也	[jia]	[jie]	[jie]	[hia]	[jie]
野	[jia]	[jie]	[jie]	[hia]	[jie]
夜	[jia]	[jie]	[jie]	[hia]	[jie]

（以上精系及喻母）

遮	[tɕia]	[tɕie]	[tʂə]	[tso]	[tse]
者	[tɕia]	[tɕie]	[tʂə]	[tse]①	[tse]
蛇	[dʑia]	[ɕie]	[ʂə]	[zo]	[se]
奢	[ɕia]	[ɕie]	[ʂə]	[so]	[se]
赊	[ɕia]	[ɕie]	[ʂə]	[so]	[se]
車	[tɕʻia]	[tɕʻie]	[tʂʻə]	[tsʻo]	[tsʻe]
扯	[tɕʻia]	[tɕʻie]	[tʂʻə]	[tsʻe]	[tse]
捨	[ɕia]	[ɕie]	[ʂə]	[so]	[se]
舍	[ɕia]	[ɕie]	[ʂə]	[so]	[se]
社	[ʑia]	[ɕie]	[ʂə]	[zo]	[se]
射	[dʑia]	[ɕie]	[ʂə]	[zo]	[se]
惹	[ȵia]	[ʐie]	[ʐə]	[za]	[ze]

（以上知照系）

① 苏州"者"讀[tse]，"扯"讀[tsʻe]，是例外。

由上表可以看出，只有苏州話精系字和喻母字保存了隋唐韵母[i̯a]，其餘都变了。成都話在這方面接近《中原音韵》的讀音，因為一律讀入車遮韵[e]。

戈韵開口三等"茄"字、合口三等"靴""瘸"字也依照這个发展规律，由[i̯a][i̯ua]变為[ie][ye]。

例字	隋唐	元代	北京	苏州	成都
茄	[gi̯a]	[tɕʻie]	[tɕʻie]	[ga]	[tɕʻie]
靴	[xi̯ua]	[ɕye]	[ɕye]	[ɕi̯o]	[ɕye]
瘸	[gi̯ua]	[tɕʻye]	[tɕʻye]		[tɕʻye]

(2) 月屑薛葉帖業韵的元音前化

月韵在隋唐時代讀[i̯ɐt, i̯uɐt]，屑韵在隋唐時代讀[iæt, iuæt]，薛韵在隋唐時代讀[i̯æt, i̯uæt]，到了元代，一律轉化為[ie, ye]。

業韵在隋唐時代讀[i̯ɐp]，帖韵在隋唐時代讀[iæp]，葉韵在隋唐時代讀[i̯æp]。

到了明代，除知照系字外，也都讀[i̯e, ye]。這也是元音前化。例如：

例字	隋唐	元代	今北京
鼈	[pi̯æt]	[pi̯e]	[pi̯e]
别	[bi̯æt]	[pi̯e]	[pi̯e]
撇	[pʻi̯æt]	[pi̯e]	[pʻi̯e]
滅	[mi̯æt]	[mi̯e]	[mi̯e]
跌	[di̯æt]	[ti̯e]	[ti̯e]
蝶	[di̯æp]	[ti̯e]	[ti̯e]
疊	[di̯æp]	[ti̯e]	[ti̯e]
帖	[tʻi̯æp]	[tʻi̯e]	[tʻi̯e]
鐵	[ti̯æt]	[tʻi̯e]	[tʻi̯e]
捏	[ni̯æt]	[ni̯e]	[ni̯e]
獵	[li̯æp]	[li̯e]	[li̯e]
列	[li̯æp]	[li̯e]	[li̯e]
劣	[li̯uæt]	[lye]	[li̯e]①

① 北京"劣"字讀[li̯e]是例外，今西安讀[lye]。

接	[tsiæp]	[tsie]	[tɕie]
结	[kiæt]	[kie]	[tɕie]
傑	[giæt]	[kie]	[tɕie]
節	[tsiæt]	[tsie]	[tɕie]
潔	[kiæt]	[kie]	[tɕie]
截	[dziæt]	[tsie]	[tɕie]
切	[tsʻiæt]	[tsʻie]	[tɕʻie]
歇	[xiɛt]	[xie]	[ɕie]
協	[ɣiæp]	[xie]	[ɕie]
血	[xiuæt]	[xie]①	[ɕye]②
泄	[siæt]	[sie]	[ɕie]
噎	[ʔiæt]	[jie]	[jie]
葉	[jiæp]	[jie]	[jie]
業	[ŋiɛp]	[jie]	[jie]
绝	[dziæt]	[tsye]	[tɕye]
怯	[kʻiɛp]	[kʻie]	[tɕʻie]

①"血"字,《中原音韵》读[xie]是例外。②今北京白话也说[ɕie]。

掘	[giuæt]	[kye]	[tɕye]
缺	[kʻiuæt]	[kʻye]	[tɕʻye]
薛	[siæt]	[sie]	[ɕye]①
雪	[siuæt]	[sye]	[ɕye]
悦	[jiuæt]	[jye]	[jye]
阅	[jiuæt]	[jye]	[jye]
月	[ŋiuɐt]	[jye]	[jye]
越	[ɣiuɐt]	[jye]	[jye]

(5) 藥覺韵的元音前化

這是近代晚起的變化，而且不很普遍。藥韵齊齿字在隋唐時代讀[iak]，到了元代，變為[iau]；到了明清時代，變為[io][iau]；到了現代北京話里，除知照系字外，多数變為[ye]②。覺韵在隋唐时代讀[ɔk]，在宋代讀[eak]，到了元代，變為[iau][au]；到了明代變為[iau]

①"薛"是齊齿字，北京讀[ɕye]是例外。今西安、漢口讀[ɕie]。

②"藥""嚼""脚"等字讀[iau]，則是保存了元代的舊音。

[uɔ]。到了现代北京话里，觉韵见系字一律变为[ye]①。

例字	隋唐	元代	今北京
虐	[ŋi̯ak]	[ji̯au]	[nye]
略	[li̯ak]	[li̯au]	[lye]
卻	[k'i̯ak]	[k'i̯au]	[tɕ'ye]
確	[k'ɔk]	[k'i̯au]	[tɕ'ye]
削(文言)	[si̯ak]	[si̯au]	[ɕye]
學	[ɣɔk]	[xi̯au]	[ɕye]
岳	[ŋɔk]	[ji̯au]	[jye]
樂(音樂)	[ŋɔk]	[ji̯au]	[jye]
約	[ʔi̯ak]	[ji̯au]	[jye]
角(文言)	[kɔk]	[ki̯au]	[tɕye]
覺		[ki̯au]	[tɕye]
爵	[tsi̯ak]	[tsi̯au]	[tɕye]
鵲	[ts'i̯ak]	[ts'i̯au]	[tɕ'ye]

40×15=600 (9201)　北京市电车公司印刷厂出品 76.12

① 殼字讀[iau]都是保存了元代的舊音。

562

A36

(593)

第八章　條件的變化（四）——声母对声调的影响；声调对声母等呼的影响。

声母对声调的影响，可以分兩方面進行討論：(一)陰陽調類產生的條件；(二)入声轉入平上去的條件。分别叙述如下。

(一)陰陽調類產生的條件

遠在先秦時代，漢語就有四声。那時的四声是(1)平声；(2)上声；(3)長入；(4)短入。到了魏晉時代，長入失去塞音韵尾，變為去声。於是有新的四声：即(1)平声；(2)上声；(3)去声；(4)入声。後來四声又分化為陰陽兩類。有些方言只在平声分為陰平、陽平，這樣連入声共為五声，如今長沙、揚州等地的方言。有些方言入声消失了，只有陰平、陽平、上声、去声，共四声。這又是新的四声，如今北京、濟南、漢口、成都等地的方言。

有些方言平声不分陰陽，而在入声分陰陽。如今太原話①。這樣共有五声。有些方言平入兩声分陰陽，上去兩声不分陰陽，共為六声，如今客家話。有些方言平去入三声都分陰陽，只有上声不分陰陽，共為七声，如今蘇州話、廈门話、潮州話。有些方言平上去入都分陰陽，共為八声，如今温州話。有些方言平去兩声分陰陽，上入不分陰陽，如今南昌話，也是六声。有些方言共有九声，如廣州話有(1)陰平；(2)陽平；(3)陰上；(4)陽上；(5)陰去；(6)陽去；(7)上陰入；(8)中陰入；(9)陽入。有些方言共有十声，如廣西博白話有：(1)陰平；(2)陽平；(3)陰上；(4)陽上；(5)陰去；(6)陽去；(7)陰入急声(如"北")；(8)陰入緩声(如"百")；(9)陽入急声(如"白")；(10)陽入緩声(如"蔔")。

①太原新派入声不分陰陽。

上文第四章曾说过，一般地说，陰调類是高调，陽调類是低调。這是清濁声母影响的结果。有人做过語音實验，證明清音的音節的声调較高，濁音的音節声调較低。起初的時候，區别甚微，人们没有覺察到，所以没有分出陰陽兩類。《切韵》的反切，往往以濁母字切清母字，例如"东"，德红切；"董"，多動切；"中(去声)"，陟仲切；"穀"，古禄切。又往往以清母字切濁母字，例如"窮"，渠弓切；"動"，徒總切；"鳳"，馮貢切；"獨"，徒谷切。後来區别越来越明顯，人们覺得清母字和濁母字分為陰陽兩个调類了。北京等地只有平声分陰陽，温州等地平上去入都分陰陽，於是四声变為八声。陰陽分化以後，雖然全濁声母在許多方言中消失，而陽调類仍然存在，成為濁音字的遺跡。现在以溫州、廣州、梅縣、北京四種方言①舉例列表比較如下（以數目字表示调類：1.陰平；2.陽平；3.陰上；4.陽上；5.陰去；6.陽去；7.陰入；8.陽入）：

例字	隋唐	溫州	廣州	梅縣	北京
通	[tʻoŋ]	[tʻoŋ^{1}]	[tʻuŋ^{1}]	[tʻuŋ^{1}]	[tʻuŋ^{1}]
同	[doŋ]	[doŋ^{2}]	[tʻuŋ^{2}]	[tʻuŋ^{2}]	[tʻuŋ^{2}]
寵	[ţʻiuŋ]	[tɕʻyoŋ^{3}]	[tʃʻuŋ^{3}]	[tsʻuŋ^{3}]	[tʂʻuŋ^{3}]
重	[ḍiuŋ]	[dʑyo^{4}]	[tʃʻuŋ^{4}]②	[tsʻuŋ^{1}]	[tʂuŋ^{4}]
眾	[tɕioŋ]	[tɕyoŋ^{5}]	[tʃuŋ^{5}]	[tsuŋ^{5}]	[tʂuŋ^{4}]
仲	[ḍioŋ]	[dʑyo^{6}]	[tʃuŋ^{6}]	[tsʻuŋ^{5}]	[tʂuŋ^{4}]
禿	[tʻuk]	[tʻu^{7}]	[tʻuk^{7}]	[tʻuk^{7}]	[tʻu^{1}]
毒	[duk]	[du^{8}]	[tuk^{8}]	[tʻuk^{8}]	[tu^{2}]

①溫州保存清濁音和陰陽调，廣州只分陰陽，不分清濁，梅縣只有平入兩声分陰陽，北京只有平声分陰陽。這是四大類型。

②廣州"重"字讀陽上是白話音。

564

(595)

申	[ɕi̯en]	[saŋ^{1}]	[ʃɐn^{1}]	[sən^{1}]	[ʂən^{1}]
神	[dʑi̯en]	[zaŋ^{2}]	[ʃɐn^{2}]	[sən^{2}]	[ʂən^{2}]
沈	[ɕi̯əm]	[saŋ^{3}]	[ʃɐm^{3}]	[səm^{3}]	[ʂən^{3}]
腎	[ʑi̯en]	[zaŋ^{4}]	[ʃɐn^{4}]	[sən^{4}]	[ʂən^{4}]
滲	[ʃi̯əm]	[saŋ^{5}]	[ʃɐm^{5}]	[səm^{4}]	[ʂən^{4}]
慎	[ʑi̯en]	[zaŋ^{6}]	[ʃɐm^{6}]	[səm^{4}]	[ʂən^{4}]
失	[ɕi̯et]	[sai^{7}]	[ʃɐt^{7}]	[sət^{7}]	[ʂʅ^{1}]
實	[dʑi̯et]	[sai^{8}]	[ʃɐt^{8}]	[sət^{8}]	[ʂʅ^{2}]
端	[tuan]	[tø^{1}]	[tyn^{1}]	[tɔn^{1}]	[tuan^{1}]
團	[duan]	[dø^{2}]	[tʻyn^{2}]	[tʻɔn^{2}]	[tʻuan^{2}]
短	[tuan]	[tø^{3}]	[tyn^{3}]	[tɔn^{3}]	[tuan^{3}]
斷(斷絕)	[duan]	[dø^{4}]	[tʻyn^{4}]①	[tʻɔn^{1}]	[tuan^{4}]
斷(決斷)	[tuan]	[tø^{5}]	[tyn^{5}]	[tɔn^{4}]	[tuan^{4}]
段	[duan]	[dø^{6}]	[tyn^{6}]	[tʻɔn^{4}]	[tuan^{4}]
脫	[tʻuat]	[tø^{7}]	[tʻyt^{7}]	[tʻɔt^{7}]	[tʻuo^{1}]
奪	[duat]	[dø^{8}]	[tyt^{8}]	[tʻɔt^{8}]	[tuo^{2}]

①斷(斷絕)，廣州白話讀陽上。

擔(动词)[tam]	[ta^1]	[tam^1]	
谈 [dam]	[da^2]	[t'am^2]	
膽 [tam]	[ta^3]	[tam^3]	
淡 [dam]	[da^4]	[t'am^4]	
擔(名词)[tam]	[ta^5]	[tam^5]	
蛋 [dan]	[da^6]	[tan^6]	
塔 [t'ap]	[t'a^7]	[t'ap^7]	
達 [dat]	[da^8]	[tat^8]	
操 [ts'au]	[ts3^1]	[tʃ'ou^1]	[ts'au^1]
曹 [dzau]	[ɑz3^2]	[tʃ'ou^2]	[ts'au^2]
左 [tsa]	[tsau^3]	[tʃo^3]	[tso^3]
坐 [dzua]	[zo^4]	[tʃ'o^4]	[ts'o^1]①
竈 [tsau]	[ts3^5]	[tʃou^5]	[tsau^5]
座 [dzua]	[zo^6]	[tʃo^6]	[ts'o^5]
作 [tsak]	[tso^7]	[tʃok^7]	
昨 [dzak]	[dzo^8]	[tʃok^8]	

①注意，浊上字，客家话往往读成阴平，如“坐”“断”“重”。

565

(596)

（二）入声轉入平上去的條件

入声轉入平上去也是有條件的。依照《中原音韵》，全濁入声轉為陽平，次濁入声轉為去声①，清音入声轉為上声。現代东北某些方言（如大連話）仍然是依照這个轉化條件的②。在濟南話里，全濁入声轉為陽平，次濁入声轉為去声，清音入声轉為陰平。在北京話里，全濁、全清（不送氣）入声轉為陽平③，次濁轉為去声，次清（送氣）轉為陰平④。現在以《中原音韵》、大連話、濟南話、成都話、北京話的入声字舉例比較如下表（陰平○，陽平△，上声＊，去声×）：

② 有少數例外。

③ 有些字讀上声，是《中原音韵》的舊讀。

④ 白滌洲説次濁入声字轉為去声，不確。

⑤ 在成都話里，古入声字一律轉入陽平。

① 《中原音韵》有些影母入声字也讀去声，如"鴨"等。

(1) 全清

例字	《中原》	大連	濟南	北京	成都
~~急~~	~~[ki*]~~	~~[tɕi*]~~	~~[tɕi△]~~①	~~[tɕi△]~~	~~[tɕi△]~~
~~竹~~	~~[tʂu*]~~	~~[tʂu*]~~	~~[tʂu°]~~	~~[tʂu△]~~	~~[tsu△]~~
職	[tɕi*]	[tʂʅ*]	[tʂʅ°]	[tʂʅ△]	[tsɿ△]
即	[tsi*]	[tɕi*]	[tɕi°]	[tɕi△]	[tɕi△]
得	[təi*]	[tei*]	[tei°]	[tə△]	[te△]
筆	[pi*]	[pi*]	[pei*]	[pi*]	[pi△]
一	[ji*]	[i*]	[i°]	[ji°]	[ji°]
福	[fu*]	[fu*]	[fu°]	[fu△]	[fu△]
各	[ko*]	[kə*]	[kə*]	[kəˇ]	[ko△]
桌	[tʂau*]	[tʂuo*]	[tʂuə°]	[tʂuo°]	[tso△]
~~責~~	~~[tʂai*]~~	~~[tʂai*]~~	~~[tʂei°]~~	~~[tsə△]~~	~~[tse△]~~
接	[tsie*]	[tɕie*]	[tɕie°]	[tɕie°]	[tɕie△]
百	[pai*]	[pai*]	[pei°]	[pai*]②	[pe△]

①"急"字濟南讀陽平，大連"竹"讀陽平，是例外。

② 北京"筆""百"讀上聲，是保存《中原》舊讀，"一""桌""接"讀陰平，"各"讀去聲，是例外。

566

597

约	[jiau*]①	[ye*]	[ye°]	[ye°]	[io△]
法	[fa*]	[fa*]	[fa*]	[fa*]	[fa△]
(2)次清					
例字	《中原》	大連	濟南	北京	成都
曲	[k'iu*]	[tɕ'y*]	[tɕ'y°]	[tɕ'y°]	[tɕ'y△]
出	[tɕ'iu*]	[tʂ'u*]	[tʂ'u°]	[tʂ'u°]	[ts'u△]
七	[ts'i*]	[tɕ'i*]	[tɕ'i°]	[tɕ'i°]	[tɕ'i△]
秃	[t'u*]	[t'u*]	[t'u°]	[t'u°]	[t'u△]
黑	[xəi*]	[xə*]	[xei°]	[xəi°]	[xe△]
~~識~~	~~[ʂi*]~~	~~[ʂʅ*]~~	~~[ʂʅ°]~~	~~[ʂʅ△]~~②②	~~[sɿ]~~
惜	[si*]	[ɕi*]	[ɕi°]	[ɕi°]	[ɕi△]
卻	[k'iau*]	[tɕ'ye*]	[tɕ'ye°]	[tɕ'ye*]②	[tɕ'yo△]
尺	[tɕ'i*]	[tʂ'ʅ*]	[tʂ'ʅ*]	[tʂ'ʅ*]	[ts'ɿ△]
切	[ts'ie*]	[tɕ'ie*]	[tɕ'ie°]	[tɕ'ie°]	[tɕ'ie△]
鐵	[t'ie*]	[t'ie*]	[t'ie°]	[t'ie*]	[t'ie△]

② 北京、大連讀書音"識"字讀陽平，是例外。

① 今本《中原音韵》"约"字归去声，误。今依《中州音韵》归上声。

~~拍~~	~~[p'ai*]~~	~~[pai*]~~	~~[p'ei°]~~	~~[pai°]~~	~~[pe△]~~
~~歇~~	~~[xie*]~~	~~[xie*]~~	~~[ɕie°]~~	~~[ɕie°]~~	~~[ɕie△]~~
说	[ɕye*]	[suo*]	[ʂuo°]	[ʂuo°]	[so△]
削	[siau*]	[ɕye*]	[ɕye°]	[ɕye°]	[ɕye△]

(3) 全浊

例字	《中原》	大连	济南	北京	成都
局	[kiu△]	[tɕy△]	[tɕy△]	[tɕy△]	[tɕy△]
宅	[tʂai△]	[tsai△]	[tʂei△]	[tʂai△]	[tse△]
食	[ʂi△]	[sɿ△]	[ʂʅ△]	[ʂʅ△]	[sɿ△]
杂	[tsa△]	[tsa△]	[tsa△]	[tsa△]	[tsa△]
毒	[tu△]	[tu△]	[tu△]	[tu△]	[tu△]
白	[pai△]	[pai△]	[pei△]	[pai△]	[pe△]
盒	[xo△]	[xə△]	[xə△]	[xə△]	[xo△]
舌	[ɕie△]	[sə△]	[ʂə△]	[ʂə△]	[se△]
俗	[siu△]	[su△]	[ɕy△]	[su△]	[su△]
服	[fu△]	[fu△]	[fu△]	[fu△]	[fu△]
突	[tu△]	[t'u°]	[t'u°]	[t'u°]①	[t'u△]

40×15=600 (1201)

①"突"字，《国音常用字汇》读如"徒"，阳平；今读阴平。北京

567

(598)

(4) 次浊

例字	《中原》	大连	济南	北京	成都
岳	[illegible] [jiau×]	[jiau×]	[ye×]	[ye×]	[yo△]
入	[ʐiu×]	[ju×]	[lu×]	[ʐu×]	[zu△]
六	[liou×]	[liou×]	[liou×]	[liau×]	[illegible]
纳	[na×]	[na×]	[na×]	[na×]	[na△]
麦	[mai×]	[mai×]	[mei×]	[mai×]	[me△]
物	[vu×]	[vu×]	[u×]	[wu×]	[wu△]
藥	[jiau×]	[jiau×]	[ye×]	[jiau×]	[yo△]
襪	[va×]	[va×]	[ua×]	[wa×]	[wa△]
木	[mu×]	[mu×]	[mu×]	[mu×]	[mu△]
莫	[mo×]	[mo×]	[mə×]	[mo×]	[mo△]
葉	[jie×]	[jie×]	[ie×]	[jie×]	[jie△]
日	[ʐʅ×]	[ji×]	[ʐʅ×]	[ʐʅ×]	[zɿ△]
辣	[la×]	[la×]	[la×]	[la×]	[na△]
膜	[mo×]	[mo×]	[mo×]	[mo△]①	[mo△]

①"膜"字,《国音常用字彙》读如"莫",去声;今北京读阳平。

* * * * *

本章所述條件的變化，都是可能的，不是必然的。也就是說，可變可不變。在同一條件下，甲方言變了，乙方言可以不變。例如，[k, k', x (或h)] 在 [i, y] 前面的時候，在北京、濟南、西安、太原、漢口、長沙、成都、揚州、南京、上海、蘇州、南昌等地都變了 [tɕ, tɕ', ɕ]，而在廣州、梅縣、廈門、潮州、福州等地卻沒有變。又如，唇音聲母能使韻尾 [m] 變 [n]，起異化作用。"中原音韻"先變了。現代廣州話能保存着韻尾 [m]，但是唇音字的韻尾 [m] 則轉化為 [n]，如"凡"讀 [fan]；現代梅縣話卻又完整地保存宋代以前的 [m] 尾，如"凡"仍讀 [fam]。有時候，在同一條件下，各地方言可以有各種不同的變化，例如上文所述，同樣是入聲消失，它可以全部併入陽平，如成都等地，也可以因聲母的清濁不同，

568

(599)

分别轉入陰平、陽平、上声和去声，如北京、濟南、大連等地。总之，所謂條件的变化，要加上时地的因素，不同时间，不同空间，能有不同的变化。明白了這个道理，对語音发展的規律也就徹底了解了。

40×15=600 (1201)　　北京市电车公司印刷厂出品 76.12

569

(600)

第九章　不規則的變化

語言發展規律不能沒有例外。所謂例外，實際上就是不規則的變化。不規則變化的原因，大致可以區別為三種：(一)文字的影响；(二)方言和普通話的互相影响；(三)偶然性。分别敘述如下：

(一)文字的影响

漢字百分之九十以上是形声字，同一諧声偏旁的字不一定同音，因此往往引起讀音上的錯誤。後來習非成是，大家也就這样讀了。现在就北京話和广州話舉例如下。

(1)北京話的例子：

婿，《中原音韵》讀如"细"，本屬齊齿呼，今北京、濟南、南昌讀[ɕy]，是受諧声偏旁"胥[ɕy]"的影响，轉為撮口呼。但是西安、漢口、成都等地讀[ɕi]，音如"细"，仍為齊齿呼。

劇，《廣韻》奇逆切，讀如"屐"，本屬齊齒呼，今北京、濟南、西安、太原、漢口、成都、揚州、長沙、南昌等地讀[tɕy]，是受諧声偏旁"豦"(居御切)的影响。但是今苏州读[dʑiə]，梅县读kʰiak，厦门读[kʰiɔk]，潮州读[kʰiaʔ]，仍為齊齒呼。

廁，《廣韻》初吏切，《中州音韵》食四切，与"次刺"同音，今北京、济南、太原等地读[tsʰə]，是受"測"字的影响，因為"測"和"廁"的諧声偏旁都是"則"。但是今苏州读[tsʰɿ]，廣州读[tʃʰi]，仍与"次刺"同音。

側，《廣韵》阻力切，《中州音韵》读"齋"上声，与"仄昃"同音，本是莊母字。

570

(601)

今北京、濟南、太原~~等~~等地讀[tsʰə]，是轉入初母，這也是受"測"字的影響。今漢口讀[tsə]，蘇州讀[tsəʔ]，~~讀~~廣州讀[tʃɐk]，仍屬莊母。

~~縛，《廣韻》符钁切，《中州音韻》~~

縛，《廣韻》符钁切，本是藥韻合口三等字，《中原音韻》讀入歌戈，今北京、開封、南京、蘭州等地讀[fu]，是轉入魚模，這是受諧聲偏旁"尃"的影響。但今上海、蘇州讀[voʔ]，大同、西安讀[fo]，廣州讀[fok]，都比較接近古音。

~~縛，《廣韻》符钁切，依常規推今北京話當讀[fu]，但實際上讀[fo]~~

軋，《廣韻》烏黠切，《中州音韵》尖架切，依發展規律北京当读[tɕia]，但今北京在軋鋼的意義上都讀[tʂa]，這是受“札”“扎”等字的影响。

叛，《廣韻》薄半切，《中原音韵》与“伴”同音，本是並母字，依發展規律北京当讀[pan]，不送氣。今北京讀[pʻan]，送氣，是轉入滂母了。但今廣州话讀[pun]，不送氣，与“伴”同音，仍屬並母①。

溪，《廣韵》苦奚切，本是溪母字，依發展規律北京当讀[tɕʻi]，今北京讀[ɕi]，屬曉母。這是受諧声偏旁“奚”的影响。但今漢口、成都、揚州、苏州、長沙、南昌等地都读[tɕʻi]，仍屬溪母。

① 实際上廣州话並母字已轉讀清音，

這里說並母，指陽调類。

秘，《廣韻》兵媚切，《中州音韻》邦謎切，讀如"閉"。今北京讀如"密"，是受"密蜜宓"等字的影響。但今苏州讀[pi]，廣州讀[pei]，都符合《廣韻》反切。

嶼，《廣韻》徐呂切，讀如"叙緒序"。今北京讀[y]，是受諧声偏旁"與"的影響。

儉，《廣韻》巨險切，依濁上变去的規律，本当讀去声，《中原音韻》讀如"劍"，是对的。今客家话讀去声，廣州讀陽去，也都是对的。今北京讀上声，是受"檢"字的影響。

佐，《廣韻》則箇切，去声。《中原音韻》亦讀去声。今北京讀上声，是受"左"字的影響。

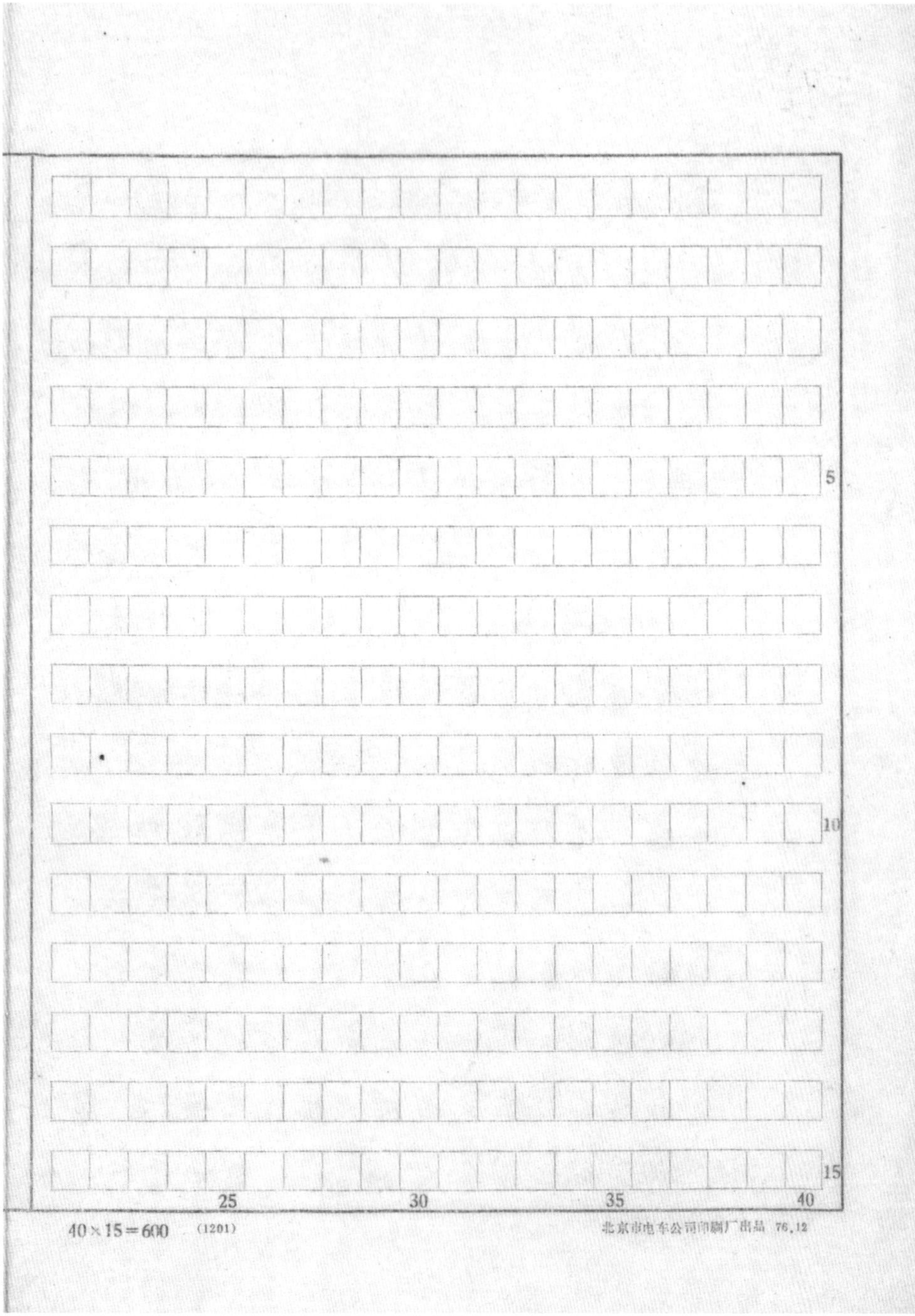
40×15=600 (1201)
北京市电车公司印刷厂出品 76.12

571

(603)

俱，《广韵》举朱切，《中州音韵》更於切，音同"居、拘"，属阴平声。今北京读去声，是受谐声偏旁"具"的影响。

稍，《广韵》所教切，属去声；《中州音韵》双爪切，属上声。今北京、济南、太原、汉口、长沙、成都等也读阴平，是受"梢"字的影响。但今西安读去声，如《广韵》。广州读上声，如《中州音韵》。

(2) 广州话的例子：

恩，《广韵》乌痕切，今广州读如"因"[jɐn]，是受谐声偏旁"因"的影响。

妨，《广韵》敷方切，《中州音韵》敷邦切，读如"芳"，属阴平。今广州、西安、汉口、成都、扬州、梅县、厦门、潮州等地读如"防"，属阳平。

是受"防"字的影响。

殲，《廣韻》子廉切，音同"尖"，屬精母；今廣州、濟南、太原、漢口、成都、苏州、温州、長沙、南昌、厦门、潮州、福州都讀如"籤"，屬清母。這是受"籤"字的影响。

概，《廣韻》古代切，《中州音韵》閣害切，音同"蓋"，屬見母。今廣州、長沙、漢口、成都、南昌、梅縣、潮州、福州等地讀如"慨"，屬溪母。這是受"慨"字的影响。

決，《廣韻》古穴切，《中州音韵》居也切，屬見母。今廣州等地讀如"缺"，屬溪母。這是受"缺"字的影响。

糾，《廣韻》居黝切，屬見母。今廣州

572

(604)

当读如"九"。但是广州人把"糾"字写作"糾"，因而误会"斗"为谐声偏旁，误读如"斗"。这个例子足以说明，字形是可以影响音读的。

(二)方言和普通话的相互影响

(1)方言影响普通话的例子：

貞，《廣韻》陟盈切，《中州音韻》知声切，音同"征"。依发展规律今北京当读[tʂəŋ]，但实际上读[tʂən]，音同"真"。这是受南方和西南方言的影响，因为苏州、汉口、成都等地都读[tsən]。

勁，《廣韻》居正切，《中州音韻》读"经"去声，音同"敬"。依发展规律今北京当读[tɕiŋ]，但实际上读[tɕin]①，音

①《新华字典》规定："劲"字解作"力气"时读jìn，解作"强有力"时读jìng，但一般全都读jìn。

同道"。這是受南方和西南方言的影响，因為漢口、成都、長沙等地都讀[tɕin]。

弄，《廣韵》盧貢切，《中州音韵》盧涷切，屬來母。今北京讀[nuŋ]，屬泥母，是受西南官話的影响，因為成都等地讀[nuŋ]。

輦，《廣韵》力展切，《中州音韵》郎典切，屬來母。今北京讀[nian]，屬泥母。這也是受西南官話的影响。

搞，本是"攪"字。"攪"字在西南官話許多地方讀[kau]。抗日戰爭時期，許多北方人移居西南，聽西南官話說的"攪"字很像"高"字上声，所以造一个新字"搞"。

巷，依語音发展規律今北京当讀[ɕiaŋ]，实際上一般也是這樣讀的，祇有在"巷道"（采礦或探礦時挖的坑道）的意義

573

(605)

上讀[haŋ]，這是受上海話的影响。上海"巷"字讀[hoŋ]

癌，本讀如"巖"[jian]。"癌"從嵒声，"嵒"即"巖"字。後來受吴方言的影响，改讀爲[ai]。上海"癌"字讀[ŋe]。北方人学不像，音变爲[ai]。

(1)普通話影响方言的例子：

這種情况，多數是文白異讀。文言音是受普通話的影响。例如：

街，苏州白話[ka]，文言[tɕia]；揚州白話[kɛ]，文言[tɕiɛ]。

解，苏州白話[ka]，文言[tɕia]；揚州白話[kɛ]，文言[tɕiɛ]。

界，苏州白話[ka]，文言[tɕia]；揚州白話[kɛ]，文言[tɕiɛ]。

鞋，揚州白話[xɛ]，文言[ɕi̯ɛ]。

協，苏州白話[ɦi̯aʔ]，文言[ɦiɘ]。

學，苏州白話[ɦoʔ]，文言[ɦi̯oʔ]

鳥，苏州白話[ti̯æ]，文言[ȵi̯æ]；揚州白話[ti̯ɔ]，文言[ȵi̯ɔ]；溫州白話[tiɛ]，文言[ȵi̯a]；長沙白話[ti̯au]，文言[ȵi̯au]；梅縣白話[ti̯au]，文言[ȵi̯au]。

交，苏州白話[kæ]，文言[tɕiæ]；漢口白話[kau]，文言[tɕi̯au]。

膠，苏州白話[kæ]，文言[tɕi̯æ]。

教，苏州白話[kæ]，文言[tɕi̯æ]；揚州白話[kɔ]，文言[tɕi̯ɔ]。

角，苏州白話[koʔ]，文言[tɕi̯oʔ]；長沙白話[ko]，文言[tɕi̯o]；成都白話[ko]，

574

(606)

文言[tɕyo]。

觉（睡觉），苏州白话[kæ]，文言[tɕiæ]；扬州白话[kɔ]，文言[tɕiɔ]；成都白话[kau]，文言[tɕiau]。

敲，苏州白话[kʻæ]，文言[tɕʻiæ]；扬州白话[kʻɔ]，文言[tɕʻiɔ]；汉口白话[kʻau]，文言[tɕʻiau]。

咬，苏州白话[ŋæ]，文言[ɦiæ]；汉口白话[ŋau]，文言[jau]；长沙、成都白话[ŋau]，文言[ȵiau]。

监，苏州白话[ke]，文言[tɕie]。

间，苏州白话[ke]，文言[tɕie]；扬州白话[kɛ̃]，文言[tɕiɛ̃]；汉口白话[kan]，文言[tɕian]。

减，苏州白话[ke]，文言[tɕie]。

鉛，扬州白话[k'ẽ]，文言[tɕ'iẽ]；長沙白话[yẽ]①，文言[ts'iẽ]。

鹹，苏州白话[ɦe]，文言[ɦie]；扬州白话[xẽ]，文言[ɕiẽ]。

限，苏州白话[ɦe]，文言[ɦie]；扬州白话[xẽ]，文言[ɕiẽ]。

眼，苏州白话[ŋe]，文言[ɦie]；長沙白话[ŋan]，文言[iẽ]。

雁，苏州白话[ŋe]，文言[ɦie]。

晏，苏州白话[e]，文言[ie]。

江，苏州白话[koŋ]，文言[tɕiaŋ]；扬州白话[kaŋ]，文言[tɕiaŋ]。

講，苏州白话[koŋ]，文言[tɕiaŋ]。

降，苏州白话[koŋ]，文言[tɕiaŋ]。

---

①"鉛"，廣韵與专切，是喻母字。

40×15=600 (1201) 北京市电车公司印刷厂出品 76.12

575

(607)

以上所講，也可以算是條件，因為文字和方言就是條件，不過不是發展的內因，而是發展的外因罷了。

(三)偶然性

所謂偶然性，是說不依發展規律的例外。但是，也不是絕對偶然，必須是鄰近的音，然後可以轉化。例如，"昆"，《廣韻》古渾切，本見母字，今普通話及多數方言都讀入溪母(北京[k'uən])。見溪同屬舌根音，所以能夠互相轉化。現在以北京、漢口、蘇州、梅縣、廣州五地舉例列表比較如下：

(1)声母

	例字	隋唐	北京	漢口	蘇州	梅縣	廣州
p→p'	豹	[pau]	[pau]	[pau]	[pæ]	[pau]	*[p'au]①
p'→m	剝	[pɔk]	[po]	[po]	[poʔ]	[pɔk]	[mɔk]*②

①星号*表示不規則的變化。
②"剝"，廣州又讀[pɔk]。

			北京	汉口	苏州	梅县	广州
b→pʻ	佩	[buai]	[pʻəi*]	[pʻəi]	[be]	[pʻi] [tʻit*]	[pʻui]
d→tʻ	特	[dək]	[tʻə*]	[tʻə*]	[dəʔ]		[tɐk]
tɕ→tsʻ	診	[tɕien]	[tʂən]	[tsən]	[tsən]	[tsən]	[tʃʻɐn*]
ʃ→tsʻ	產	[ʃan]	[tʂʻan*]	[tsʻan*]	[tsʻe*]	[san]	[tʃʻan*]
ɕ→tsʻ	春	[ɕiuŋ]	[tʂʻuŋ*]	[tsʻuŋ*]	[suŋ]	[tsʻuŋ*]	[tʃʻuŋ*]
ɕ→tsʻ	鼠	[ɕio]	[ʂu]	[ɕy]	[tsʻy*]	[tsʻu*]	[ʃy]
ɕ→tsʻ	署	[ɕio]	[ʂu]	[ɕy]	[tsʻy*]	[tsʻu*]	[ʃy]
ɕ→tsʻ	始	[ɕi]	[ʂʅ]	[sɿ]	[sɿ*]	[tsʻɿ]	[ʃi]
s→tsʻ	賜	[si]	[tsʻɿ*]	[tsʻɿ*]	[sɿ]	[sɿ]	[tʃʻi*]
z→s	松	[ziuŋ]	[suŋ*]	[suŋ*]	[suŋ*]	[tsʻuŋ]	[tʃʻuŋ]
z→tɕʻ	囚	[ziou]	[tɕʻiəu*]	[tɕʻiəu*]	[zɤ]	[siu]	[tʃʻɐu]
z→ɕ	袖	[ziou]	[ɕiəu]	[ɕiəu]	[zɤ]	[tsʻiu*]	[tʃɐu]
k→ŋ	鈎	[kou]	[kou]	[kou]	[kɤ]	[kɛu]	[ŋɐu]①
k→kʻ	會(会计)	[kuai]	[kʻuai*]	[kʻuai*]	[kʻue*]	[kʻuai*]	[kʻui*]②
	購	[kou]	[kəu]	[kou]	[kɤ]	[kɛu]	[kʻɐu*]
k→kʻ	規	[kiuə]	[kuəi]	[kuəi]	[kue]	[kui]	[kʻwɐi*]
k→kʻ	昆	[kuən]	[kʻuən*]	[kʻuən*]	[kʻuən*]	[kʻun*]	[kwɐn]
kʻ→tɕʻ	吃(喫)	[kʻik]	[tsʻɿ*] [tsʻʅ*]	[tɕʻiə]	[tsʻəʔ*]	[hɛk*]	

①[ŋɐu]是白话音。

②"会计"的"会"，五地都是不规则的变化，只有厦门读[kue]，福州读[kuei]，仍属见母。

γ→ʑ	厦	[γa]	[ʑa*]	[ʑa*]	[hia]	[ha]	[ha]
~~γ→w~~	完	[γuan]	[wan*]	[wan*]	[ɦuø]	[van]	[jyn*]
~~γ→w~~	丸	[γuan]	[wan*]	[wan*]	[ɦuø]	[jian*]	[jun*]
j→tɕʻ	鉛	[jiuan]	[tɕʻian*]	[tɕʻian*]①	[kʻe]	[jian]	[jyn]
j→ʐ	榮	[jiuɐŋ]	[ʐuŋ*]	[jiuŋ]	[jiuŋ]	[jiuŋ]	[wiŋ]
j→ʐ	融	[jioŋ]	[ʐuŋ*]	[jiuŋ]	[jiuŋ]	[jiuŋ]	[jiuŋ]
j→ʐ	容	[jiuŋ]	[ʐuŋ*]	[jiuŋ]	[jiuŋ]	[jiuŋ]	[jiuŋ]

(2) 韵母

	例字	隋唐	北京	漢口	苏州	梅縣	廣州
ai→a	大	[dai]	[ta*]	[ta*]	[da*]②	[tʻai]	[tai]
ɐŋ→a	打	[teŋ]	[ta*]	[ta*]	[taŋ]	[ta]	[ta]
ap→ai	拉	[lap]	[la]	[la]	[la]	[la]	[lai*]
ək→əi	黑	[xək]	[xəi*]	[xə]	[həʔ]	[hɛt]	[hɐk]

①"鉛"字讀[tɕʻian]，頗難理解。今成都讀[yan]，長沙白話讀[yẽ]，厦门讀[ian]，潮州读[jiŋ]，福州讀[yoŋ]，仍屬喻母。

②白话音[dau]。

ie→ye	嗟	[tsi̯a]	[tɕye*][1]	[tɕi̯e]	[tsi̯a]	[tsi̯a]	[tʃe]
i̯uæt→ie	血	[xi̯uæt]	[ɕie*][2]	[ɕi̯e]	[ɕyəʔ]	[hi̯at]	[hyt]
i̯æt→ye	薛	[si̯æt]	[ɕye*]	[ɕi̯e]	[siəʔ]	[si̯ɛt]	[ʃit]
i̯uət→o	佛	[bi̯uət]	[fo*]	[fu]	[vəʔ]	[fut]	[fɐt]
i̯əm→u	入	[ȵi̯əp]	[ʐu*]	[y*]	[zəʔ]	[ȵip]	[jɐp]
i̯ok→i̯au	六	[li̯ok]	[li̯au*]	[ȵou]	[loʔ]	[liuk]	[luk]
i̯ok→əu	肉	[ȵi̯ok]	[ʐəu*]	[nou*]	[ȵi̯oʔ][3]	[ȵiuk]	[juk]
io→uo	所	[ʃi̯o]	[suo*]	[so*]	[səu]	[so*]	[ʃo][4]
i̯ui→əi	谁	[ʑi̯ui]	[ʂəi*][5]	[suai*]	[ze]	[sui]	[ʃœy]

⑤ "谁"，北京又读[ʂuai]。

① "嗟"，北京又读[tɕie]。

② "血"，北京文言读[ɕye]。

③ "肉"，苏州文言读[zoʔ]。

④ "所"字在广州读[ʃo]，不算不规则的变化，因为鱼韵莊系字一样变[o]韵。

40×15=600 (1201) 北京市电车公司印刷厂出品 76.12

517

(609)

	例字	隋唐	北京	漢口	蘇州	梅縣	廣州
ən→ən	奔	[puən]	[pən]	[pən]	[pən]	[pən]	[pən*]
ən→un	吞	[tʻən]	[tʻuən*]	[tʻən]	[tʻən]	[tʻun*]	[tʻɐn]
iuen→yŋ	窘	[giuen]	[tɕyŋ*]	[tɕyŋ*]	[tɕyən]	[tɕiun]	[kʻwən]
iuen→in	尹	[jiuen]	[jin*]	[jyn]	[in*]	[jin]	[jɐn]
uen→yn	遜	[suen]	[ɕyn*]	[ɕyn*]	[sən]	[sun]	[ʃœn]
iaŋ→oŋ	章	[tɕiaŋ]	[tʂaŋ]	[tsaŋ]	[tsoŋ*]	[tsoŋ]	[tʃœŋ]
ɐŋ→aŋ	盲	[mɐŋ]	[maŋ*]	[maŋ*]	[moŋ*]	[maŋ*]	[maŋ*]
ɐŋ→iŋ	行	[ɣɐŋ]	[ɕiŋ*]	[ɕin*]	[ɦaŋ]①	[haŋ]	[hɐŋ]
iuɐŋ→iŋ	傾	[kʻiuɐŋ]	[tɕʻiŋ*]	[tɕʻyn]	[tɕʻin*]	[kʻin]	[kʻiŋ*]
iuɐŋ→iŋ	頃	[kʻiuɐŋ]	[tɕʻiŋ*]	[tɕʻyn]	[tɕʻin*]	[kʻin]	[kʻiŋ*]
iuɐŋ→iŋ	營	[jiuɐŋ]	[jiŋ*]	[jiŋ*]	[ɦin*]	[jiaŋ*]	[jiŋ*]

(3) 声调

	例字	隋唐	北京	漢口	蘇州	梅縣	廣州
清去→陰平	播	去	陰平*	去	陰去	去	陰去
濁上→上	腐	上	上*	上*	陽去	去	陽去

①"行"，苏州文言读[ɦiŋ]。

濁平→陰平	巫	平	陰平*	陽平	陽平	陽平	陽平
濁入→陰平	突	入	陰平*	陽平	陽入	陽入	陽入
濁平→陰平	孚	平	陰平*	陽平	陽平	陽平	陽平
濁平→陰平	微	平	陰平*	陽平	陽平	陽平	陽平
濁平→陰平	危	平	陰平*	陽平	陽平	陽平	陽平
濁平→陰平	帆	平	陰平*	陽平	陽平	陽平	陽平
濁上→上	儉	上	上*	去	陽去	去	陽去

所謂不規則的變化，指的是不依本方言語音發展規律的變化。例如"特"字在北京念[tʻɤ]，在客家念[tʻit]，声母都是[tʻ]。在北京算是不規則的變化，因為全濁入声字依北京語音發展規律應該變為不送氣的[t]；在梅縣不算不規則的變化，因為全濁入声字依客家話語音發展規律正是應該變為送氣的[tʻ]。又如"血""傾"本是撮口字，在北京說成齊齒呼，是不規則的變化，在梅縣也說成齊齒呼，卻

518

(610)

不算不規則的變化，因爲客家話沒有撮口呼，所有撮口字都變了齊齒呼。又如“盲”字在北京廣州都念[maŋ]，在北京是不規則的變化，因爲“盲”是庚韵二等字，依北京語音發展規律應該讀“孟”字平声[məŋ]，在廣州~~的庚韵二等字~~不算不規則的變化，因爲廣州庚韵二等字多讀入[aŋ]韵，“孟”字也讀[aŋ]。又如“腐”“偷”本是上声字，今北京仍讀上声，爲什麽算是不規則的變化呢？這是按照濁上變去的規律，濁音上声字在今北京應該變爲去声，仍讀上声反而是不規則的了。

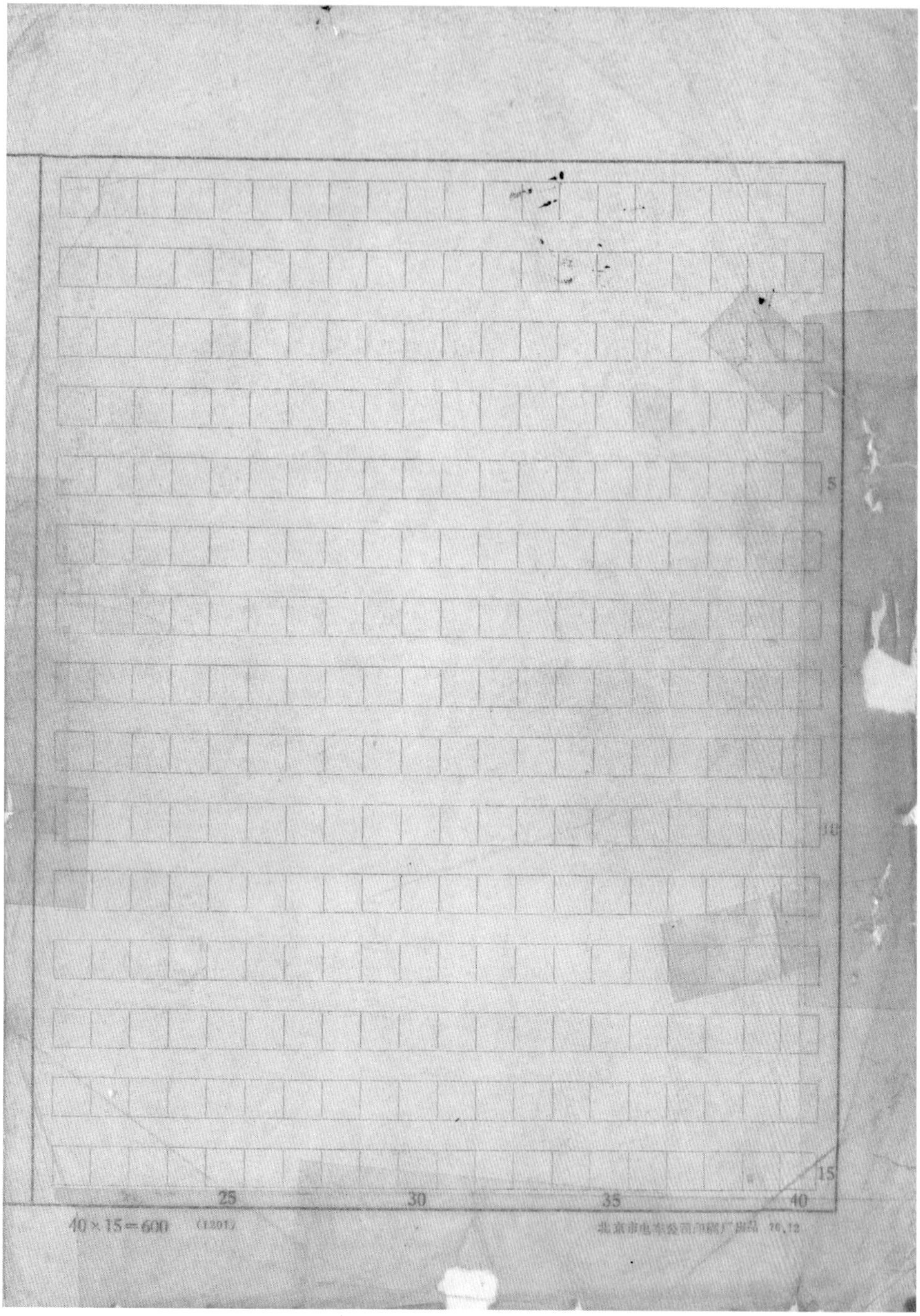
40×15=600 (1201) 北京市电车公司印刷厂出品 76,12

解 題

饒益波

王力（1900—1986），字了一，廣西博白人。著名語言學家，中國現代語言學的奠基人之一。王力1924年赴上海求學，1926年考入清華國學研究院，師從梁啓超、趙元任等。1927年赴法國留學，1932年獲巴黎大學文學博士學位後歸國，先後任教於清華大學、西南聯合大學。抗戰勝利後任中山大學文學院長，創建了中國第一個語言學系。兩年後曾任教於嶺南大學，後重回中山大學。1954年調任北京大學中文系教授，1955年當選中國科學院哲學社會科學學部委員。曾任中國文字改革委員會委員、副主任，中國語言學會名譽會長等職。

王力在漢語語法學、音韻學、詞彙學、漢語史、語言學史等方面都有突出的成就，研究領域廣泛，影響深遠。在衆多學科中，尤其於音韻學用力最勤，早在法國求學期間，王力即專攻實驗語音學，1931年撰成《博白方音實驗録》，1936年出版《中國音韻學》（後改版改名爲《漢語音韻學》），俱爲運用現代語音學理論闡述古漢語音韻學的經典之作。20世紀50年代，王力將其在漢語語音、語法、詞彙等方面的研究成果集中編成《漢語史稿》一書，影響了一代學人。至70年代，王力開始改寫《漢語史稿》，分别撰寫成《漢語語音史》《漢語語法史》《漢語詞彙史》三部著作。《漢語語音史》一書從1978年秋開始改寫，1980年春完稿，在寫作過程中，王力曾經以此爲教材給北京大學1978級漢語史研究生和古代漢語進修教師講授過一年時間。

《漢語語音史》一書分爲導論、卷上、卷下三部分,《導論》部分篇幅簡短，主要介紹了韻書、韻圖、方言以及研究漢語語音史的相關方法等基礎性的知識。卷上爲《歷代的音系》，是全書的重中之重，王力將漢語語音史分爲九個時期，分别是：先秦音系、漢代音系、魏晉南北朝音系、隋—中唐音系、晚唐—五代音系、宋代音系、元代音系、明清音系、現代音系。所述各時期的音系包含聲母、韻母、聲調三個方面，皆以各時期的韻文、韻書、韻圖等材料來建構。從整體的行文風格來看，其論述材料翔實可靠，結論旗幟鮮明，極便於讀者的閱讀。

卷下爲《語音的發展規律》，分爲八章，分别討論了語音發展的四種主要方式（無變化、漸移、分化、合流）、自然的變化（輔音的變化、元音的變化、聲調的變化）、條件的變化（聲母對韻母的影響、韻母對聲母的影響、等呼對韻母的影響，聲母對聲調的影響、聲調對聲母等呼的影響）、不規則的變化。

成書較早的《漢語史稿》在歷史分期方面較爲粗率,《漢語語音史》則後出轉精，在歷代音系的梳理方面較前者增加了兩倍，分期更爲詳細，内容更爲充實，從這一點來看,《漢語語音史》完全是一部新的著作。該書於1985年由中國社會科學出版社出版，次年5月王力先生就逝世了，可以説，這部書代表了王先生在漢語音韻學方面的最高成就。

北京大學圖書館藏《漢語語音史》稿本是王力先生所著《漢語語音史》的謄清稿本。稿本點畫清晰、字迹謹嚴，反映了王力先生修訂文字、撰作書稿的全過程。稿本中大到段落的删削、字句的黜落，小到標點符號的修改，無不反映出王力先生治學的嚴謹態度，同時也完整地反映了王力先生撰寫《漢語語音史》的全過程。